民生刑法观导论

车明珠 ◎ 著

知识产权出版社

全国百佳图书出版单位

图书在版编目（CIP）数据

民生刑法观导论/车明珠著. —北京：知识产权出版社，2015.5
ISBN 978 - 7 - 5130 - 3420 - 3

Ⅰ. ①民… Ⅱ. ①车… Ⅲ. ①刑法—权益保护—研究—中国 Ⅳ. ①D924.04

中国版本图书馆 CIP 数据核字（2015）第 070008 号

责任编辑：贺小霞　　　　　　　　　责任校对：董志英
封面设计：邵建文　　　　　　　　　责任出版：刘译文

民生刑法观导论

车明珠　著

出版发行：知识产权出版社 有限责任公司	网　址：http：//www.ipph.cn
社　　址：北京市海淀区马甸南村1号	邮　编：100088
责编电话：010 - 82000860 转 8129	责编邮箱：HeXiaoXia@ cnipr.com
发行电话：010 - 82000860 转 8101/8102	发行传真：010 - 82000893/82005070/82000270
印　　刷：三河市国英印务有限公司	经　销：各大网上书店、新华书店及相关专业书店
开　　本：787mm×1092mm　1/16	印　张：14.25
版　　次：2015年5月第1版	印　次：2015年5月第1次印刷
字　　数：233千字	定　价：48.00元

ISBN 978 -7 -5130 -3420 -3

序

京城终于盼来了羊年的第一场雪。在零零星星的雪花中，我习惯地来到楼下的小菜市场，慢慢溜达，挑拣了几株青菜、一颗水滋滋的萝卜，还有新鲜的蘑菇，再加一斤切面和几个热腾腾的馒头，回到家里，发现菜又买多了——其实昨天才从江南返京，家中年迈的老母总是担心我们在北京吃不上家乡可口美味的菜肴，总要在我们鼓鼓的行囊里塞进带着水乡盎然春意的春笋、菜心、青蒜，还有浓浓年味的腌肉、油豆腐、米花糖，今年甚至在纸箱里发现了一包鲜嫩欲滴不仅带着露珠还带着一只小蜗牛的小葱。妈妈是恨不得将整个江南都运到依旧寒风料峭的北国啊！心中感念着母亲，脑子里回放着家乡的山山水水，沏好一壶开门红，轻轻坐下，打开电脑，现在该是我给明珠写序的时间了。

为什么给明珠的序言开头要写得如此生活化？这是因为明珠的论文是写民生刑法的，而所谓民生，《辞海》的解释是"人民的生计"。很明显，民生与国计不同，是一个天然含有人本思想和人文关怀的词语，语境中显然渗透着浓浓的大众情怀和平民意识。民生的原本意义，即为百姓的意思，就是实实在在的百姓生活，从传统的柴米油盐酱醋茶，演变到如今的生存权、发展权等经济社会文化权利，进一步延伸到网络空间以及清新空气、蓝天白云、碳排放、温室效应等可持续发展和全球化议题。民生问题关乎每一个人，因此，以保障人权为重任的刑法不能不关心民生问题。

然而，在相当长的时期内，刑法似乎并不关心民生。从源头上讲，刑起于兵，刑法或刑罚的形成与战争息息相关；而在其漫长的发展过程中，又往往与权力争夺、政权更迭和国家统治紧密相连，给人的印象更像是反民生的。启蒙运动以来，刑法开始走向关注人、关注人性、关注人权的现代化进程，但又基本偏重政治自由和权利等公法层面，总体属于政治刑法的范畴。中国刑法的现代化进程虽然迄今已有一百多年的时间，但其从政治刑法开始向市民刑法转型也不过区区十几年。基于对刑法发展大趋势的分析，结合党和国家治国理政大政方针的新发展，几年以前我提出了民生刑法的概念，并主张确立一种加强对民生的刑法保护的观念。所谓民生刑法，就是对民生权益予以保障和救济的刑法规范，而所谓民生刑法观，就是积极主张刑法应当重视与关注社会民生问题的观点。❶ 民生刑法概念的诞生是我国刑事法治发展的历史标志，反映了我国刑法正在由传统的国家专政机器、"刀把子"向法益保护工具的角色转变，反映了刑法从单纯强调打击犯罪、惩罚犯罪人向保护社会、保障人权的功能转变。刑法理论界关于刑法从国家本位向社会本位转化、从国权刑法向民权刑法演进的说法，诠释着刑法这个原先血淋淋的以刑为主的惩罚法，正在日益变成一个温情脉脉的以保护为主的保障法！未来中国的刑法改革应该以民生刑法观为指导：在犯罪论部分，要进一步细化对特殊主体特殊保护制度；在刑罚体系上，应考虑进一步限制和废止死刑，尤其是废止非暴力犯罪的死刑，同时应限制长期刑，大力推行非监禁刑，积极实施社区矫正，扩大非刑罚措施的适用；在量刑时，要积极借鉴现代刑法的先进思想，体恤犯罪人的生活困境；在刑法分则体系结构上，应强调以人为本的罪刑结构，将侵害人权的犯罪设置为分则第一章，修改、补充、增加侵害民生的罪名，如危害食品安全的犯罪、非法人体试验的犯罪，同时考虑将法益保护由实害犯、结果犯提前至危险犯、行为犯等。

民生刑法的提法有幸得到了学界的响应，多数学者对民生刑法的价值蕴涵和机能给予了美好期待与积极评价，认为民生刑法立足于人本刑法观，以尊重人性、弘扬人道、人权保障为价值内涵，以社会权利及其他民生权益的刑事保障为基本内容。刑法作为法律体系中的"保障法""后盾法"，应当确立以人为本的价值理念，要以保障民生为核心内容，对民生权益给予最坚实、最有力的保障和救济，以提炼和塑造人本主义价值和品格。

民生刑法观显然也得到了立法与司法的确认与支持。从当前国家刑事法治实践看，不管是刑事立法，还是刑事司法，都空前一致地强调刑法对民生问题的回应与保护。《刑法修正案（八）》新增危险驾驶罪，拒不支付

---

❶ 卢建平. 加强对民生的刑法保护——民生刑法之提倡［J］. 法学杂志, 2010（12）.

劳动报酬罪，修改、完善生产、销售假药罪、不符合食品安全标准的食品罪等，被认为是刑法重视保护民生问题的"亮点工程"。

正因为民生刑法是新生事物，各界评说不一是正常现象。学界赞同者有之，质疑反对的声音也不少。学界后起之秀何荣功教授在 2014 年第 2 期《中国检察官》上发表的"要慎重对待'民生刑法观'"一文（以下简称"何文"）即是代表。"何文"赞同"民生刑法观"所蕴涵和闪耀的"人性光芒"及其所倡导的"草根主义"法律情结以及给社会民众带来的温馨与安全感，认为"十八大"以来国家强调要把保障和改善民生放在更加突出的位置，要着力保障和改善民生，重视群众路线，这是党和国家执政理念向更为民主化方向转变的体现，毫无疑问应当得到全面赞同与贯彻（其中当然包括刑法的贯彻体现），并肯定"民生刑法观"对国家和社会的重要影响，甚至认为，其在当下国家法治实践中部分扮演着刑事政策的功能。但"何文"同时对"民生刑法观"持纠结和警惕的态度，因为担心过分强调"民生刑法观"可能造成的风险和后果。一是历史经验表明，中国的国家治理和公共政策的推行具有明显的"运动式""间歇性"和"形式主义"色彩。一旦国家提倡"民生刑法观"，极容易导致国家各部门过分强调运用刑法解决该类问题，容易形成"口号化""运动式"推进的危险，容易导致刑法过度活跃，推动刑法成为社会管理常规手段的巨大风险。二是若过分强调"民生刑法观"，社会上极可能出现以刑法积极介入、解决社会矛盾纠纷（包括犯罪和"热点民生问题"）的现象。这将松懈和转移其他社会措施对解决社会矛盾的基础意义，导致其他社会纠纷解决机制功能的退化，而后者才是维护国家社会稳定和健康发展之本。三是近年来刑法为保护民生问题而新设罪名（如拒不支付劳动报酬罪、危险驾驶罪等）的合理性、处罚的必要性和正当性等存在种种可议之处。无论是刑法立法、司法，还是学术研究，都具有明显的"应时""应势"特征，存在着对刑法功能的过度期待。"何文"最后认为，该问题深层次上折射的是国家政策对立法、司法乃至学术研究仍然具有强大支配力以及立法、司法和学术研究缺乏应有的独立性，反映了社会对刑法属性和机能的误解。刑法应理性慎重对待民生问题尤其是热点民生问题，以防止刑法适用出现"应时""应势"的现象，警惕刑法对社会生活的过度干预，最终导致社会治理泛刑法化和刑法司法法属性的改变。在民主国家，刑法对任何行为的处罚都必须强调正当性，刑法对热点民生问题的介入亦必须坚持犯罪化的原则，秉持刑法最后手段性的本质属性。

对于"何文"的担忧，本人表示理解，但又认为这种担忧是多余的。任何事物一旦过分即意味着风险，我最喜爱的南宋词人辛弃疾在其名作《沁园春·将止酒、戒酒杯使勿近》中感慨：怨无大小，生于所爱；物无美恶，过则为灾。其实，任何刑法观念，不论善恶，一旦强调得过分了，就是危险。不仅是邪恶的法西斯刑法、极权刑法或者专制刑法会祸害人类，即便是所谓"好"的刑法，例如民主刑法、民权刑法抑或如何教授所主张的自由刑法也不能过分，否则同样遗患无穷。何教授所担忧的是对于民生刑法的过分强调（因为民生刑法的提法天然地具有取悦民众、博得立法者司法者青睐的特点，换言之，民生刑法可能遮蔽刑法恶的本性），而不是对于民生刑法观的"合理强调"。其实，对于刑法的双刃剑品格，我也毫不讳言，耶林的教导我牢记在心：刑法如双刃之剑，用之得当则国家个人皆受其利，用之不当则国家个人皆受其害。在这一点上，我想，我和何教授的认识应该是高度一致的吧！

我之提出民生刑法观，意欲肯定并且期望的是，在中国的社会转型和刑法转型过程中，政治刑法或国权刑法的比重降低，而市民刑法或民权刑法的比重提升；在目的论上，保障人权、保护民生的刑法功能与目的要高于——至少不低于保护国家或保护社会的功能与目的。而在理论上想要进一步阐述的是，民生刑法观相比于其他刑法观的相对优势（comparative advantages）。平心而论，强调民生，保护民生，促进民主，保障人权，总比推崇国家权力、强调刑法的政治性、工具性甚至残酷性、野蛮性而无视民生、摧残民生要好得多吧！

对于民生刑法，我只是提出了大致的命题，而具体的论证、阐述和展开，则是明珠完成的。明珠是北京市人民检察院第一分院的检察官，在代表国家追诉犯罪的岗位上，她也时刻心系民生，关注民生。她的博士论文是在繁重的工作之余完成的。不仅仅是因为她的论文质量，更是因为她的为学与敬业态度，我认为明珠是一位非常优秀的检察官，也是一位很有前途的刑法学专业人才。民生刑法理论究竟如何，是好是坏，希望大家认真耐心地读完全书，然后再做评判。

虽然我曾经明确反对过"刑法生活"的提法，但刑法不能离开生活。

我所反对的是,我们不能无时无刻都生活在刑法之中。刑法学者也不能时时刻刻与刑法为伴,有时也需要逃离刑法,去追求随意的生活,甚至诗意的生活。

至于何教授所反对的刑法"应时、应势"的特征,我也不以为然。好雨知时节,当春乃发生。一切顺其自然,该下雨下雨,该下雪下雪,冬吃萝卜夏吃姜,春天来了,时令的蔬菜自然就多了。刑法尤其是刑法观念也必须与时俱进,不然就会落伍了。

好了,不多写了,现在该是临窗喝小酒、把樽赏雪景的时候了。

卢建平

2015 年元月初十于京西世纪城时雨园

目　录

导　论

一、研究缘起

自党的十七大以来，中国无疑进入了"民生新政"时期，民生问题成为治国理政的首要问题。民生问题不仅是重要的经济问题、社会问题，也是重大的政治问题和法律问题。随着民生权利不断得到重视与关注，如何完善法治、确立刑法作为保护民生权利的后盾，成为当前法制改革的重要内容。如何在民生理念的指导下完善刑事法治，以适应合理控制犯罪、有效保障人权的需要，维护社会和谐稳定，是当前我国法律发展面临的重要课题。

关注民生、重视民生、保障民生和改善民生，是我们党的光荣传统和优良作风，是我们党和政府的根本宗旨和基本职责，也是党和国家政治决策的主要目标。胡锦涛同志提出的执政为民的"0新三民主义"，党的十七大提出的以加快推进改进民生为重点的六大任务和就业、教育、分配、社保、稳定五大"民生工程"，党的十八大提出的"在改善民生和创新社会管理中加强社会建设"，都充分表明了民生问题已经被提到政治决策的空前高度。保护人民的基本民生权利是法治社会法律体系的基本要求，是执政政府的诉求基点，也是科学发展观的落实与实践。政策目标是方向，法律完善是保障。

我国《刑法》第1条规定了刑法的目的——"惩罚犯罪、保护人民"。因此，在刑事法领域，保障民生是我国刑事法治建设的基本任务。作为对民生权益予以保障和救济的刑法规范，贯穿于1997年刑法以及八个刑法修正案中。特别是《刑法修正案（八）》对民生问题以及民生诉求作出积极回应，体现了民意，有力彰显了刑法的民生关怀理念，其中对民生权利的尊重代表了我国刑法发展的方向，传达了"以人为本"的价值取向。保护民生权利已经成为刑法"立、改、废"的重要理念。在民生理念的指导下对刑法进行调整与修改，正是深入贯彻党的十八大精神、落实科学发展观、构建和谐社会的核心内容。

刑法的发展需要关注民生权利，民生权利也需要刑法的具体保障。"民生刑法观"的提倡，是重视民生权利、落实保障措施、完善社会主义法治体系的顺势之举。具体来说，民生刑法的提倡至少有以下几个方面的意义：

第一，从某种意义上说，对民生刑法观的提倡和研究体现了我国刑法学研究的一种趋势和追求。它使刑法从更关注惩罚犯罪向更关注化解矛盾转变，使刑法从更关注对法律的维护向更关注对公民的基本权利的保障转变，使刑法从"保护法"、"二次法"向权利刑法转变。

第二，有利于推进对刑法基本价值和功能认识的深化，有利于在刑法的价值体系中更好地融入关注民生的理念追求。倡导民生刑法观，使刑法更加关注民生权利的保护，使我国的刑法价值体系从之前更关注理想与宏观层面进一步向现实与微观层面切入，刑法在保护社会整体利益的同时，更应当从社会公平角度注重对社会个体成员民生利益的回应与保护，使刑法从天上回到人间，从国计回到民生，这是刑法价值回归的体现。

第三，从制度需求和供给的角度为刑事立法、司法与执行改革提供理论指导。一方面，能够更加严谨地审视现有的刑事法治实践；另一方面，可以发现现行刑法中民生意蕴之不足并提出解决之道，以期提高实践的科学性、有效性。刑法对民生的关注使法律在现实运作的过程中能够更有效、更有针对性地解决一些具体的社会问题，使法律得到真正的贯彻和落实。

二、研究现状和目的

（一）国内研究现状

"民生刑法观"是一个具有中国特色的本土化概念，由于将"民生"这一社会学理念引入刑法体系的时间尚短，理论界全面、深入的研究成果并不多。从笔者目前所收集的文献资料来看，我国法学领域的理论研究中关于民生问题的论述多存在于法理学、宪法学领域，刑法学领域鲜有涉及。而且，大多数文献资料主要集中于研究民生问题的法律价值，即便有些文献涉及一些民生领域刑事犯罪的特征、类型、规制等内容，其论述也并不深入，缺乏针对性和应用性。

可以说，目前国内对于民生刑法观的研究尚处于起步阶段，不仅研究者不多，也没有产生一定数量的研究著作，理论研究氛围尚未真正形成。从内容来看，虽然有一些学术论著就刑法对民生的保护展开了讨论，但大都是围绕其中的某一具体问题进行，系统性的深度研究较为缺乏。

1. 著作类

目前国内以"民生"为主题的刑事法著作较为少见：一是张勇于2012年6月出版的《民生刑法——刑法修正案中的民生权益保障解读》，该书对民生刑法的基本价值和功能，民生权益刑事保障的刑法体系、刑事政策，民生权益刑事保障与风险社会的理论问题等进行了探讨；二是雷小政于2012年2月出版的《民生与民声——刑事法的返璞归真》，该书按照刑事诉讼法阶段挑选了刑事法中的十大民生难题，从刑事实体法、程序法与证据法等角度进行了研究。

当然，由于民生刑法的观念提倡在我国刑事法学研究中本身就是一个新生事物，因此，以"民生刑法观"为主题的研究成果较少也在情理之中。不过，对于"民生刑法观"这个宏观主题下的子问题，如死刑问题、特殊犯罪群体的处遇问题以及涉及民生的食品药品安全、环境保护等具体问题，理论界的研究成果与著作相对而言则要丰富得多，近年来比较有代表性的主要有赵秉志教授的《死刑改革探索》、徐留成教授的《身份犯比较研究》等，这里不一一赘述。

2. 期刊、学位论文类

作为一个宏观的刑法理念，民生刑法的内涵是相当丰富的，既涉及刑法总论问题，也包含刑法分论的个罪问题。在CNKI——人文与社科学术文献网络出版总库数据库内以"民生刑法观"为题进行全文检索，在1970年至2012年内共检索到文章56篇。其中，《加强对民生的刑法保护——民生刑法之提倡》❶是公开发表的最早明确提出应重视刑法对民生保护的研

❶ 卢建平．加强对民生的刑法保护——民生刑法之提倡［J］．法学杂志，2010（12）.

究与应用的学术论文；《中国刑法改革新思考——以〈刑法修正案（八）（草案）〉为主要视角》❶ 最早对涉及民生的刑事立法问题作出了分析。

除了以上几篇论文，在《刑法修正案（八）》出台前后，还有一些相关报道和评论散见于网络和报端，能够收集到的公开发表的论文主要有：赵秉志等的《关于〈刑法修正案（八）（草案）〉的研讨意见》、赵秉志的《〈刑法修正案（八）（草案）〉热点问题探讨》、谢素芳的《刑法修改：重墨护民生》、刘德法的《〈刑法修正案（八）〉关于民生保障之增补》、夏勇的《民生风险的刑法应对》、张勇的《民生刑法的品格：兼评〈刑法修正案（八）〉》、刘桂明的《〈刑法修正案（八）〉的关键词："加减乘除"》以及周详的《民生法治观下"危险驾驶"刑事立法的风险评估》等。

这些成果为如何在民生理念的指导下完善刑事立法提供了诸多思路，其研究内容主要集中在以下几个方面：

第一，刑法保护民生的价值理念和取向：包括以人为本理念，即刑法应当优先、全面和严格保护民生；弱者倾斜保护与利益平衡理念；宽容人道精神与宽严相济。

第二，刑法保护民生的思路：一是民生刑法保护的策略，对于严重危害民生的行为，"过度犯罪化"和"非犯罪化"的策略均不可取；二是划定刑法"保民生"的应对范围；三是明确民生权益刑法保护的内容。

第三，刑法保护民生的实现：调整刑法体系，协调刑法功能；细化对特殊主体的特殊保护制度；完善个罪规定，强化民生保护；改革刑罚制度，强化矫正目的，弱化惩罚功能，充分考虑犯罪人的处境；加强对被害人权益的重视，完善刑事和解制度，有效化解社会矛盾。

此外，自1999年以来，我国学位论文全文数据库中也尚无专门以民生刑法观为研究对象的博士与硕士论文。

总体而言，目前学界对民生刑法的研究主要以《刑法修正案（八）》为对象展开解读、评论和讨论，所涉及的问题多是蜻蜓点水，一带而过，缺乏全面、系统而深入的研究。如何在民生理念下完善刑事法治，构建科学合理的保民生的刑事法治体系，为加强民生的刑法保护提供理论与观念

---

❶ 赵秉志. 中国刑法改革新思考——以《刑法修正案（八）（草案）》为主要视角 [J]. 北京师范大学学报：社会科学版，2011（1）.

指导等，亟待研究。

（二）国外研究现状

国外的刑法学研究中并没有"民生"这一具体概念，以"the Conception of the Criminal Law protection of People's Livelihood"为主题在 ISI web of Knowledge—SSCI、EBSCO—SocINDEX、HEINONLINE 等外文数据库中检索到的直接研究成果几乎为零。不过，这并不代表国外对于民生刑法观的相关问题没有开展研究，恰恰相反，国外在劳动福利、环境保护等方面的立法与研究，对社会与民生起到了非常现实与具体的影响。

例如，美国刑法的一个显著特点是适用严格的刑事责任。本来"无犯罪心态即无犯罪"是早期英美普通法刑法的一项基本原则。但是，到了 19 世纪末 20 世纪初，英美刑法中的这一原则开始被突破，司法判例中又确立了一种被称为"公共福利犯罪原则"（public welfare offences doctrine）的制度，对于特定类别的危害公共福利犯罪的成立并不要求犯罪心态的证明，即适用"严格刑事责任"。该制度的存在对于保障美国社会食品、药品和生态环境的安全起了重要的作用。❶ 国外这些对民生问题高度关注的理论研究与实践应用，值得我们学习和借鉴。

（三）研究的目的

本书拟通过研究实现以下几个目标：第一，在法学语境下对民生问题进行探讨，总结民生刑法观产生的背景、条件；第二，厘清、界定民生刑法观的核心内容，为明确民生刑法观的研究领域和思想方法奠定基础；第三，以民生保护的视角梳理我国现行的刑事立法、司法及刑罚执行制度，以期实现刑事立法的完善、刑事司法的变革和刑事执行的创新，使刑法在运行的各个环节体现民生理念；第四，通过对刑法观念的反思，倡导刑法保护民生的理念，使刑法不断适应新的社会历史条件，始终保持旺盛的生命力。

本书拟解决的关键问题包括：一是探讨民生语境下的刑法观念变革，明确民生刑法观的内涵及其实现途径；二是考察不同国家和地区刑法保障民生的历史、现状及发展趋势，通过历史研究、比较研究以及规范分析，

---

❶ 张福德. 美国环境刑法公共福利犯罪原则探究 [J]. 社会科学家，2009（4）：87.

发现我国刑事法治保障民生的不足及缺陷并进行深刻剖析；三是提出完善建议，为社会变革时期关于民生保护的立法、司法、刑罚执行改革提供理论指导。

三、研究方法和创新

（一）研究方法

从某种程度上说，理论研究方法决定理论研究维度拓展和水平提升。在研究过程中，笔者以研究内容为指向，除了广泛运用传统的归纳、演绎、推理等研究方法外，有针对性地采用了其他研究方法：

第一，运用历史分析的方法，以期从民生问题历史发展轨迹、现状及其发展趋势探寻民生刑法观提倡的理论依据及必要性。

第二，运用比较分析的方法，通过纵向的历史比较以及横向的地域比较，有助于发现民生视野下刑事立法的差异和共性，进而对我国民生犯罪立法的不足及缺陷进行深刻剖析，以期实现完善我国民生犯罪刑事立法的研究目标。

第三，运用实证研究的方法。制度的生命在于运用，社会背景的把握、制度的评估都离不开实证的研究。本书通过对一些具体案例的分析，使对民生刑法观的研究更加深入，更加贴近实务，从而更加体现理论指导实践、解决实践中的问题、为实践服务的研究目标。

（二）研究的难点与突破

民生刑法观是一个复杂的系统问题，不仅作为一个新生议题有很多概念、体系需要厘清，而且涉及刑法理论与实践等方方面面，所以，民生刑法观的研究有不少难点和需要突破的地方：

第一，通过对历史、现实的考察，从众多有关民生问题的刑事制度中探寻其变化轨迹，认识和掌握民生问题刑法保护的新规律，在民生语境下，探索刑事法治的发展趋势。

第二，在安全、正义与效益以及人权保障和社会防卫中进行平衡取舍，合理界定民生犯罪行为的界线，正确界分刑法与民法、行政法的保护范围，使民生问题能够得到刑法的合理保护，既防止刑法的过度介入，也避免民生权利保护的缺位。

第三，刑事法治活动的各个阶段形成一种良性互动的关系，是刑法顺畅运作、提高刑法运行效益的保障，所以，完善民生问题的刑法保护，不仅需要刑事立法的完善、司法体制的改革以及刑罚执行制度的创新，更要使刑事立法、刑事司法、刑罚执行等刑事法治活动的各个阶段形成协调统一、动态平衡的良性运作机制。

（三）研究的特色与创新

本书的主要特色在于突出的跨学科特性以及明确的实践导向，广泛地使用了背景分析、历史研究、比较研究等方法，有针对性地进行研究，突出研究的实务性和应用性。本书研究的创新主要体现在以下几个方面。

1. 研究对象

本书首次将民生问题作为刑法学研究内容，具有开拓新的研究方向的意义：首次系统阐述民生刑法观的产生、含义、立法、司法实现，重点阐述刑法观念变革对制度变革的影响。

2. 研究方法

本书在研究方法上拟采用多元化研究方法，除了整合一些规范的、成熟的方法论外，还综合运用实证研究、历史研究、比较研究等科学研究方法，扩展了交叉性研究方法。

3. 研究内容

研究的创新需要去克服研究中遇到的理论和实践难题。鉴于全面性、系统性、整体性研究民生刑法观的学术成果尚为数很少，而近年来发生在民生领域的犯罪呈现出一些新的类型和特点，给立法及司法提出迫切的理论和实务期待，本书对于民生刑法观指导下的刑法保护民生问题进行深入分析、探讨并力求得到解答的研究过程，体现了民生刑法观研究内容上的创新性特征。

4. 主要观点

本书拟通过分析与探讨，提出以下主要观点：

第一，关注民生、重视民生、保障民生和改善民生是当下我国社会发展的中心议题，刑法观念应随着社会的发展需要而作出相应的调整。民生理念是刑事法治的重要理念，加强对民生问题的刑法保护是刑法对时代的回应，民生理念指导下的刑事法治活动应凸显对民生权利的保护。

第二，刑法观念变革是刑法体系、制度变革的先导，民生经济、民生新政、民生法治必然对新时期刑事立法、司法及执行工作产生全方位的影响，引发刑法观念的变革。

第三，"民生刑法观"是指运用刑事制裁手段对民生权利予以保障和救济的刑法观念。刑法保护应当体现"以人为本"的精神。民生刑法观的提倡，目的在于在刑法观念创新的引领下，调整和完善具体的制度规范，最终实现刑法的民生保障功能。

第四，提倡在安全、正义与效益以及人权保障与社会防卫的协调中合理设定民生保护的界、域和度，以此指导刑事立法的完善、刑事司法的变革和刑事执行的创新，使刑法在运行的各个环节体现民生理念。对严重的危害民生行为应当给予刑法规制，在司法的内在运行和外在支持中，应努力实现公平正义，以赢得公众认同和支持，完善并创新我国的刑罚执行制度，最大限度地恢复因犯罪而被破坏的社会关系，落实民生权利保障。

第一章　民生与民生法理

民生问题无疑是当下中国的热议话题，社会各界都对此倾注了极大热情。党的十八大提出"在改善民生和创新社会管理中加强社会建设"，被认为是新一届中央领导集体面对新时期新问题作出的新的执政宣言。经济学、政治学、管理学、社会学等诸多领域的学者，纷纷就民生问题展开深入而热烈的探讨，期冀能为转型时期中国的民生问题作出自己的积极贡献。●

民生问题由来已久，它发源于人类对生存和发展的自我认知，却也受到特定社会历史条件的制约。对于民生话语，不同时代有各自的理论需求。"民生"一词来源于古代汉语，古人很早就使用了"民生"一词，孙中山先生的"三民主义"中也包括了"民生主义"一项。那么中国古代以及近代时期的民生话语与当今时代的"民生"一词有何区别，发生了怎样的演变？在当下，重提重视民生又有何重大意义？概念范畴是理论研究的逻辑起点，研究民生领域的犯罪现象及相关权益的刑法保护问题，首先需要对民生问题的思想发展脉络加以梳理，对民生的基本范畴予以界定，从而为明确民生刑法观的研究内容和思想方法奠定基础。本书首先从"民生"一词内涵与外延的不断演变中去理解"民生"在当代重提的背景和意义。

第一节　民生话语的流变

一、"民本"与"臣民"：中国古代的民生话语

可考文献中，"民生"一词最早出现于《左传·宣公十二年》："民生

● 付子堂，常安. 民生法治论［J］. 中国法学，2009（6）：27.

在勤，勤则不匮，是勤可以免饥寒也。"❶ 这里的"民"指的是百姓，这里的"民生"也仅局限于物质资料的生产，意思是百姓只要勤于生产，就会生活富裕。从字面上看，它主要是强调勤勉对生活的重要性，也反映了我国农耕社会的主流价值观。在数千年的封建社会发展中，农业与农民是社会稳定发展的基础，"民生"往往与"国计"是相辅相成的，因此，传统中国的"民生"既是对个人品质的要求，又是对封建农耕制度的一种维护与肯定。

(一) 民本：民生的思想发源

"民本"的观点在我国发端甚早。早在西周时期，朴素的民本意识已经开始萌芽，此时的政治文化观与殷商时期相比已有了极大区别，主要体现在统治者开始意识到人心向背与政权兴替之间的关系，在强调"君权神授"的同时，也提出了"以德配天"；在"敬天"的同时，也强调"保民"。此种"敬天保民"的执政思想，成为民生话语的萌芽。

春秋战国时期是民生话语体系的真正形成时期。"民惟邦本，本固邦宁"❷ 是对民本思想最早的精辟阐释。诸子百家中，关注民生疾苦的不在少数，主张"无为"的道家学派，主张"兼爱非攻"的墨家学派，实际上秉持的也是类似的主张。后来，创立儒家学说的孔子极力宣扬周公"敬天保民"的思想，并将"保民"、"惠民"、"恤民"、"养民"、"富民"作为儒家学派主张的"德政"的重要内容。《论语》、《礼记》等书中都记载了孔子向国君要求减轻税赋，以使民生得到改善、君民关系得到缓和的故事。中国古代民生思想的集大成者孟子提出"诸侯之宝三，土地、人民、政事"，同时还提出"制民之产"与"取民有制"，也就是既要鼓励人民的劳动与生产，还要注意从民间获取资源的时候有所节制，防止取民无度、贫富不均。而且，孟子认为，君主要得到人民的支持，"民为贵，社稷次之，君为轻"，这成为对民生地位的经典论述。荀子将孔子与孟子的理论发扬光大，进一步提出，"君者，舟也；庶人者，水也。水则载舟，水则覆舟。"❸。至此，便形成了中国古代最早的"民本"理论。

---

❶ 《左传·宣公十二年》.

❷ 《尚书·五子之歌》.

❸ 《荀子·王制》.

至西汉时期，贾谊在《大政》中提出，"闻之以政也，民无不为本也"，"国以为本，君以为本，吏以为本。故国以民为安危，君以民为威海，吏以民为贵贱"。他在著名的《过秦论》中，通过对秦朝能一统六国却两世而亡的分析，指出统治不仅需要强大的武力与刑罚，更要重视民生，使人民能够得到喘息，统治基础才能得到稳固。

此后历朝的思想家及有为的统治者通过对时代特点的感知和施政的实践，对民本思想进行了丰富和发展。宋朝的程颐提出："为政之道，以顺民心为本，以厚民生为本，以安而不扰为本。"唐太宗李世民认为，以民为本乃为君之道，应当轻徭薄赋、藏富于民，正是在这种思想的指导下，实现了唐初的"贞观之治"。

由此看来，我国自古以来就将"民生"与"国计"放在一起进行讨论，民生思想其实也就是历代统治者治国安邦的政治思想。

（二）臣本：民生的政治归宿

事实上，我国传统的民生思想始终是强化君王统治的一种手段，中国古代的开明君主与思想家即使再强调民生，"哀民生之多艰"，也从未想过从根本上去保障民生权利，他们只是希望提醒统治者能够取之有度，以保证统治基础的牢固。他们认为，"君子者，道法之总要也"[1]，即君王是国家的最高立法者；"天子之位也，是为治统"[2]，即君王不仅是立法者，而且是权力执行者，否则将天下大乱。[3]

由此可见，民生问题固然是历代统治者关注的一个重要问题，所谓"民惟邦本"，但是这个"邦"始终是统治者的私产，因此，无论是"民生"还是"民本"的表述，这里的"民"都永远是"臣民"，是与"君主"对应的一个概念。对于"民本"的描述，从根本上还是为了统治政权的巩固。所以，我们对传统"民生"一词的认识，应该从中国传统"君为臣本"的环境下出发，理解"民生"从统治者角度提出的真正意义。

中国古代开明的政治家、思想家将"民"之地位放到了较高的位置，百姓疾苦成为衡量统治昌明和政权稳固的重要因素。但是，古代民生话语

❶ 荀子·致士［M］.
❷ 王夫之. 读通鉴论·卷九［M］.
❸ 俞可平. 中国传统政治文化论要［J］. 孔子研究，1989（2）：28.

中的"民"只能是"臣民"而非现代意义上的"公民"，对于民生的关注和改善也都只是以维护皇权统治为目的。中国古代的民生范围仅限于人们最低限度的生存需求，解决了温饱问题就是对民生最大限度的改善，统治阶级的利益资源是不可能被分享的，贫富均衡和社会公平的民生诉愿在皇权统治之下是不可能实现的。

二、民权到民生：近现代中国社会变革的逻辑演变

1840 年，西方国家用坚船利炮打开了传统中国的大门。近百年来的近代史，就是无数仁人志士对新的政权方式与法理体系不断探索的实践过程。这种不断的探索与打破，代表了民生与民意的思想对中国几千年来君权统治的反思，也代表了仁人志士对民生权利的追求。毋庸置疑，这个伟大的开端作为一个宏大的起点，开启了近现代革命的征程。

对于近现代中国社会变革的理论依据，存在多种讨论。其路径主要有四：一是传统文化中心主义，强调"天不变，道亦不变"，依然自视清高。二是西方中心主义，尊崇全盘西化、拿来主义。三是改良主义，提出"师夷长技以制夷"。四是革命主义，要求直接推翻旧的体制，以全新的民主政治取代君主统治。

实际上，上述四种主张的核心问题是：如何才能找到真正适合当代中国的政体，如何才能将几千年的文明传承与当前人民的生存诉求结合起来，实现真正的"民本主义"？

（一）民权思想：近代中国革命的信念支持

鸦片战争以后，中国的民主与民权思想开始发酵，并以实现新民主主义为信念的民主革命为起点。由于"君权至上"的传统儒家思想根深蒂固，在理念上亟须寻找革命的信念支撑，于是，一些有远见的革命家与先行者开始将眼光投向民智已开的西方。与中国王权至上的落后专制体制相比，西方已确立了"三权分立"或"君主立宪"的新式体制，并促进了社会生产力的极大发展。他们发现，与传统中国代表"君权"的"权"不同，西方的"权"更多是"民权"的代表。"民权"概念进入中国，在中国近代史上起到了推进思想解放、支撑民主进程的重要作用。

随着新思潮的兴起，"民权"开始受到空前的重视。"民权是解决中国

问题的一个扣结，它紧系着政治的振兴、国家的强盛。只要这个扣结被解开，中国的枷锁也就自然松脱了。这说明，面对愈来愈紧迫的西方压力，中国的智识者在欧、美、日纷繁的政治文化思潮中探寻着能够解释'富强'奥秘的一脉：西方人借以概括自身传统的种种概念被他们匆忙而热切地攫取。"❶ 鸦片战争与甲午海战的失败，使更多的有识之士意识到旧专制集权的落后，越来越多地利用"民权"作为推进维新改革的理论支柱。然而维新派依然没有能够彻底摆脱"君权"思想的束缚，无法舍弃君权的民权是一种掺杂封建残余的民权，使得民权处于附庸君权的尴尬地位，由此注定了维新运动的失败。其后，民权理论经革命派的宣扬得到进一步发展。在此背景下，孙中山先生提出了"民权时代"的概念，认为"世界的潮流，由神权流到君权，由君权流到民权，现在到民权，便没有方法可以反抗"❷。"民权主义"成为孙中山民主革命思想的核心。

在此过程中，由于"权利"一词是从英文 right 一词翻译过来的，中国传统文化并没有直接孕育民权观念的萌芽。显然，以一个翻译的词语作为革命的核心理念很难有说服力，在几千年儒家文化根深蒂固的中国，"权利"一词对普通大众和广大农民缺乏号召力，这就需要在传统文化中寻找恰当的支撑点。中国是传统的农耕社会，"民惟邦本，本固邦宁"是历朝历代政治思想的核心，"民本"一词顺理成章成为民主、民权思想启蒙的核心概念。

"民本"一词发源于中国传统的儒家封建文化，"民权"则是西方民众进行民主革命所致力追求的核心价值。而近代中国民主革命利用"民本"思想代替"民权"意识作为号召，有效地将民主诉求与中国传统政治文化相结合，为"革命"在传统文化中找到了基点，获得了民众的普遍理解与支持。因此，建立在"民本"、"民权"基础上的"三民主义"，顺利地成为近代中国资产阶级革命的理论先锋，辛亥革命很快结束了中国几千年的封建统治。

（二）民生主义：救亡图存的民主变革

鸦片战争之后，帝国主义的鸦片与大炮给中国社会带来了前所未有的

---

❶ 王人博. 民权词义考论 [J]. 政法论坛, 2003 (1): 5−25.

❷ 孙中山. 孙中山选集（上卷）[M]. 北京：人民出版社, 1956: 706.

生存压力；"保国、保种、保教"成为半殖民地半封建社会的中国近代政治的主题词。所以，伟大的革命先行者孙中山先生在晚清民国时期提出的民生话语，也必然超越了传统的"民本"的政治内涵，从"人民的生活、社会的生存、国民的生计、群众的生命"出发，将"民本"与西方"民权"主义有机结合起来，全面阐述了当时社会主流阶级的政治诉求，引起了广泛的共鸣。

孙中山先生的"三民主义"精神也历经了对"民权"精神的深入理解过程，反映了旧民主主义革命时期中国革命者对西方民主与权利的不断理解与深入。1905 年，孙中山先生在《民报》首度提出了"民族、民权、民生"的"三民主义"概念，但未对"三民主义"的内涵作出具体阐述，只是为了论证中国实行民生主义的必要性及革命"毕其功于一役"的可行性。❶ 1906 年年底，在《民报》创刊周年刊物中，孙中山第一次对"三民主义"中的"民权"与"民生"给出了明确的定义，即以平均地权、发展工商业为主体内容，分为核定地价、涨价归公、与民共享等步骤。❷ 这样的定义已经与传统的中国古代民生话语具有本质区别。孙中山先生认为，革命的目标是使中华民族能够自立于世界民族之林，所以，"三民主义"的核心就是民族独立、民生发展和民权保障，而"民生主义"的根本则是解决土地所有权问题，"若能将平均地权做到，那么社会革命已成七八分了"❸第 2 条是商业的发展，通过工业与商业的发展使国家日渐富强。同时，采用国家社会主义政策将支柱性产业如铁路、电气、自来水等收归国有，以防止资本家垄断。❹ 孙中山先生提出的"民生主义"，其政治意图在于通过"民族、民权、民生"的革命来完成中华民族的复兴大业。

到了军阀混战的 20 世纪 20 年代，孙中山进一步明确了其"三民主义"的思想，并期待在此意义之下的施政理念能够使当时国民党在组织和发展中遇到的一系列问题得到缓解和解决。在 1924 年 8 月 3 日关于"民生主义"的演讲中，孙中山先生提出："民生就是人民的生活———社会的

---

❶ 孙文. 民报发刊词［M］//孙中山全集. 北京：中华书局，1981：288 - 289.
❷ 沈渭槟. 平均地权本义的由来和演变［J］. 安徽史学，2007（2）：69 - 75.
❸ 孙中山. 孙中山全集（第 1 卷）［M］. 北京：中华书局，1981：319.
❹ 夏良才. 论孙中山与亨利·乔治［J］. 近代史研究，1986（6）：40.

生存、国民的生计、群众的生命便是。"❶ "我们现在要解除社会问题中的纷乱，便要改正这种错误。再不可说物质问题是历史的中心，要把历史上的政治和社会经济种种中心都归之于民生问题，以民生为社会历史的中心。先把中心的民生问题研究清楚了，然后对于社会问题才有解决的办法。"❷ 从孙中山的演讲中我们便可以得到启迪，"民生主义"不仅仅与民生层面紧密相连，它已经从一个侧面展现了孙中山关于未来社会和国家建设层面的治理理念和改造的意图。

在此基础上，1923 年的国民党党纲中也开始正式出现对"民生主义"的定义："民生主义：防止劳资阶级之不平，求社会经济之调节，以全民之资力，开发全民之富源。"作为国民政府时期制宪合法性来源的《建国大纲》也开宗明义："国民政府本革命之三民主义、五权宪法，以建设中华民国。""建设之首要在民生。故对于全国人民之食、衣、住、行四大需要，政府当与人民协力，共谋农业之发展，以足民食；共谋织造之发展，以裕民衣；建筑大计划之各式屋舍，以乐民居；修治道路、运河，以利民行。"❸ 其后，在国民政府时期的各种宪法性文件中，其也作为制宪指导原则在具体的宪法文本中予以体现，例如，1931 年《中华民国训政时期约法》第四章规定了"国计民生"，强调"为发展国民生计，国家对于人民生产之事业，应予以奖励及保护"；1936 年公布的《中华民国宪法草案》（"五五宪草"）中规定"中华民国之经济制度，应以民生主义为基础，以谋国民生计之均足"；而 1946 年的《中华民国宪法》是国民政府时期唯一的正式宪法，其中设有"国民经济"、"社会安全"、"教育文化"等包含民生内容的专章，其中"国民经济"一章中第 142 条规定："国民经济应以民生主义为基本原则，实施平均地权，节制资本，以谋国计民生之均足。"由此可见，近现代意义上的民生主义，其核心价值是强调保障人民的生存与发展的权利。

纵观孙中山先生对"民生主义"发展的历程，无论是早期的"平均地权"，还是后期的"节制资本"、"谋国计民生之均足"，事实上都不仅是

---

❶ 孙中山. 三民主义［M］. 长沙：岳麓书社，2000：167.
❷ 孙中山. 三民主义［M］. 长沙：岳麓书社，2000：167.
❸ 中华民国法规大全（第一册）［A］// 夏新华，胡旭晟，等. 近代中国宪政历程：史料荟萃. 北京：中国政法大学出版社，2004：14－15.

一种经济政策，更包含改革社会的政治意图。

孙中山的"民生主义"思想虽然在认识以及实践层面尚存在诸多局限，但不可否认，这一思想对近代乃至当代中国都具有重要的启示意义，它指出了中国社会最需要解决的问题。"平均地权"所要解决的是贫富悬殊问题；核定地价、土地增价归国家所有不仅有利于国家在经济建设中方便地征用土地，而且有利于增加财政收入，进而增强投资力量；民生主义所追求的发展中小资本及国家资本、节制私人垄断资本和外国资本、振兴实业即使放在开展现代化建设的当代，也具有极强的借鉴意义。因此，孙中山民生主义思想的实质是发展资本主义经济，为了避免西方资本主义经济发展过程中出现的贫富悬殊的弊病，而同时强调"平均地权"、"节制资本"。应该说，"振兴实业"和"平均地权"、"节制资本"是民生主义的两翼，前者是通过工业化求富，后者则是通过社会化求均，从而彻底解决近代中国所面临的"既贫且弱"的国情问题。❶

孙中山民生主义思想的另一个精髓就是实现从国家到社会的回归。孙中山先生对于"民生"的理解不仅限于衣食住行等生活需要，也包括人民的教育、劳动、民主等社会价值的实现；不局限于本国经济建设，而是放眼整个世界的发展，关怀全人类的福祉。在中国绵延千百年的社会文化中，民众与国家之间的权利义务极不对称。孙中山先生在国家"既贫且弱"又遭受外虏侵略的情况下，依然强调国家对民众的义务，希望实现"家给人足，四海之内，无一夫不获其所"，确实为当代中国"民生主义"的先驱。江泽民同志评价说："孙中山先生的革命思想和实践，对近现代中国产生了巨大的震撼和深远的影响。""中国共产党人是孙中山先生开创的革命事业的忠实继承者，始终把自己为之奋斗的事业视为辛亥革命的继承和发展。"❷

以史为鉴，可以知兴衰。虽然上述中国古代和近现代的"民生"思想都具有历史局限性，但这些思想中蕴含的对民生问题的基本认识和精神要义，对于我们今天认识民生、重视民生、保障民生和改善民生都具有很大的启迪和借鉴意义。

---

❶ 雷国珍，肖万春. 民生中国 [M]. 长沙：湖南人民出版社，2008：34.
❷ 江泽民. 在纪念辛亥革命九十周年大会上的讲话 [N]. 人民日报，2001 – 10 – 10 (1).

三、民本与民权的和谐统一：当代中国的民生思想

建立和谐有序的社会是千百年来中国人民的政治理想。1949 年 10 月 1 日，新中国的成立标志着中国反帝反封建斗争的最后胜利，结束了极少数压迫者、剥削者统治广大劳动人民的历史，世人第一次看到一个独立、统一、人民当家做主的新中国屹立于世界。十一届三中全会通过的关于经济体制改革和开放政策的实施，改变了我国一直以来一穷二白的局面，经济发展水平的上升引起了全世界的关注。在改革开放取得卓有成效的大背景下，我们看到的是中国共产党始终正确的方向指导，以及致力于完善和谐社会理论与建设方面的一系列实践。

这样的不懈努力，最终集中体现在中共十六届六中全会通过的《关于构建社会主义和谐社会若干重大问题的决定》中。该决定提出了建设和谐社会的历史目标，符合当代中国的经济发展状况和社会发展水平，同时也满足了全国人民在社会主义现代化进程中的新目标、新任务和新思想。社会和谐成为中国特色的社会主义在新时代背景下的重要特征之一，表明中国共产党对改革开放 30 多年取得的经验和教训有着深刻的认识，并总结出确保国家富强、民族复兴和人民安居乐业的必备要素。为确保改革开放的顺利进行和改革成果能够真正为全体社会人民所共享，2007 年 10 月 15 日，胡锦涛同志在中共十七大报告中指出："必须在经济发展的基础上，更加注重社会建设，着力保障和改善民生，推进社会体制改革，扩大公共服务，完善社会管理，促进社会公平正义，努力使全体人民学有所教、劳有所得、病有所医、老有所养、住有所居，推动建设和谐社会。"❶ 由此，民生议题正式成为中国共产党在社会和谐的构建中所关心的核心领域。如今，党的十八大报告指出"加快推进以改善民生为重点的社会建设"，实际上是为我们加强社会建设提出明确要求，那就是必须以保障和改善民生为重点。从中不难看出，国家的建设已经与民生建设血脉相连，将民生问题与社会管理相结合是一个重要的理论发展。

中国的崛起在改革开放的 30 多年中取得了全世界的瞩目。经济方面的

---

❶ 胡锦涛. 在中国共产党第十七次全国代表大会上的报告［N］. 人民日报, 2007 – 10 – 15 (1).

飞速发展也必然对政治体制和社会结构方面的变迁提出新的要求。时至今日，中国也面临一系列发展中的困境，其中突出表现为政治改革缺乏动力、收入分配不均而带来贫富差距过大，这些矛盾随着改革的深入而逐步显现，成为影响社会和谐和政治稳定的不安因素。所以，所谓"关注民生"，主要包含两个层面的要求：其核心就是要满足人的自由而全面的发展，这也是马克思发展理论中的核心要义；其次便是确保改革的成果由全体人民共享，这便要求政治体制和社会结构作出相应的调整和改变。这些要求是"民生"一词在深入改革的时代背景下被赋予的新意义。

这种新的政治含义与中国封建时代流传下来的治国思想有着本质的区别。民生问题尽管在当时也略有体现，但是以"臣民—君主"的政治系统构造作为基本前提。《中华人民共和国宪法》（以下简称《宪法》）第 1 条第 1 款规定："中华人民共和国是工人阶级领导的、以工农联盟为基础的人民民主专政的社会主义国家。"第 2 条 1 款规定："中华人民共和国的一切权力属于人民。"所以，人民民主专政这一国家性质决定了我们必须坚持"代表最广大人民群众的根本利益"，必须做到"权为民所用、情为民所系、利为民所谋"。在人民政治主体性地位得以充分彰显的崭新时代，民生、民本已经成为一个综合性的权利需求和实现。

近现代的中国一直在寻觅社会变革的文化支撑和理论依凭。近代中国的改革者围绕救亡图存进行了对古代民本观念的民权化改造，但其试图以民权变革近代中国的目的没有最终实现。直至现代中国，在近代文化启蒙的基础上，共产党人凭借具有初步民权观念的群众根基，以民生为本，取得了新民主主义革命的成功。从民权信仰到民生理念，是基于寻求内在一致性的逻辑演绎。民生理念奠基于新民本思想，糅合民权观念，与以人为本相呼应，形成了一种崭新的思路。

中国近现代的启蒙与自觉离不开对传统文化的继承，更离不开对西方先进文化的学习。作为后发现代化国家，中国的建设问题始终都要在"传统"与"现代"、"东方"与"西方"中进行博弈。我们只有正视传统文化中的精华与糟粕，认清西方文明中的异质和普适价值，才能够完成对民生思想的创造、更新、融合和升华。因此，民生无法脱离历史的造化，只有回溯其发展的经历，才能复苏其理性的光芒。

（一）民生思想：民本法理叙事的崭新视角

研究民生思想，首先要关注其"民本"要素。因为社会主义国家的核心标志便是人民群众的主人翁地位，只有确立了这一点，才能够认清关系社会生存发展的根本问题。在认识"民本"概念时，需要与中国传统思想中的概念加以区别。中国古代的"民本"，是经过统治阶级驯服和改造了的"民本"，已经被异化成统治之术，最本质、最核心的精髓已经被封杀，那时的"民本"更接近于"臣本"。古代民本思想之下讨论的民生范围，仅限于老百姓衣食住行之类的生存问题。遗憾的是，即便是这类最基本的生存需要，在皇权至上的古代也没有得到切实的保护，"更多的时候，民间疾苦成了诗人与史家的笔底波澜，民不聊生似乎成了中国历史的一种常态"❶。所以，"民本"的概念需要与中国社会主义的国家性质相结合，与马克思唯物主义的精髓相融合，与全球化时代的发展现状相适应，才能得到精确的定位。

人的自由而全面的发展是马克思和恩格斯一生都在致力于实践的命题。人的发展也始终是马克思主义经典作家在关于国家建设和社会改革的论述中的终极目标。无产阶级革命理论中的民生价值主要体现在：首先，必须确立人民群众的历史创造者的主体地位。所以，毛泽东同志曾精辟指出："人民，只有人民，才是社会历史发展的真正动力。"❷人民群众作为社会财富的创造者和社会变革的推动者，理应成为社会历史的主人。民生问题与国家治理相联系，体现了人民当家做主的最初构想，真切地将人民群众的权利与国家发展相统一。中国共产党人不仅张扬了我国传统民本思想中的权利要素，也吸收了马克思主义阶级学说的精髓，在带领底层民众捍卫民生的过程中释放了巨大的力量。其次，人民群众是历史的享有者，"新民本"就是要尊重人民作为民生主体的"本位"。新中国成立之后，共产党的三代领导集体始终倾听人民的需要，满足人民的需求，将人民的利益放在第一位，用实际行动诠释了党的"全心全意为人民服务"的根本宗旨，在取得社会主义革命和改造胜利的同时，也获得了人民的拥护和信任。

---

❶　黎映桃. 民生的问题化与政府创新［J］. 学术探索，2007（3）：24-30.

❷　毛泽东. 毛泽东选集（第三卷）［M］. 北京：人民出版社，1991：1031.

（二）民生思想：糅合民权信仰的理论延伸

民生是人民群众的立命之基，反映的是人民群众对最现实利益的关切，表达的是人类谋求幸福的本能欲望，更表达了一种对自由和权利热切盼望的需求。这种热切不仅体现了反压迫、反侵略的心理，更是一种对人的基本权利的追逐和向往。因此，民生观念的逻辑升华必然融合了民权信仰。

从字面意义来看，民生思想即包含"民"与"生"两个方面。我们首先应该肯定的是，"民"与人民、集体相联系，其上所附着的权利是集体本位而非个体本位的。因此，它能够与民权之民相互对应而存在。孙中山先生在关于全民政治的学说中，对集体权利的阐述明显胜于对个体权利的阐述。而在毛泽东同志的人民民主思想中，"人民"指的是各个革命阶级的联合群体，从阶级权利角度对工人、农民的集体权利的论述非常丰富，却很少从公民个人权利角度来阐释。❶ 由此观之，民权之"民"应该从"集体"的角度来理解，个人本位应该让位于集体本位，国家权力应体现集体利益而非个人权利，以期获得最大功效。

其次，"生"字又体现了一种人权的观念，这种人权观念与个体生活相联系，是在民权之上的更高追求。孙中山对民生的定义是："民生就是人民的生活——社会的生存、国民的生计、群众的生命便是。"❷ 笔者认为，民生蕴含着将生存权放于社会发展首位的人权观念。生存权的实现是人权实现的前提，是其他权利得以行使的保障。奠基于民权并能够向人权展开的民生理念是中国共产党执政为民理念的精髓。从中国共产党的革命实践来看，他们通过土地革命使生活在社会底层的民众从土地中解放出来而获得了新生，继而又赋予其一系列的政治权利，使广大人民的人权得以实现。

四、结语：以人为本的民生观

关注民生、重视民生是中国共产党一贯的优良传统，历史发展的实践

---

❶ 韩英军. 近代中国的民权话语特征分析 [J]. 首都师范大学学报：社会科学版，2006（1）：45 – 49.

❷ 孙中山. 孙中山全集（第9卷）[M]. 北京：中华书局，1981：355.

证明，中国共产党在对民生问题的认识和实践过程中形成了独特的见解和措施，形成了自己的社会主义民生观。

马克思曾经就"革命"的本义进行过较深刻的论述。他认为，革命的本质在于社会革命，只是在阶级对抗的社会中，一切社会革命都必然地表现为政治革命，所以必须要实现政权的交替。但是，当无产阶级夺取政权之后，政治革命便得以终结。马克思明确指出："在没有阶级和阶级对抗的情况下，社会进化将不再是政治革命。"❶ 所以，在社会主义建设时期，必须要把社会建设和关注民生放在首要位置，才能完成建设社会主义制度的革命使命。

以毛泽东为核心的第一代领导集体非常关心人民群众的生存与发展问题，首先便是将"全心全意为人民服务"作为党的根本宗旨，并带领全国人民取得了抗日战争和解放战争的胜利，实现了民族独立，开启了民族复兴之路，并建立起基本的国家政治制度，完成了社会主义改造，为解决民生问题奠定了基础。

以邓小平为核心的第二代领导集体立足于我国改革开放初期的基本国情，围绕"什么是社会主义，怎样建设社会主义"这个核心命题，始终坚持以经济发展为第一要务，致力于提高广大人民的生活质量，关注民生，积极改善民生。邓小平强调，不断改善人民生活是社会主义优越性的根本体现。他从观念上纠正了以往"重生产、轻消费"以及"先生产、后生活"的错误倾向，把民生放在了更加重要的位置。他指出："社会主义最大的优越性就是共同富裕，这是体现社会主义本质的一个东西。"

以江泽民为核心的第三代党中央领导集体依据我国改革开放的新情况，先后提出以"三个代表"重要思想为核心，建立社会主义市场经济，发展是党执政兴国第一要务，可持续发展战略，构建社会保障体系等一系列民生思想和举措。其中，"三个代表"的重要思想就明确指出了"中国共产党要始终代表中国最广大人民的根本利益"，党的十六大报告中首次使用民生概念，是社会主义民生观形成过程中的一个重要里程碑。❷

---

❶ 马克思恩格斯选集（第一卷）[M]. 北京：人民出版社，1995：161.

❷ 窦孟朔，等. 论十六大以来中国特色社会主义民生观形成发展 [J]. 科学社会主义，2011（2）：106.

在党的十七大报告中，第一次将"民生问题"正式列为议题。胡锦涛同志在十七大报告中明确提出要"加快推进以改善民生为重点的社会建设"，"着力促进社会发展和解决民生问题"，"努力使全体人民学有所教、劳有所得、病有所医、老有所养、住有所居，推动建设和谐社会"。他还指出："我们提出以人为本的根本含义，就是全心全意为人民服务，立党为公，执政为民，始终把最广大人民的根本利益作为党和国家工作的出发点和落脚点。""做好保障和改善民生工作，既是实现发展成果由人民共享、促进社会和谐稳定的必然要求，也是扩大国内需求、拉动经济增长的重要动力。"❶ 民生思想其实与科学发展观紧密联系，前者要求社会主义建设中的经济、政治、文化和社会的和谐均衡健康地发展，后者则要求以人为本，其实质也是为了坚持将人民的利益放在首位，二者统一于和谐社会的构建原则中，相辅相成，共同促进。

如今，党的十八大报告指出："必须坚持人民主体地位。中国特色社会主义是亿万人民自己的事业。要发挥人民主人翁精神，坚持依法治国这个党领导人民治理国家的基本方略，最广泛地动员和组织人民依法管理国家事务、管理经济和文化事业、积极投身社会主义现代化建设，更好保障人民权益，更好保障人民当家做主。""人民"的概念得到了空前的重视，并且已经从单纯肯定其历史地位和重要作用的层面提升到全面发展和保障层面。从十七大报告提出"加快推进以改善民生为重点的社会建设"到十八大提出"在改善民生和创新社会管理中加强社会建设"，实际上是为我们加强社会建设提出了明确要求，那就是必须以保障和改善民生为重点。提高人民物质文化生活水平，始终是改革开放和社会主义现代化建设的根本目的；而保障和改善民生状况，则是改革发展过程中每一阶段的出发点和落脚点。十八大报告突出了社会管理创新和改善民生两个重点，社会管理首次与改善民生并重，强调要在社会生活和管理中体现人民意志，报告中提出的"学有所教、劳有所得、病有所医、老有所养、住有所居"与十七大报告一以贯之、一脉相承。由十七大报告对民生的关注，到十八大报告中关注社会管理创新，尤其是基层的社会管理，不难看出，国家的建设已经与民生建设血脉相连，将民生问题与社会管理结合是一个重要的理论

❶ 中共中央文献研究室. 科学发展观重要论述摘编［M］. 北京：中央文献出版社，2008：71.

发展，这要求我们不仅要重视人民群众的利益维护，更要重视人民群众的诉求表达，"坚持问政于民、问需于民、问计于民"。

在党的十八届中央委员会第一次全体会议新选出的中央政治局常委同采访十八大的中外记者的见面会上，习近平主席在演讲中称赞中国人民是"伟大的人民"，并强调"人民是历史的创造者，群众是真正的英雄"。"我们一定要始终与人民心心相印，与人民同甘共苦，与人民团结奋斗。"习主席在讲话中多次提到"人民"一词，充分体现了党的新一届领导集体的"人民情怀"。他指出："我们的人民热爱生活，期盼有更好的教育、更稳定的工作、更满意的收入、更可靠的社会保障、更高水平的医疗卫生服务、更舒适的居住条件、更优美的环境，期盼着孩子们能成长得更好、工作得更好、生活得更好。人民对美好生活的向往，就是我们的奋斗目标。"❶ "人民情怀"不是空洞而说教的简单字眼，而是将普通民众的教育、工作、收入、社会保障、医疗卫生服务、居住条件等现实生活牵挂于心的温暖传递，是与人民"心心相印、同甘共苦"的执政为民理念的实施，更是造福子孙后代的可持续发展之中国特色社会主义道路的选择与坚持。这段恪重民生、砥砺亲民的讲话，预示着中央将继续以改善民生作为日后治国的总路线。

因此，社会主义民生观的形成也经历了一个对中国传统的扬弃和对中国发展状况中显现出来的问题进行精确把握的过程。如今，我国社会已经进入转型时期，对民生问题的认识不能仅停留在百姓的生活层面，更要从国家制度层面进行理解。如何实现国家的制度结构和社会秩序之间的良好互动，如何在政策指引下建立起公平正义的制度体系来实现社会结构的合理转变，是我们面对的重大课题。

新形势下的"以人为本"已然将中国古代的"人本"思想上升到关注人民的需求和期待问题上，并力图解决这些问题。在这里尤其应该强调：

第一，明确以民生为本的执政理念。以人为本的民生观，就是以人民的生活、社会的生存、国民的生计、群众的生命为主旨，以经济发展作为民生之基、以劳动就业作为民生之本、以资源分配作为民生之源、以社会

---

❶ 习近平在十八届中共中央政治局常委同中外记者见面时强调：人民对美好生活的向往就是我们的奋斗目标［N］. 人民日报，2012－11－16（4）.

保障作为民生之安全网，将改善人民生活作为基本国策的思想观点。因此，以人为本的民生观是具有永恒主题价值的执政理念。❶ 中国共产党时刻代表中国最广大人民群众的根本利益，始终将中国人民的幸福生活作为不懈努力奋斗的目标，这样的一个政党必然会将"人"的价值作为建设国家制度和施政措施的首要参考因素，力图建设一个充分实现人自身价值的和谐社会。

第二，坚持"以人为本"中的民生核心。时刻凸显人民群众创造历史、改造历史的主体地位，将人民群众的巨大力量和作用放置于社会推动力的前位，是体现以人为本思想的关键所在。以人为本要注重关注民生，充分确认和保护人民群众的重要地位。

可以说，民生一事上则承载民本与民权思想，下则关系人民的生存和发展，其内涵随着时代的变迁而得到不断的深化和升华，从而成为检验社会发展和国家文明富强的重要参量。一个国家社会是否稳定和谐，政治是否宽容昌明，国民精神是否健康向上，只要考察民生问题的解决就可以得出结论。❷

第二节　民生问题的法治解读

作为一个新兴的研究领域，民生法治是指在维护国家法治统一的前提下，充分运用法律手段管理各项民生事务，以维护和保障广大人民群众的正当利益，进而为民生问题的解决提供强有力的法律保障。❸ 构建民生法治是民生发展对我国法治建设的新要求。

一直以来，中国共产党坚持全心全意为人民服务的根本宗旨，为实现人民的小康生活进行着不懈的努力，在改革开放取得阶段性成果之后重申民生问题，蕴含着更为深远的立意。随着改革开放的不断深入，社会发展的阶段性特征凸显，党的十八大报告适时提出了"在改善民生和创新社会

---

❶ 姚文哲，胡光辉. 以人为本的民生观是具有永恒主题价值的执政理念 [J]. 党史博采，2006 (7)：45 - 46.

❷ 彭中礼. 从民权到民生——近现代中国社会变革的法理逻辑演变 [J]. 中南大学学报：社会科学版，2009 (2)：204 - 209.

❸ 王官成. 论民生法治的法律救济 [J]. 山东社会科学，2010 (6)：74.

管理中加强社会建设"的方针。由此可以看出，不管是在政治理论还是实际生活中，民生问题都已经成为一个焦点。在当代，民生问题俨然成为一种更高的价值追求，人们不仅仅满足于基本生活水平的提高，更希望民生的重点着力于社会公平正义、资源合理分配等一系列问题。在社会发展的转型时期，民生状况不仅直接地反映出人民的基本生存、生活和发展的状况，也在很大程度上折射出一个国家的社会结构、社会秩序和社会利益关系调整与建设的合理化与优化程度。❶ 种种问题的解决最终必须依靠制度的完善来——推进和突破，从这个意义上说，依法治国的基本方略正好符合了其理性化的需求。从法律角度来看，民生发展需要充分发挥法治的保障功能，同时，民生理念也丰富了法治的价值内涵，为法治发展注入新的活力。民生问题不仅是社会问题，也是一个重大的法治问题，法治的缺位和懈怠将阻滞民生发展，在法治视野下对民生问题进行探讨和研究对于保障民生、发展民生具有重要的理论和现实意义。

一、民生问题的法理分析

(一) 民生的内涵

1. 民生的概念

"民生"在《辞海》中的解释为"人民的生活"、"人民的生计"。对于民生，学界有着不同的理解和表述，可谓众说纷纭。有的学者认为，民生问题往往就是一个国家利益均衡的问题，也就是利益和谐的问题；有的学者认为，民生就是人民的生存和发展，它关系到人们在经济、文化、社会等各方面的现实权益和未来权益；有的学者认为，民生问题即有关国民生计与生活、生存和发展等广大人民群众的根本利益问题❷；有的学者认为，民生是指民众的基本生存和生活状态以及民众的基本发展机会、基本发展能力和基本权益保护的状况等❸；有的学者认为，我国社会主义初级阶段的民生问题是要满足人民生存与发展的基本需要，包括基本营养、基

---

❶ 付子堂，常安. 民生法治论 [J]. 中国法学，2009 (6)：31.

❷ 赵文源，梅园. 回顾与反思：理论界关于民生若干问题的研究 [J]. 当代世界与社会主义，2012 (4)：101.

❸ 吴忠民. 走向公正的中国社会 [M]. 济南：山东人民出版社，2008：311 - 312.

本教育、基本住房、基本保障和基本职业等❶；有的学者认为，在现代社会，民生和民主、民权相互倚重，而民生之本，也由原来的生产、生活资料上升为生活形态、文化模式、市民精神等既有物质需求也有精神特征的整体形态；等等。❷

无论是关注民生的含义，还是着眼民生的现状，抑或探究民生的本质，虽然视角不同，但均有一定道理，都属于民生的概念范畴。要完整地理解和认识民生，就需要对民生从不同角度综合加以界定。从横向来看，民生是人民的经济、政治、文化、社会生活及所依赖的生态环境；从纵向来看，民生是人民的生存发展问题；从需求角度来看，民生是人民日益增长的物质文化需要；从利益角度来看，民生是人民的根本利益问题；从人权角度来看，民生是公民的经济、政治、文化、社会和生态权益问题。❸

概括来说，所谓民生，主要是指民众的基本生存和基本生活状态，包括民众的基本发展机会、基本发展能力和基本权益状况等。❹ 具体而言：(1) 民生的内涵是非常丰富的。民生问题是一个系统工程，涉及民众生存、生活与发展等方方面面的利益，对民生问题的关注也应该是多方面、全方位的。(2) 民生的主体是十分广泛的。民生中的"民"是一个内涵极其丰富的概念，按照不同角度可以理解为公民、人民和国民。公民是一个典型的法律概念，是指拥有一国国籍的自然人。而人民则是一个政治术语，在一国范围之内，人民的范围通常小于公民，是公民的一个组成部分。随着全球化浪潮在世界范围内的崛起，国民这一概念被广泛运用，是从总体上指称一国的公民，如中国国民便是指中国所有公民。改革开放以来，随着我国社会主义法治建设取得巨大进步，公民这一法律术语在政治上越来越多地被使用。不难设想，随着我国社会主义民主法治进一步发展和完善，在我国政治领域，公民和人民的概念也将进一步趋同。因此，党

---

❶ 马秀贞，于慎澄．民生问题的要义解读及现实思考 [J]．理论学习，2008 (7)：13.

❷ 李抒望．"高度关注民生"是落实科学发展观和构建和谐社会的关键 [N]．济南日报，2007 - 03 - 20.

❸ 窦孟朔，等．论十六大以来中国特色社会主义民生观形成发展 [J]．科学社会主义，2011 (2)：107.

❹ 张勇．民生刑法——刑法修正案中的民生权益保障解读 [M]．上海：上海人民出版社，2012：3.

的十八大提出的要着力改善的"民生",既可指全体中国人民的民生,也可指全体中国公民的民生。❶(3)民生的内容如今更多地涵盖一种对未来社会机会均等和公平正义的价值追求,而不仅仅限于对人民生活基本状况的满足。在我国现阶段,多数人对生活的基本需求已经不限于满足一般的物质需求,而是上升到对教育、就业、医疗、养老等方面的需求,集中表现为人民群众最关心、最直接、最现实的利益问题。而随着人民群众生活水平的不断提高,民生需求还将呈现多方面、多层次、多样化的增长趋势。

2. 民生的内容

关于民生的内容,也有不少学者进行了探讨。有学者认为,民生就是人民群众的生活,是一个由多要素构成的系统:在政治生活中,人民群众正当的政治权利得以保障;在经济生活中,人民群众日益增长的物质需求得以实现;在文化生活中,人民群众合法的文化权益得以落实;在社会生活中,人民群众享受一系列公共服务;等等。❷ 有学者认为,民生的内容主要有四个方面:满足人民的生命、生存、生产、生活及其生态环境的需求是基本前提;全面提升人民的精神文化生活是重要内容;实现人民基本的民主权益是主要标志;促进社会公平正义和人的全面发展是最高目标。有学者认为,教育、就业、分配、保障、健康、稳定这六个方面构成了民生最基本的内容。❸

以上分析都具有合理性。从广义上说,民生即公民的生计与生活,可包括经济民生、政治民生、文化民生、社会民生四个方面。(1)经济民生,是指经济层面的人民生计,也就是解决广大人民群众衣食住行之类物质层面的需求,让民众具备从事其他活动的物质条件,引导广大人民群众走共同富裕的道路。(2)政治民生,是指政治层面的人民生计,是广大人民群众最迫切的政治权利需求。政治民生所要解决的主要问题就是要通过各项政治体制改革,引导广大人民群众有序参与政治,维护和扩大人民民

---

❶ 李乐平. 民生检察的应然要求和实然之路 [J]. 人民检察, 2008(16): 37.

❷ 张勇. 民生刑法——刑法修正案中的民生权益保障解读 [M]. 上海: 上海人民出版社, 2012: 4.

❸ 赵中源,梅园. 回顾与反思: 理论界关于民生若干问题的研究 [J]. 当代世界与社会主义, 2010(4): 101.

主权利。（3）文化民生，是指文化层面的人民生计，是老百姓最迫切的文化需求，既包括人民群众的精神支柱，也包括人民群众的文化权利，是公民生存权和发展权的有机组成部分。（4）社会民生，是社会层面的人民生计，就是要解决与老百姓生活、生存和发展相关的社会问题，为广大人民群众安居乐业、幸福生活提供良好的社会条件和社会保障。❶ 这里必须指出，对于民生尽管可以从经济、政治、文化、社会不同领域来作泛义的理解，但其核心应当是社会生活领域的"社会民生"。在我国现阶段，民生问题所涉及的主要是社会领域的劳动就业、教育平等、收入分配、住房保障、医疗保障、食品安全、环境安全、安全稳定等人民群众最关心、最直接、最现实的问题，而所有这些民生问题在法律层面就表现为公民的各种社会权利。具体的权利内容将在后面章节中加以阐述。

（二）民生本质的权利解读

民生问题是一个多维度的问题，不同的领域会给出不同的答案。历史学家通过对孙中山先生"三民主义"中"民生"概念进行解读指出，它是"维持人民群众生命存在所需要的衣食住行一类的经济生活"❷。这一解读阐明了民生内涵的系统性与综合性，将所涉及的内容扩展到政治、经济、文化、社会各个领域，但此界定过于宽泛，缺乏与相应政策制度的对应性，不宜于人们对其内涵的准确把握。

关于民生的本质，学界主要有以下几种看法：第一种观点认为，在社会主义条件下，民生的本质在于人民所享有的各种权利及人民在该社会中的主人翁地位，也就是民主；第二种观点认为，无论是生存领域的民生问题，还是发展领域的民生问题，其本质都是当代政府背景下的具体问题；第三种观点认为，民生问题的本质远远超出民众一般的衣食住行问题，而是包含党的执政理念、执政宗旨、执政方式、执政手段以及处理现实问题的途径和今后发展的愿景等；第四种观点认为，民生本质上体现的是社会价值，如权利平等、社会公平等；第五种观点认为，民生问题是一个重大的政治问题，政治问题的本质是人心问题，民生决定民心；第六种观点认为，民生问题的实质就是保障与实现人权的问题；第七种观点认为，民生

---

❶ 龙佳解，罗泽荣．当代世界与社会主义［J］．2009（2）：10．
❷ 蒋大椿．孙中山民生史观析论［J］．中国社会科学，2000（2）：194．

问题的本质是社会权，即生存权、发展权和平等权。❶

以上观点都是学者从不同角度理解民生本质而得出的不同结论。从经济学角度来看，民生反映在收入、就业、消费等方面，体现为人民群众最关心、最直接、最现实的利益问题；从社会学角度来看，民生则关系到社会各阶层如何和谐相处、社会能否实现公平正义和长治久安以及社会制度是否具有先进性；从政治学角度来看，民生直接体现为执政能力、执政水平是否到位和执政地位是否稳固，是对治国理政水平的检验；而从法学角度来看，民生实质上即公民的生存权和发展权，尤其是社会领域各种正当权益的法律保障问题，本书即着重从法学角度对民生问题进行研究。

在我国建设法治国家的背景下，立足于法学层面，通过对民生内涵进行研究发现，民生问题实质上反映的是权利—义务关系的问题，所有关涉人的生存和发展的问题都可纳入民生保护的范围之内；从权利的具体内容来看，不仅包括公民人身权、财产权等这些与人类生存密切相关的最基本的权利，而且随着社会发展条件的变迁，更应该包括公民的经济权、社会权等相关内容。

任何一门法律哲学都以研究权利为重心。罗素在评介洛克的政治哲学思想时，曾以一种秉烛现代宪法精神的口吻启迪人们："法的理论总要以个人的'权利'应受国家保护这种见解做依据。"❷ 凡是在法学思想史流诸久远、堪称经典的法律哲学，都是关于权利的法哲学。康德的《法的形而上学原理》，其副标题则是"权利的科学"。黑格尔的《法哲学原理》也是以"自由"界定权利。林喆教授切中肯綮地将其解读为《权利的法哲学——黑格尔法权哲学研究》。后来，马克思的一句"法是人民自由的圣经"，已是刻在人们心中的"宪法"。概言之，一部人类法律史，就是一部人类权利史；一门法律科学，就是一门权利的科学。

在这里，本书首先要对民生权利作一概念上的界定。什么是权利？从古至今，哲学家、政治学家、社会学家、法学家都在探讨权利，关于"权利"，众说纷纭，莫衷一是。就像康德所说："问一位法学家'什么是权

---

❶ 赵中源，梅园. 回顾与反思：理论界关于民生若干问题的研究 [J]. 当代世界与社会主义，2010（4）：97.

❷ [英] 罗素. 西方哲学史 [M]. 马元德，译. 北京：商务印书馆，2004：160－161.

利'就像问一位逻辑学家一个众所周知的问题'什么是真理?'那样使他感到为难。他们的回答很可能是这样,且在回答中极力避免同义语的反复,而仅仅承认这样的事实,即指出某个国家在某个时期的法律认为唯一正确的东西是什么,而不正面解答问者提出来的那个普遍性的问题。"❶有学者通过具体研究,概括出权利有利益、主张、资格、权能和自由五大要素❷,而且这五个要素必不可少。

民生权利是对民生现象的抽象和概括,是指主体主张从事社会物质文化生活活动,以谋求生存和发展利益的权利。具体而言,民生权利包括经济权利、文化权利、社会权利以及科技权利。❸随着社会情势的变迁,民生权利的内涵和外延有可能会发生相应变化。在当下中国,民生权利则是以实现社会公平为价值内核,以解决民生需要及其矛盾为主体内容,是统合经济权利、社会权利、文化权利和科技权利等与民生需要相关联的诸多权利之集合。在民生权利体系中,经济权利侧重于公民私有财产权的保护,增强公民对财产权的安全感;文化权利的重心在于全面普及九年义务教育,落实公民的受教育权;社会权利的重心在于提供社会保障权救济,着力改善医疗、公共卫生、社会保险和城乡居民最低生活保障等权利状况;科技权利的实现关键在于依托创新型国家战略,通过权利配置和完善科研管理机制,着力提高科技自主创新能力。

民生权利与人权是什么关系呢?夏勇认为,人权概念包含两层含义:第一层指权利,即"某某权利",是通常所说的法学意义上的权利,如生命权利、自由权利、人身权利、政治权利、文化权利等;第二层指观念或原则,即"每个人都享有或都应该享有权利"❹。权利若没有通过合法的形式固定下来,则是不可靠的。从这个角度来看,民生权利与人权具有相似性,都体现为法律意义上的权利。人权是人作为"人"而应当享有的权利,其主体包括自然人个体和群体。个体人权即指全世界所有自然人的权利,而群体人权则是指一个民族种族、特殊群体乃至一个国家和地区的人的权利。而"民生问题,从法律上看是社会公平问题,是民权问题,最终

---

❶ 康德. 法的形而上学原理 [M]. 北京:商务印书馆,1991:31.
❷ 夏勇. 人权概念起源——权利的历史哲学 [M]. 北京:中国社会科学出版社,2008:1.
❸ 郑慧强. 国际法的哲学之维 [J]. 时代法学,2004 (4):41.
❹ 夏勇. 人权概念起源——权利的历史哲学 [M]. 北京:中国社会科学出版社,2008:1.

是基本人权问题"❶。民生法治下的民生权利亦相应地作为基本人权的概念镜像现身。尽管对人权的权利内容还存在诸多争论，但从学界较为普遍认可的范围来看，相当一部分人权权利直接或间接地指向并涵盖了民生权利。参研 1991 年我国发布的《中国的人权状况》和我国已签署的《公民权利和政治权利国际公约》、《经济、社会及文化权利国际公约》等国际公约，有学者归纳了至少 12 种固定化类型的基本人权❷；而与民生相关的人权权利至少包括公民的生存权、发展权、社会保障权、安全权、接受教育权等，即内容上主要表现为经济、社会、文化权利。

同时，"人权"和"基本权利"在实质内涵上是相同的，"宪法上保障之'人民的权利'，就是一般通称的基本权，而基本权其实就是基本人权之简称"❸。民生权利从宪法意义上说，是公共权利的一种。按照康德的理解，"公共权利是为了创造一个权利国家的目的而按照普遍公共的原则制定的法律总和"❹。从我国现行宪法的规定实证考察，公民基本权利样态中的社会经济权利（其中的劳动权、物质帮助权、离退休人员的生活保障权）以及教育科学、文化权利和自由（其中的受教育权、科研、文艺创作权）等显然属于民生权利范畴，也就是说，民生权利的法律规范外化具象即表现为宪法上相对应的公民基本权利。

然而需要注意的是，民生权利不局限于法律的规定性，民生权利体现了人民群众在现实的社会经济、政治、文化条件下所应当享有的权利。而民生权利的内容由社会关系决定，同特定的社会生产力发展水平相一致，超越了当时的社会经济条件的权利诉求都不是民生权利。

民生权利即"民生"与"权利"的综合体。"民"即主体，既包括以个体人的形式存在，也包括人民群众整体；"生"指生活，体现了内容，包括物质生活、精神生活和政治生活领域；"权利"是最终的落脚点，是利益需要、政治诉求、主张、资格、能力及个人选择。民生权利具有广泛

❶ 蒋银华，邓成明. 论国家保障民生义务的宪法哲学基础——以客观价值秩序理论为视角 [J]. 求索，2008 (2).

❷ 关今华. 简论基本人权 [J]. 福建法学，2007 (4).

❸ 吴庚. 宪法的解释与适用 [M]. 台北：三民书局，2004.

❹ Inmamul Kant, Kant Political Writings, Edited by H. S. REISS, Cambridge University Press, 1970：136.

的内涵，是指人作为主体，在物质生活、精神生活和政治生活中所享有或应该享有的生存权和发展权的综合。民生权利的实现不是权利主体自己的事情，权利的享有是特定生产关系、特定社会制度的反映。所以，从这个意义上讲，民生权利虽与"民生""人权"概念紧密相连，却会随着历史环境和发展状况的变化而表现出不同的内容。

（三）对民生法律关系的认识

对法律关系的认识是民生实现的观念性要素，其意义主要是将民生理论与权利义务关系理论相结合，从法律层面理解民生问题，从而更有利于国家推广惠及民生的各种措施，以及树立公民与国家之间权利义务的法律关系。民生法律关系观念的建立，一方面可以引导公民实践权利，主动参与公共生活；另一方面，对公权力主体来说也是一种精神领域的校正，即国家的社会保障义务是国家责任的当然之义，绝不是对公民的恩赐。总之，在法律的层面规范国家对于民生问题的义务关系，对保障民生意义重大。

受法理学研究成果的启发，本书对民生问题所涉及的法律关系的研究框架包含主体、客体以及内容等要素。

1. 民生法律关系的主体

法律关系的主体是指法律关系中权利的享有者和义务的承担者。在民生相关法律关系中，权利主体表现为"民生"中的"民"。如前文所述，对民生问题中的"民"应作"公民"或"国民"之解。"民生问题关乎社会的每一个个体，因而作为社会主体的公民构成民生的基本权利主体。"❶

公民权利的充分实现所需要的资源不能自给自足，其权利的守护者在法律意义上表现为义务主体。在民生所涉法律关系中，公民与国家相对，后者成为维护民生的义务主体。"20世纪初德国法学家 G. 耶涅内克将公民之于国家的地位概括为四种：一是被动地位，公民对国家与法律只有服从的义务，而无应享之权利；二是消极地位，公民受法律与实际的限制，意即处于消极的受益地位；三是积极地位，即国家与法律赋予公民一定的权利，如劳动权、受教育权等，积极保持并扩大之；四是能动地位，即公民

---

❶ 冯威. 民生的法治解读 [J]. 求索，2008（5）：137–138.

根据法律能积极享有选举权、参政权。"❶ 这种分析方法无疑深化了我们对公民在公共生活中地位的认识，但不无遗憾的是，以公民为中心的分析框架没有说明国家在公民权利实现过程中的定位。相对而言，我国《宪法》中的不少相关规范表现得更加直观，如，针对就业保障规定，"国家通过各种途径，创造劳动就业条件，加强劳动保护，改善劳动条件，并在发展生产的基础上，提高劳动报酬和福利待遇"；针对教育保障规定，"国家对于从事教育、科学、技术、文学、艺术和其他文化事业的公民的有益于人民的创造性工作，给以鼓励和帮助"；针对休息权规定，"国家发展劳动者休息和休养的设施，规定职工的工作时间和休假制度"，等等。在法律的层面，国家作为另一个重要的主体与公民相对应，后者的主体地位主要体现在生存发展权利的实现上，而国家则主要承担民生的保障作用，这种承担主要由国家通过行使国家权力来实现。

2. 民生法律关系的客体

法律关系的客体是法律关系主体间权利义务所指向的对象。总体而言，民生问题涉及的客体纷繁复杂，这主要是由民生本身丰富的概念层次所决定的。这种主体的权利义务指向会涉及人民生活中的诸如教育、医疗、住房、就业等方面面的问题，不过大体上可以分为生存和发展两个类别。众所周知，生存是一切其他人权得以实现的基本前提，马克思、恩格斯在《德意志意识形态》中指出："我们首先应该确立一切人类生存的第一个前提也就是一切历史的第一个前提，这个前提就是：人们为了能'创造历史'，必须能够生活，但是为了生活，首先就需要衣、食、住以及其他东西。"❷ 生存同发展密不可分，联合国通过的《发展权利宣言》指出："发展权利是一项不可剥夺的人权，由于这种权利，每个人和所有各国人民均有权参与、促进并享受经济、社会、文化和政治的发展，在这种发展中，所有人权和基本自由都能获得充分实现。"❸ 公民与国家权利义务的结合点就在于维护和促进全社会公民的生存与发展。生存与发展呈现出比我们预想中更丰富的内涵：首先，应该明确国家是确保生存和发展的施

---

❶ 冯威. 民生的法治解读 [J]. 求索，2008（5）：138.

❷ [德] 马克思，恩格斯. 马克思恩格斯全集（第3卷）[M]. 北京：人民出版社，2002：31.

❸ 冯威. 民生的法治解读 [J]. 求索，2008（5）：139.

动者，其所提供的社会资源促进了生存与发展的动态变化。时至今日，民生语境下的生存与发展不再简单满足于衣食住行的有效供给来完成后代的延续，更重要的是对尊严和幸福的追寻。生存变成了一个立体的概念，而发展的内涵也更加倾向于社会生活各方面的和谐共同进步和社会公正的实现。

3. 民生法律关系的内容

法律关系的内容是指法律关系中权利主体享有权利与义务主体承担义务的总和。法律上的义务之于国家变成了一个综合性、多方面的概念，这是与公民权利内容的演变相对应的。公民权利的内容实现了从自由权向社会权的演进过程，前者的出现是为了排除公权力对诸如人身自由和信仰自由等私权领域的干涉；后者的出现则与国家行为相关，意在消弭社会发展过程中产生的贫富差距过大、失业率上升等社会问题。与上述两个不同类型的权利需求相对应，国家的义务分为谦抑收敛的消极义务和能动介入的积极义务。于是，这两类权利义务反映出公民与国家间对立统一的关系：防范与依赖。着眼于法律关系的层面，国家通过制度的改善和积极干预的实现保障公民生存状态的进步，维护与生存权利相联系的各种社会性权利的实现，这种状态便可以总结为民生。在这种状态下，自由权和社会权作为其中两个最基本的要素互为作用。值得提出的是，民生语境下的公民权利更侧重于社会权，这主要是与第二次世界大战（以下简称"二战"）以后国家角色转变密切相关，以社会权和国家责任为核心内容的社会保障体系的建立体现了民生意义上的国家义务。社会权利与国家的保障责任构成了民生法律关系的丰富内容。

二、民生与法治的辩证关系

从民生与法治的关系来看，民生在需要法治来保障其顺利实现的同时，也为法治建设注入了新的内涵和活力。我们要正确理解和认识民生与法治的辩证关系，确立民生法治的思想观念。生活的法治就是活生生的法治，同时也就是常人的法治；法治的生活，也就是常人具体而实在的日常生活。法治建设之路漫漫，却必须时刻与关注民生互通。加强民生法治建设，在立法上要充分发扬民主，确保立法的科学性；在执法上，政府要充分发挥职能，坚持依法行政、公正执法；在司法上，司法机关应当从民生权利救济的角度提升司法理念、创新制度建设，不断提高司法保障民生的水平。

（一）关注民生是法治完善的基点和方向

1. 民生理念丰富了法治的价值内涵

法治是一个非常复杂的概念，它与人类社会发展中的诸如自由、平等、正义等基本价值密切相关，同时又体现着与民生概念的内在统一性。通过对法律框架的分析可以看出，基本的法律问题就是民生问题。利用法律关系进行各方利益冲突的协调平衡成为化解社会矛盾、解决民生问题的有效手段，民生理念也因此得以制度化、法律化。民生问题在法律上的反映主要体现为：通过保障人权和维护公正的法治实践保障民生。尽管如此，传统法治的价值内涵却不能完全满足民生发展的需求。法治是"依靠正义之法来治理国政与管理社会，从而使权力和权利得以合理配置的社会状态"❶。传统法治更多地强调限制国家权力，避免对公民的肆意侵犯，"人权的主流精神始终是防止和抵抗公权力走向恶政"❷。与此相比，民生法治更多地着眼于国家公权力的积极行使，要求国家的主动作用与保障人权之间的互动。由此观之，传统法治理念与民生法治理念对于国家行为的期待恰好相反，前者注重规范与制约，后者提倡积极行动。

需要特别指出的是，法治并不能完全解决民生问题的一系列内涵。健全法治也并不是"万金油"，它必须与国家政策、经济调节、观念引导等各方面综合协同才能将作用发挥到极致。当然，也应看到，不是所有的民生问题都与法治相关，从这个意义上说，民生理念由于其独立性而丰富了法治的价值内涵。

2. 民生建设为法治发展注入新的活力

以法治来促进民生，可以强化国家的民生职责，使劳动就业、教育文化、医疗卫生、养老保险、住房保障、环境保护、食品安全、交通运输、社会治安等一系列民生问题通过稳固的制度化形式得以解决。我国的法治建设需要进一步的改革，而民生法治的提出可以为法治建设提供新的领域

---

❶ 张文显．法理学［M］．北京：法律出版社，1997：241.
❷ 张文显．法理学［M］．北京：高等教育出版社，2003：371.

和视角，对我国的法治进程起到积极的作用。在法律制度体系建设中融入关注民生的思想，不仅会使法律本身价值得到提升，而且在运作上也将释放巨大的活力。最重要的是，当法律的制定与践行真正与人民的生活和价值追求紧密联系时，必然会极大地增强民众对法治的认同感和信仰，提高守法的自觉性。

3. 关注民生是法律运行的主线

民生问题可以成为立法、执法、司法、守法和法律监督这一完整法律运作过程的主线，在实质正义和程序正义中都可以得到展现。因此，法律运行中的各个部门都应该将民生理念贯穿于整个工作中：立法时考虑人民需求，执法时处理好人民与行政部门的关系，司法时切实保障人民的合法权利和利益，协调工作机制共同促进民生理念的贯彻和执行。只有当公众的民生利益在立法、执法、司法三个方面都得到了有效保护，才能为守法提供充足的理由和动力。

（二）完善法治是民生发展的根本保证

1. 完善法治有利于健全制度保障，有效保障人权

纵观改革开放以来国家致力于民生问题解决的种种措施可知，将民生问题用法治化的方法进行保障，不仅可以避免行政政策缺乏可操作性和长期性的特点，而且还可以提高办事效率和保障民生政策落到实处。而所谓的民生权利，就是一系列对民生发展的需求的综合，其内涵也随着时代的变迁而时刻发生着变化。但是，只要将民生保障法治化，便能够将权利诉求和权利保障有机结合起来，使其更加持久与稳固，从而使保障人权不再成为一句空话而真正得到落实，并在实践中补充、完善人权概念的范围，提高系统性和真实性。

2. 完善法治有利于化解社会矛盾，维护和谐稳定

在一个和谐的法治环境下，妥善解决民生问题才能体现和谐法治社会的优越性，并且在一定程度上促进和谐法治社会的建设进程。通过完善法治，在法律上明确公民的权利义务以及政府的职权职责，为各种社会主体提供明确的行为范式；通过建立系统完备的纠纷解决机制，及时化解社会矛盾；通过对合法行为的确认和保护、对违法犯罪行为的制裁和打击，保障社会活动合法有序，确保百姓安居乐业、社会秩序井然。

3. 完善法治有利于协调利益关系，促进社会公平

实现社会公平正义的价值目标是在满足人民的物质需求和精神需要之后更高层次而又更基本的要求。罗尔斯在《正义论》中指出："公正是社会制度的首要价值。"而胡锦涛同志也曾指出，中国特色的社会公平正义观就是"社会各方面的利益关系得到妥善协调，人民内部矛盾和其他社会矛盾得到正确处理，社会公平和正义得到切实维护和实现"❶。因此，要实现社会公平，不仅体现在社会资源量上的丰富，更要体现在利益的协调和分配上，以期缩小差距、缓和矛盾。

"让一部分人先富起来"的政策是为了促进改革开放初期经济发展的腾飞的合时宜之举，迄今为止也取得了有目共睹的成效。但是，作为这一政策的伴生现象，城乡差别、贫富差距等一系列涉及不平等问题的事实也跃然出现，矛盾主要突出在诸如收入分配、医疗、教育、就业等关乎人民自身发展的关键民生领域。例如，外来务工人员的权利得不到保障，看病难、住房难、上学难等各方面问题显现，这都是由于制度原因而引起的差别待遇现象。因此，需要完善法治，"依法逐步建立以权利公平、机会公平、规则公平、分配公平为主要内容的社会公平保障体系，使全体人民共享改革发展的成果，使全体人民朝着共同富裕的方向稳步前进"❷。

4. 完善法治有利于明确政府职责，防止越权和失职

"依法行政"是对政府履行职责的要求，但消极执法及滥用职权的行为并不能完全杜绝。依法治国不仅可以明确政府的职责范围，更有利于各项措施的顺利进行。一方面，法治能够帮助政府积极地贯彻各种保障民生的措施，为群众排忧解难；另一方面，政府行政权力也可以通过法治手段得到约束和规范，杜绝任何让行政权力先于法律实践的状况发生，从而确保国家的治理始终体现人民的意志和利益。

三、解决民生问题的法治理念

法治理念是法律运行中应遵循的基本立场，对解决民生问题具有重要

---

❶　胡锦涛. 在省部级主要领导干部提高构建社会主义和谐社会能力专题研讨班上的讲话[N]. 人民日报，2005 - 06 - 26 (1).

❷　胡锦涛. 在省部级主要领导干部提高构建社会主义和谐社会能力专题研讨班上的讲话[N]. 人民日报，2005 - 06 - 26 (1).

的指导作用。笔者认为，只有确立了法治理念，才能够在解决民生问题的一系列法治过程中事半功倍。十八大报告提出："倡导富强、民主、文明、和谐，倡导自由、平等、公正、法治，倡导爱国、敬业、诚信、友善，积极培育社会主义核心价值观。"❶ 这是对社会主义核心价值的最新描述和总结。

欲解决民生问题，以下三个法治理念是首先应当树立的：

（一）人权理念

"人权"一词由但丁第一个提出，在文艺复兴时期，思想家们提出自由、平等等诸多诉求，都表达了争取人权的思想。之所以要首先树立权利理念，是因为必须要在权利的范畴内对民生问题进行阐释。因为解决民生问题的根本既不在于政府无条件的给予，也不在于民众无止境的索取，而是一种自然权利的体现。自然权利的概念来源于文艺复兴以来的西方法学界，英国哲学家洛克在《政府论》中对之作出了明确的界定："人们……生来就享有自然的一切同样的有利条件，能够运用相同的身心能力，就应该人人平等，不存在从属或受制的关系"，"人们既然都是平等和独立的，任何人不得侵害他人的生命、健康、自由或财产。"❷ 民生问题说到底就是如何保障人的自然权利问题。从这种立场出发，我们可以将民生问题的实现与公民生存权和发展权的必需要求结合起来，解决民生问题的过程也就是实践人权的过程。

在人权视域中，民生是指在一定社会历史背景下民众生存权和发展权的保障状况，这种保障状况应能保障民众有尊严地生活。人权是人之所以为人所应享有的权利，其本质上是大众的和社会共享的权利。在传统中国，没有人权观而只有民生观，自近代以来，人权观自西方到中国，也主要通过民生加以表达，并通过人权实践民生。所以，民生问题本质上是人民群众的生存权和发展权等社会权利能否落实的问题。生存权的保障是民生的基础内容，基本发展权的保障是为了民众更好地生存。完善社会立法体系是从根本上解决人权问题、使民生得以长久保障的必然选择。

在民生观的历史流变中我们发现，民生观可以被视为中国语境下的人

---

❶ 中国共产党第十八次全国代表大会文件汇编［M］. 北京：人民出版社，2012：29.
❷ ［英］洛克. 政府论（下）［M］. 叶启芳，瞿菊农，译. 北京：商务印书馆，1997：137.

权观念。这不仅是因为中国的民生观在某种意义上包含了人权的要素，更主要是因为中国人权的发展总是与民生相伴随、互表达。而民生法治的倡导，则又是通过人权所表达的民生向法律权利的转化，从而实现政治社会的民生概念向法治的民生概念的转化，从民生向民主的转化。这也意味着民生法治中的民生不再是一种外在的话语机制游离于国家与社会之间，而是国家与社会共享的一种观念，是社会中实实在在的权利。

（二）公平理念

公平正义自古以来就是人类的价值追求，反映的是人们从道义上、愿望上追求利益关系特别是分配关系合理性的价值理念和价值标准，是社会主义制度的本质特征，是社会主义核心价值观的内容之一，是社会和谐发展的基本要求和目标，也是社会文明进步的重要标志。只要涉及利益分配，就必然会产生公平正义的问题。要实现社会的公平正义，就必须建立适应社会政治、经济、文化发展的制度。民生连着民利，改善民生的核心就是民众的根本利益的实现；民利影响和谐，和谐的基石就是利益的公平正义。民生问题归根结底是人民群众的利益问题，是如何使人民群众的利益诉求得到满足的问题。实现社会公平正义，就必须把保障和改善民生纳入建设社会公平正义的范围。党的十六届六中全会指出，制度是社会公平正义的根本保证，必须加紧建设对保障社会公平正义具有重大作用的制度，保障人民在政治、经济、文化、社会等方面的权利和利益。❶ 而十八大报告强调将制度建设摆在更为突出的位置。只有坚持不断地改善民生，实现好、维护好、发展好人民群众的根本利益，切实解决利益平衡和利益兼顾问题，才能维护社会公平正义，促进社会和谐。

经济社会越发展，民生问题的内涵和外延就越会不断扩大。改革开放前，民生问题主要体现在温饱问题上；随着我国经济社会的全面发展，更加要求物质文明和精神文明的共同发展，追求社会公平正义是现阶段群众民生问题的重要内容。社会公平正义是历史的，在不同的历史时期、不同的领域都有不同的含义，现代意义上的公平正义指的是一种合理的社会状态，包括社会成员之间的权利公平、机会公平、过程公平和结果公平。胡

---

❶ 中共中央关于构建社会主义和谐社会若干重大问题的决定 [N]. 人民日报, 2006 - 10 - 18 (1).

锦涛同志曾经指出:"公平正义,就是社会各方面的利益关系得到妥善协调,人民内部矛盾和其他社会矛盾得到正确处理,社会公平和正义得到切实维护和实现。"❶ 公平正义是人类文明进步的重要基石,是社会主义制度的核心价值,是社会的民主进步,是公民的权益保障,是每个人自由全面的发展。促进民生进步,使人民能够参与到社会发展中,享受社会发展的成果,才能支持社会发展,实现社会和谐,社会公平正义才有保障。

(三) 发展理念

温家宝同志曾指出,巩固和发展社会主义,必须认识和把握好两大任务:一是解放和发展生产力,极大地增加全社会的物质财富,二是逐步实现社会公平与正义,极大地激发全社会的创造活力和促进社会和谐。❷ 他将"发展生产力"提到了与"实现社会公平与正义"并列的位置。因此,虽然公平理念是不可缺少的要素之一,但中国还处在发展阶段,只有发展,才能不断提高人民群众的生活水平,才能从根本上解决社会矛盾,在现阶段,发展仍然是硬道理。发展经济是改善民生的前提基础,没有经济的发展,就谈不上改善民生。在马克思、恩格斯的全部学说中,最重视的是人,最关注的是人的生活,并把人及其生活作为自己理论的重要基石。马克思强调指出,"人是人的最高本质","人的根本就是人自身",揭示了经济发展与人的发展的关系。马克思在阐述历史唯物主义理论时,有一个"生活的生产"的重要理论预设和理论命题,即需要从直接生活的物质生产出发来考察现实的生产过程。这个命题强调了人的"生活"是生产力和生产关系赖以存在的舞台,又是一切物质生产的最终目的,揭示了"生活"的本源性和生活与生产的互动生成关系,从而把社会发展的目的性与规律性统一起来。因此,人的发展是历史唯物主义的重要范畴。坚持发展不放松,努力提高人民收入水平,才能从根本上解决民生需求。

不同的历史阶段对不同的时代主题有不同的关注,在当今时代,发展理念的正确与否显得比以往任何时候都重要。蕴含着深厚人文价值和鲜明

---

❶ 胡锦涛. 在省部级主要领导干部提高构建社会主义和谐社会能力专题研讨班的讲话 [EB/OL]. http://news.xinhuanet.com/newscenter/2005-06/26/content_3138887.htm,2005-06-26.

❷ 温家宝. 关于社会主义初级阶段的历史任务和我国对外政策的几个问题 [J]. 时政文献辑览,2007 (2):16.

时代精神的科学发展观，以其一系列鲜活的新思想、新观念成为当代中国发展的航标。科学发展的理念主线，体现出以人为本、民生优先的发展取向，昭示着追求和谐社会的坚定信念，筑就了全面协调可持续发展的思想根基，开启了全新的发展境界。

民生问题的法治进程，就是要正确处理好公平与发展之间的关系，在坚持持续稳定发展的前提下，兼顾公平的原则，实现效率与公平的良性互动，使公平在发展中实现，发展成为社会公平实现的手段。这个辩证立场是在现阶段必须明确和坚持的。因此，发展理念应当成为解决民生问题的基本立场。然而需要明确的是，这里所说的发展已经不是以单纯经济增长为唯一目的的发展，而是一种全面、协调、可持续的科学发展。

第二章　民生语境下的刑法观念变革

第一节　我国刑法价值观的演变轨迹

刑法观是关于刑法基本问题，如刑法的价值、机能、目的、任务、基本原则等的根本观点与基本态度。❶ 它是对一国刑事制度目的最坦荡的揭示，也是该国刑法文化传统最含蓄的表达。

在一个具有良好的刑法信仰的社会，政治、经济、文化等各项工作可以更加顺利地开展；相反，如果出现刑法信仰危机，则会引起社会治安的不稳定，而环境的动荡又会使种种社会工作承受阻力，导致一系列的恶性循环。

笔者认为，对应于警察国家、法治国家、福利国家的政治形态，我国刑法价值取向逐步走向文明和理性的演变可以大致划分为三个阶段：从工具主义刑法观到法治刑法观，再到福利刑法观。

一、工具主义刑法观

"所谓工具主义法律观是一种关于法的本质和功能的法学世界观和法学认识论，它认为在社会系统中，法只是实现一定社会目标的工具和手段，不具有任何目的和价值意义。"❷ 英国法学家阿蒂亚曾提出："法不是一个具有自身目的的、独立存在的制度，相反，法只不过是一个工具——制定和实施法律的人可以通过它实现在其他方面确定的政策和目

---

❶ 陈兴良. 宪政刑法观 [M]. 北京：北京大学出版社，2009：345.
❷ 龚向和，邓炜辉. 人权视野下传统工具主义刑法观之价值超越 [J]. 时代法学，2008（8）：76.

标的工具。"❶

在中国，工具主义刑法观浸透了阶级色彩，把刑法仅仅当作惩罚犯罪、稳定社会秩序的工具，并且以一种机会主义的态度对待刑法的工具价值。"其结果是，刑法的确立和变更，取决于政治斗争的需要；刑法的适用，随政治形势而变迁；刑法学的研究，以符合立法和实际需要为原则。这种实用主义的刑法观，不仅阻碍了刑法理论的更新和发展，而且也使刑事立法缺乏长远预见。"❷ 工具主义刑法观对人性的最大漠视在于，它只是在社会保护机能的前提下关注其保障机能，将刑法对人权的保护置于次要的地位。正因如此，在传统工具主义刑法观的支配下，刑法是否被尊重完全取决于刑法的实施对其社会保护机能的实现有无帮助。

在我国，封建统治长达几千年，国家权利本位的思想根深蒂固，新中国成立以后，在计划经济体制下，出于发展经济、稳定社会秩序的需要，国家权力高度集中，我国在新中国成立后的一段时间依然保持国家本位的一元社会形态，强调对国家权利的优先保护。受工具主义法律价值观的影响，刑法的"刀把子"形象长期以来深入人心，刑法被认为是国家对敌对阶级和犯罪分子实施打击的利器。因此，"以暴力镇压为主要功能的刑法，就成了历代刑事立法的共同特征，并构造了中国刑法的主体形象"❸。在这种背景下的中国刑事法治，重视刑法的国家、社会的整体保护功能而忽视对公民个体人权的保障，而立法和司法实践在这种"刀把子"理论的指导下，将刑法作为维护国家权威和社会秩序的工具，功利执法的短期效应刺激了刑法的盲目使用。同时，这种来自国家权威机关的做法对民众起到了不良的示范效应，强化了他们对"刑法就是打击犯罪、维护稳定的工具"的误解，久而久之，刑法工具主义的民意基础又助长了刑法对公民人权的漠视。

"在现代法治社会，对刑法绝对工具价值的顶礼膜拜、刑法被政治所操纵的这种特殊的工具性恰恰是刑法的最大的悲哀。"❹

---

❶ [英] P. S. 阿蒂亚. 法律与现代社会 [M]. 范悦，等，译. 沈阳：辽宁教育出版社，1998：125 - 127.

❷ 陈晓枫. 中国法律文化研究 [M]. 郑州：河南人民出版社，1993：316.

❸ 陈晓枫. 中国法律文化研究 [M]. 郑州：河南人民出版社，1993：315.

❹ 梁根林. "刀把子"抑或"大宪章"？——刑法的工具价值批判 [J/OL]. [2012 - 06 - 08]. http：//china. findlaw. cn/bianhu/xingfalunwen/xingshisusongfalunwen/20110704/77215_ 3. html.

二、法治刑法观

在新中国成立以后的较长一段时期里，受法治虚无主义的影响，法律的实施一度受到排斥，对犯罪的治理主要依靠政治手段而非法律手段。改革开放以后，市场经济体制逐渐代替了计划经济体制，这对我国的社会结构产生了重大影响，国家本位的一元社会逐渐向政治国家与市民社会分立的二元社会转型。"只有在这种二元的社会结构中，单纯的刑事镇压才有可能向刑事法治转变。从我国 1979 年刑法到 1997 年修订后的刑法，已经显现出这种变化的趋势。"❶ 到今天，依法治国作为基本国策也已经明文载入我国宪法，用法律来治理社会即法治正在成为我们这个时代的意识形态。"法治的要义在于树立法律的绝对权威，建立以代表和体现社会公意的法律制约由少数人执掌的国家权力的机制。"❷ "在法治建构中的国家，绝不是一种无所不在的利维坦，而是被严格限制在一定范围内活动的政治实体，国家存在的根本目的就在于使公民享有最大限度的个人自由与权利。"❸

法治刑法观的目标价值在于：一方面保护公民作为个体的自由与权利；另一方面对国家的刑罚权进行严格限制，防止刑罚的滥用。与此相对应，刑法的功能不再仅仅立足于打击犯罪，也包括保障人权。作为个体的公民具有独立的人格，与国家具有完全平等的法律地位。犯罪群体作为社会的组成部分，其合法权益也当然包括在刑法的保护范围之内，刑法适用和刑罚裁量应当坚持罪刑法定的基本原则，对于犯罪人的惩罚以预防犯罪、修复社会关系为限度和必要。

三、福利刑法观

"二战"以来，西方国家逐步尝试建立一种旨在实现普遍社会保障的国家形态——福利国家。作为公民权演进的最高峰，福利国家将福利当作

---

❶ 陈兴良. 法治国的刑法文化 [J]. 人民检察, 1999 (11): 11.

❷ 梁根林. "刀把子"抑或"大宪章"？——刑法的工具价值批判 [J/OL]. http://china. findlaw. cn/bianhu/xingfalunwen/xingshisusongfalunwen/20110704/77215_ 3. html, 2012 – 06 – 08.

❸ 程燎原. 从法制到法治 [M]. 北京：法律出版社, 1999: 202.

权利赋予每一位社会成员，并提供制度化、普遍性的福利供给。福利国家的政治理念在于：国家是为全社会增加福利的工具，社会制度是保障社会安全、公平正义得以实现的必要措施。这套独特的政治制度在刑法领域的体现是：不仅要求刑法注重人权保障，置公民于与国家平等的主体地位，同时恪守谦抑的价值准则，不得以保护国家利益为借口随意干涉市民社会的领域，更要求刑法发挥对市民社会的服务和保障作用。"刑法不仅是国家实现政治统治的工具，而且也是公民防范司法擅断、保障个人自由的利器，更是社会正义这一终极价值得以实现的载体。刑法的工具性应当受到刑法的目的性的制约，刑法的合法性应当受到刑法的合理性（合乎社会正义）的拷问。"❶ 刑法不仅是打击犯罪的"刀把子"，而且是限制权力的"大宪章"，更是维护正义的"守护者"。

在国家的层面，福利刑法观标志着当今国家的职能由管制为主演进为以服务为主。在公民的层面，福利刑法观反映了公民利益需求的多元化，强化了对国民普遍关注的权益的保护，体现了谦抑原则和法律慈父主义精神在刑法中的统领地位。

刑法对民生的保障依赖人权保障和社会保护机能的协同发挥，忽视任何一方面都难以达到民生保护的最终实现。刑法重视保障民生不能单纯地理解为保障人权，也就是说，我们不能将刑法的价值仅理解为人权保障。虽然受传统法律文化、社会文明发展的阶段性等因素的影响，刑法对于人权的保障一直处于薄弱环节，但随着人权保护写入我国宪法，权利刑法渐成显词，刑法体系的人权保障机能得以强化，而在此进程中，刑法在保障民生与惩罚犯罪之间应当起到的平衡作用更需要得以重视。实际上，刑法体系对民生问题的关注程度距离民生需求尚有很大差距，国家利益、社会利益与公民权利三者之间尚未实现平衡。现代刑法不再是统治者维护阶级利益的工具，也不仅仅是个人维权的武器，其立足于整个社会的安定、和谐、有序和效益的最大化。

可以说，在我国，民生问题成为时代主流命题和社会热点话题，标志着民生刑法观的提出和构建时机的成熟。此时，刑法对人权保障和社会保

---

❶ 梁根林. "刀把子"抑或"大宪章"？——刑法的工具价值批判 [J/OL]. http：//china. findlaw. cn/bianhu/xingfalunwen/xingshisusongfalunwen/20110704/77215_ 3. html, 2012 – 06 – 08.

护二位一体的完整运作拥有深刻的理论依凭和丰厚的现实底蕴，人权保障和社会保护两项机能相得益彰。

卢建平教授指出："民生刑法概念的提出，不仅应对着我国从一个不发达的国家迈步走向快速发展的世界经济大国的经济发展进程，也应对着我国从不完备到基本完备的法治国家建设进程，甚至也预示着我国正在从法治国家向福利国家迈进的历史新纪元。它反映了刑法正在由传统的国家专政机器、'刀把子'向法益保护工具的角色转变，反映了从单纯强调打击犯罪、惩罚犯罪人向保护社会、保障人权的功能转变。刑法理论界关于刑法从国家本位向社会本位转化、从国权刑法向民权刑法演进的说法，基本都在诠释着一个共同的现象，即刑法这个原先血淋淋的以刑为主的惩罚法，正在日益变成一个温情脉脉的以保护为主的保障法！"❶

第二节　民生刑法观形成的前提

所谓民生，可以理解为"民之生计"，也可以理解为民意表达、民心所向，是人类社会和国家最重大的问题。"民惟邦本，本固邦宁"，民生问题关系着人心向背、社会治乱和政权兴衰。民生话题由来已久，却仍然绵延不绝，是一个永恒的社会背景和时代主题，任何一个文明社会和尊崇法治的国度都会视之为头等大事。林肯总统就曾经指出："政府的合法目的是为某个社会的公众去做任何他们需要政府做的事情，而这些事情仅凭他们各自单独和本人的力量是无法做到的。"❷

着力解决当前的民生问题必须综合运用多种手段。瞩目于刑事法体系，即便回溯最蛮荒血腥的古代刑罚镇压时代，都散发着难以遮蔽的人性光辉，"上请"、"恤刑"、"死刑复奏"等制度都展示了统治阶级对民生问题的关注，更何况建立于人民主权之下的现行刑法体系。

在法律体系中，刑法作为"保障法"、"后盾法"，是衡量一国民生水平的重要窗口。人的权利、尊严是民生的灵魂，刑法外显的严厉性、强制

---

❶ 卢建平. 加强对民生的刑法保护——民生刑法之提倡［J］. 法学杂志，2010（12）：11.

❷ ［美］麦克斯·J. 斯基德摩，马歇尔·卡特·特里普. 美国政府简介［M］. 张帆，林琳，译. 北京：中国经济出版社，1998：1.

性使其在实质上与人的权利、尊严"无限接近",刑法必然要确立以人为本的价值理念;刑罚作为国家维持社会秩序最严厉的制裁措施,必然也要以保护民生为核心内容。

对于民生刑法观念的提倡,最早见于卢建平教授的《加强对民生的刑法保护——民生刑法之提倡》中。❶ 他认为,刑法应当在主权在民原则的指导下,以保障人民权利为出发点和归宿。简言之,即刑法应当保障民生。"民生"之"民",不仅包括作为整体的国民,也包括作为个体的公民;"民生"既包括全体国民的权利和生计,也包括个人的自由与人权,"民生"是这些权利、自由的总称。传统刑法理论认为,刑法机能主要包括两个方面——社会保护和人权保障,如果在此基础上进行深入研究,则不难发现,社会保护和人权保障的最终目的还是在于保障人民的权利和自由,因此,民生刑法观反映了刑法功能的本质。

刑事法的生命力不仅表现在刑法文本、话语上,更体现在刑法实践中;换言之,在于能够有效地解决社会问题、回应民生关切。因此,刑事法律制度应该以民生问题作为其制度设计的出发点。对于刑法而言,如何给予民生权益最坚实、最有力的保障和救济,无疑是一个值得研究的重大课题。而刑法学研究作为当代中国法治建设的重要组成部分,面对在新的历史起点下中国人对个人的全面发展、社会的和谐有序、民族的伟大复兴这种民生诉求,又岂能置身事外?在这样的历史大背景下,提出"民生刑法观"概念,并将之界定为保障民生的刑法观,以指导刑事立法的完善和刑事司法的变革,是当代中国刑法学者无可回避的理论责任。作为法学研究的参与者、促成者,每一个具有社会责任感的法学人都应当有这样一种学科担当:在进行学术研究的同时,要心系国家、心系社会、心系民生,要把关注民生放到刑法学研究的各个方面,让关注民生的价值追求真正成为迈向法治之路的强大动力。对于刑法保护民生观念的提倡,是解决民生问题与刑法学研究的绝佳交汇点。

一、民生经济:民生刑法观萌芽的社会基础

新中国成立后的很长一段时间里,我国的主要民生问题就是解决广大

---

❶ 卢建平. 加强对民生的刑法保护——民生刑法之提倡 [J]. 法学杂志, 2010 (12): 10-13.

人民群众的温饱问题。改革开放以来，不但很好地解决了亿万人民群众的温饱问题，而且越来越多的城乡居民过上了富裕的生活。随着改革开放的深化和人民生活水平的提高，如何充分保障人民群众的社会权益、不断提高社会生活需求水平和可持续发展的社会民生问题日益凸显。关心群众生活、让发展成果落实于民的社会政策的重要地位凸显。在民生建设方面，近些年来，我国经济持续快速发展，城乡居民收入水平稳步增长，民众生活水平大幅提升。一系列惠民政策的制定与实施，让国民切实享受到经济增长所带来的实惠。然而同经济快速发展相比，我国基本民生状况的改善和公共福利的发展却相对滞后，长期以来改革的政策目标主要集中在促进GDP增长上，而民生取向以及政府在公共服务中所应扮演的重要角色则在一定程度上被忽视了。对此，国家积极作出了回应，"十二五"规划明确提出："坚持把保障和改善民生作为加快转变经济发展方式的根本出发点和落脚点。完善保障和改善民生的制度安排，把促进就业放在经济社会发展优先位置，加快发展各项社会事业，促进基本公共服务均等化，加大收入分配调节力度，坚定不移走共同富裕道路，使发展成果惠及全体人民。"如今，随着和谐发展理念深入人心，社会领域政策与法律的制定和完善已经进入新的阶段，我国的民生建设将会不断发展和完善。

伴随着计划经济体制的衰亡和社会主义市场经济体制的建立，我国的社会结构正经历着由以政治国家为核心的一元社会结构向政治国家与市民社会相对分离的二元社会结构过渡的巨大变迁。社会结构的变迁必然引起社会观念的变化，而社会观念的更新又必将反作用于社会结构，成为新的社会变革的前提和先导，社会观念的意义和价值即在于此。社会观念的变化必将影响到作为其内容之一的法律观，由此，"人本精神"近年来在我国的觉醒与勃兴就必然反映在刑法观中。

二、民生新政：民生刑法观孕育的政治前提

在"民生法治"的制度设计和配给下，民生刑法观将立足于更加坚实的社会政治基础之上。

关注民生、重视民生、保障和改善民生是我们党的根本宗旨和基本职责，是政治决策的主要目标。当前，民生问题更是事关党和国家前途与命

运的重大问题，民生问题解决得如何将在很大程度上决定我国能否顺利实现社会转型，能否完成"全面建设小康社会"的伟大历史使命。2007 年，在党的第十七次全国代表大会上，"保民生"被摆在空前重要的位置，十七大提出的以加快推进改进民生为重点的六大任务和就业、教育、分配、社保、稳定五大"民生工程"，都充分表明了民生问题被提到了政治决策的空前高度，正式成为中国特色社会主义建设事业的重要内容。在新出台的"十二五规划"中，民生问题成为整体规划的起点和目标。胡锦涛同志在中共十八大报告中指出要"更好保障人民权益，更好保障人民当家做主"，所以，"加强社会建设，必须以保障和改善民生为重点。提高人民物质文化生活水平，是改革开放和社会主义现代化建设的根本目的。要多谋民生之利，多解民生之忧，解决好人民最关心最直接最现实的利益问题，在学有所教、劳有所得、病有所医、老有所养、住有所居上持续取得新进展，努力让人民过上更好生活"●。关注民生由此成为党中央领导集体在新时代建设和谐社会的执政宣言。显而易见，民生问题已然成为当下中国的时代主题。

当前，我国在改善和保障民生方面取得了重大进展：在抗击"非典"和汶川地震等重大灾害中，党和政府始终贯彻以人为本的做法；2003 年废除了实行 20 多年的收容遣送制度；2004 年将"国家尊重和保护人权"写入宪法，成为中国人权保护史上的里程碑；2006 年废除农业税，不仅直接增加了农民的可支配收入，也消除了社会不公的因素；据教育部统计，至2007 年，我国农村处于义务教育阶段的家庭中，困难家庭的学生都已享受到免费教科书和住宿生活补助，并进一步力争在全国农村地区全部实行免费义务教育……这些重大举措体现了党和政府关注民生、重视民生、以保障和改善人民生活为宗旨的执政理念。然而随着改革开放的深化，社会的一些深层次矛盾和体制机制弊端逐渐暴露，导致许多关乎国计民生的社会问题长期未能解决或无法彻底解决，对社会稳定和进一步发展造成了重大影响，暴露出我国当前民生问题的严峻。❷

"当下中国民生话语的重新提出，体现着党和政府解决改革开放进程

● 胡锦涛. 在中国共产党第十八次全国代表大会上的报告［N］. 人民日报，2012－11－18（1）.
❷ 庄美桂. 从法律角度解读民生问题［J］. 法制与社会，2009（9）（中）：235.

中的深层次矛盾的决心和意志，体现着我国在经济建设取得伟大成绩之后要求社会全面发展、和谐有序的更高追求，体现着中华民族渴望实现经济、政治、文化全面复兴的美好理想。"❶

三、民生法治：民生刑法观衍生的法治基石

"民生法治"，就是在维护国家法制统一的前提下，充分运用法律手段管理各项民生事务，以维护和保障广大人民群众正常权益，进而为民生问题的解决提供强有力的法律保障。❷ 民生法治对于民生保障的要义是：对于民生权利，国家权力应当尽力促成。民生权利是刑法立法权运行的基石，是司法权行使的限度，是刑罚执行的目的。

民生问题的解决是一项复杂而艰巨的工程，民生问题不仅是经济问题、政治问题，更是社会问题，法律问题。一方面，民生难题的破解，需要制定和完善与民生问题紧密相关的法律，提供民生权利救济的法律通道，并通过行政、司法等手段给予"民之生计"全方位的保障。另一方面，法治在解决民生困境方面能够发挥其自身优势。对于正处于剧烈、复杂而深刻变革中的中国社会而言，如果没有法律的有效监督与制约，解决民生问题的初衷就很难实现。

当前，如何解决民生问题的法治保障已成为法学理论与实务界的重要课题。法治作为一种社会实践，不但具有历史的内在脉络，更重要的是，它反映了社会公众对于制度的现实需求。❸ 在当代中国，法治必须对破解民生难题这一社会政治诉求予以回应，"将民生保障制度化，对民生保障的义务主体形成制度性约束，使得国家和社会的民生保障行为不再是一种恩惠和施舍，而成为义不容辞的责任和义务"❹。

从现实角度来看，民生保障的落实依赖义务主体的积极作为，只有转化为具体的权利形式才具有实际意义。一国的民生状况与其法治状况密切

---

❶ 付子堂，常安. 民生法治论 [J]. 中国法学，2009（6）：32.

❷ 张勇. 民生刑法——刑法修正案中的民生权益保障解读 [M]. 上海：上海人民出版社，2012：54.

❸ 付子堂，常安. 民生法治论 [J]. 中国法学，2009（6）：34.

❹ 曹达全. 民生保障：一种权利话语分析 [J]. 南京农业大学学报：社会科学版，2009（4）：89.

相关，法治不健全是阻滞民生发展的制度根源之一。在计划经济时期，我国民生问题较为严重，这固然与落后的社会生产力有关，但法治缺失也是其中的重要原因。改革开放以来，我国的社会生产力获得了长足的发展，在成功解决温饱问题后正向全面建设小康社会的目标迈进。然而由于法治的不健全，民生问题依然存在，主要体现在人民群众日益增长的民生诉求与社会制度供给之间的矛盾。这一方面是因为随着法治的进步，人们的权利意识逐渐增强，民生诉求已经突破解决生存之忧而包括了获得符合时代要求的发展机遇；另一方面也反映出我国的法治建设还有待健全和完善。

民生保障与法治之间存在相互依赖的关系，保障民生需要发挥法治功能。首先，公民的就业权、教育权、社会保障权等民生权利需要保障，而法治是这些权利最根本、最有效的保障手段。其次，保障民生需要建立以机会公平、规则公平、权利公平、分配公平为主要内容的社会公平保障体系，使全体人民共享改革发展成果。再次，保障民生要求政府在权力范围内积极作为，需要通过法治划定公权力的边界，规范政府职能，保障社会管理和公共服务职能的发挥。

总之，民生法治是社会进步的标志，是法治社会的应有之义。在社会进步和法治地位的强化过程中，完善民生问题的刑法保护将是迫切需要正视并认真思考的现实问题。同时，民生权利的保护是一项复杂艰巨的系统工程，需要我们不断探索和完善。

第三节　民生刑法观的核心内容

一、民生刑法观的基本内涵

"刑事法治是刑事领域中的法治，是刑事法的价值内容。"[1] 对具有严重社会危害性的民生侵权行为给予应有的刑事制裁，是现代刑法作出的共同选择，也是刑法作为社会最后一道防线义不容辞的责任。

---

[1] 陈兴良. 刑事法治的理念建构 [A] //陈兴良. 刑事法评论（第6卷）. 北京：中国政法大学出版社，2000：1.

社会民生领域民众的基本权利主要表现为社会权利，即"基于福利国家或社会国家的理念，为使任何人都可以获得合乎人性尊严的生存而予以保障的所有权利。❶ 与民生有关的社会权利具有"受益权功能"的特点❷，是一种需要国家积极作为才能实现的权利，国家负有权利供给并加以保障的职责。如果国家疏于履行作为义务，权利主体可以向国家提出请求。关注和改善民生是一项系统工程，需要各方合力完成，但国家在其中无疑起到主导性甚至决定性的作用。而促进国家承担民生保障职责，法治的作用不可忽视。

然而改革开放以来，我国的社会立法一直滞后于社会发展。近年来民生问题凸显，也正是由于公共服务、社会保障、社会福利、劳动保护等社会权利配置和保障方面的不足所造成的。❸ 因此，法治必须在赋予公民完善的社会权利的同时，发挥在破解民生难题方面的独特优势，回应民生需求，运用民事、行政、刑事等各种调整手段给予民生权益全方位的保障。

法治中的"民生"概念，就是国家运用法治的手段促进民生的改善与发展。相比于民法和行政法，刑罚制裁是最严厉性的制裁手段，刑法对民生权益的保护，是通过对侵犯民生权益行为进行刑事规制来实现的；将严重危害公众社会权益的行为纳入犯罪圈，运用刑罚手段予以惩治，能够有效克服民事与行政手段的局限性，发挥刑法作为"保障法"、"后盾法"的重要保障功能。

行动引路，观念先行。在研究刑法学问题时，必须认清我们所处的时代、我们继承的传统和我们面临的问题。法国著名法学家勒内·达维曾说过："那种把法律条文本身当作研究对象的学问不是法学，法学真正被称为一门科学，是因为法律条文背后的东西和一个社会的政治、经济、文化、传统乃至生活方式结合在一起。……立法者要改造法律条文本身很容易，但是法律条文背后的东西是很难改变的。"这并不是说理论研究无力回天，而是说刑法学研究必须找到真正的问题。

---

❶ ［日］清宫四郎. 宪法［M］. 日本：有斐阁，1986：22.
❷ 郑磊. 民生问题的宪法权利之维［J］. 浙江大学学报：人文社会科学版，2008（6）：78.
❸ 付子堂，常安. 民生法治论［J］. 中国法学，2009（6）：36.

在"二元社会"逐渐形成的社会背景下，在民生话语成为时代强音的当代，中国法治建设对刑法理论的创新提出了迫切的要求。我们不得不对刑法观念作某些反思，重新塑造现代刑法观，使社会主义刑法不断适应新的社会历史条件。在社会本位的价值体系中，刑法的功能体现为对社会整体及个人利益的关注和维护，这与确立刑法的民生保障功能是一脉相承的，此时，民生刑法观的提出是顺应治国理政方向的合宜之举。"民生刑法观"就是指运用刑事制裁手段对民生权利予以保障和救济的刑法观念。"在刑法理论上确立刑法的民生保障功能与现代刑法由国家本位、个人本位向社会本位的发展趋势相契合。"❶ 理论创新的价值目标在于指导实践。民生刑法观的提倡，目的在于在刑法观念创新的引领下，调整和完善具体的制度规范，最终实现刑法的民生保障功能。

二、以人为本：民生刑法观之价值核心

人本主义是从欧洲文艺复兴时期发展起来的一种哲学思潮，已经成为现代法治的基本精神和价值蕴涵，它强调以人为出发点和归宿，以尊重人的自由、权利、尊严为基本价值准则。"法律的存在，法律的演变和蜕变，实乃人的生存所呈现的一种文化现象，法律之源于人、优于人、依于人，法律之以人为本，以人的社会生活为经纬毋庸置疑。"❷ 弘扬人本法律观，是依法治国时代的历史必然。

现代法治的逻辑起点是民众的现实生活，并以人的幸福为归依，现代法治的精神意蕴就在于民众幸福生活的确立与确证。换句话说，现代法治建设必须关注民生。事实上，社会主义法治的本质属性就在于它的人民性，法治的核心就是人民当家做主，法治的目的就是维护好、实现好、发展好人民的利益。法治保障民生，才能培育民众的法治情感，促进民众积极参与法治建设的积极性，夯实法治之基。有学者指出："中国的民生命题不仅仅是民众的生计这样一个人们可以切身感受的现实利益问题，更重

❶ 徐啸宇.论新形势下刑法在社会管理中的民生保障功能［J］.湖北函授大学学报，2011 (8)：80.

❷ 杨奕华.法律人本主义——法理学研究泛论［M］.台北：汉兴书局有限公司，1997：99-100.

要的是作为一种价值取向,它强调尊重人、解放人、依靠人和以人为本,强调人在社会发展中的主体作用与历史地位,强调以权利本位为原点,以人权保障为重心,实现社会的和谐发展与民众的自由和幸福,具有浓郁的人本思想和人文关怀精神。"❶ 在新时期,我国社会主义法治建设必须围绕以人为本这个核心内容,以人民利益为根本出发点和落脚点,着重构建合乎人性、遵循人道、保障人权的法律秩序。

中国的刑事规制问题永远都应当围绕对人的终极关怀而展开,因为唯有民生才是刑法的立命之基。❷ 重视和发展民生是我国政策制定的出发点和落脚点,弘扬人本法律观,是依法治国的时代要求和历史必然。具体到刑事领域,人本法律观也当然应当得以贯彻。

我国正处于从一元社会向二元社会的转型过程中。"……市民社会要求国家受法律的约束,但同时又要求国家能够有效地实施保障市民社会多元性及其必要自由的法律。市民社会构成了对国家的制约,他们维系国家,并为国家社会的范围与权力设定界限。市民社会需要一套独特的政治制度。"❸ 此种"独特的政治制度"在刑法领域的具体体现是:"要求刑法对公民的尊重——以人为本,注重人权保障,置公民于与国家主体平等的地位;要求刑法对市民社会领域的尊重——不得单纯为国家的利益任意侵蚀市民社会的领域;要求刑法充当起最后保障法的作用——服务于市民社会,同时恪守谦抑的价值准则。"❹ "于是,平等、自由、人权、正义等原本属于市民社会的美德便开始成为市民社会对刑法的要求。"❺

在民生刑法观念的倡导进程中,需要对人道主义原则、人权保障制度、人性关怀理念等核心问题进行梳理,从而确立人本主义精神的民生刑法观。具体来说,民生刑法观"以尊重人性为思想前提,以弘扬人道为逻

---

❶ 苗连营. 民生问题的宪法学思考 [J]. 国家检察官学院学报,2010(3):48.

❷ 张训. 论民生刑法的出场——受达顿《中国的规制与惩罚:从父权社会到民权社会》的启迪 [J]. 安徽大学法学评论,2011(2):194.

❸ [英] G. 亚历山大. 国家与市民社会——一种社会理论的研究路径 [M]. 邓正来,译. 北京:中央编译出版社,1999:39.

❹ 李书奎. 人权、人道、人性之刑法论——从政治刑法到市民刑法的转变的视角 [J]. 法制与社会,2007(1):178.

❺ 田宏杰. 中西刑法现代化趋势之比较考察 [A] //陈兴良. 刑事法评论(第7卷). 北京:中国政法大学出版社,2000:24.

辑脉线，以人权保障为价值目标"❶。

一是要尊重人的本性。有学者认为，人类实施犯罪的根本原因是人性得不到满足。人性得到满足的程度越大，犯罪率将越低，压制人性的刑罚也将会引起更多的犯罪，而刑罚的轻重也取决于人性满足的程度。❷ 刑法应当顺应和满足人性需求，而不能强制压抑；在民生领域，更应当对犯罪嫌疑人、被害人予以充分的人性关怀，通过惩恶扬善的间接方式来引导和发展人的善良品性。刑罚本身是一种不得已的"恶"，司法机关应将刑罚的使用限定在必要限度内，在解决社会矛盾时，优先采用其他社会调整方式，将刑罚作为一种最后性手段，以顺应刑法的人性化发展方向。

二是要弘扬人道精神。人道是指人类社会或者每个人都要尊重或保护人的生命，它反映的是人和人类对待个体生命的态度、需要及其特征和水平。❸ 著名思想家边沁曾指出："任何惩罚都是伤害，所有的惩罚都是罪恶。"❹ 刑法的人道性，是指刑法的内容和实施应顺应人的本性，刑罚的痛苦要控制在犯罪人所能接受的限度之内。有学者进一步指出，刑罚人道主义的否定性规则是指绝对禁止酷刑和其他残忍不人道或有辱人格的待遇或处罚；其肯定性规则的中心内容是将人作为目的看待。在最低层面，要求满足受刑人作为人的基本需要；在最高层面，要求给予受刑人尊重并引导受刑人自尊。❺

"人道"是一个相对性、历史性的概念，对于"人道"的理解，要结合其所处的历史阶段。刑法的人道性取决于所处社会的文明程度，取决于物质、精神生活的发达程度。历史上，在"泛刑法化"思想的指引下，刑法手段介入了本应可以通过低层次的纠纷解决机制调整和修复的社会关系，结果就是"以刑为主，刑民不分"，最终导致严刑峻法，刑法的人道消失在国家滥施刑罚的迷雾中。刑法的人道性是良性社会制度的特性，刑法的宽容是社会宽容在刑法领域的确认。民生刑法观对刑法人道性的认

---

❶ 张勇. 民生刑法的品格：兼评《刑法修正案（八）》[J]. 河北法学，2011（6）：71.

❷ 李希慧，龙腾云. 法律的人性关怀与刑罚轻缓化 [J]. 河南省政法管理干部学院学报，2010（3）：88.

❸ 李德顺. 人的价值和人道主义 [N]. 华夏时报，2001 – 09 – 16（26）.

❹ 法学教材编辑部. 西方法律思想史资料选编 [M]. 北京：北京大学出版社，1983：493.

❺ 曲新久. 刑法的精神与范畴 [M]. 北京：中国政法大学出版社，2000：237.

同，标志着从刑罚迷信到谦抑理性的回归。

目前，我国对几类"妨害风化"行为，如卖淫嫖娼、吸毒、见死不救、赌博等行为，没有使用刑法手段进行调整，体现了刑法对个人自由的尊重和对世俗社会生活的尊重，体现了刑法的克制态度和人道精神，值得肯定。但是，我们同时应当看到我国刑事立法上对人道主义原则的阙如。很多大陆法系国家都将人道主义原则列入刑法典总则部分，从而统领刑种、罪犯处遇等具体规范。我国现行刑法未将人道主义列为刑法的基本原则，以致当各价值要素在具体案件的适用中发生冲突的时候，就无法保证人道精神的优先体现。

三是要尊重和保障人权。法治的要义是权利保护，人权保障是民生保障的实质问题，对个体权利的尊重和保障是人本主义的法律体现。在民生领域，公民的基本人权可以概括为生存权和发展权。生存权是发展权的基础，是最低限度的生活保障，保障人权首先意味着保障其生存权。发展权的层级高于生存权，发展权范围更大、层次更高、民生保障更为全面。民生权利的实现需要国家的积极作为，而长期以来，刑法被认为是"刀把子"，是执行专政职能、镇压阶级反抗、惩罚犯罪的工具。在这种思想的影响下，刑法的功能强调国家保护而淡化人权保障，对民生权利也缺乏保障和救济的力度。

民生刑法观是法律价值观转变的产物，它标志着刑法从冰冷的"刀把子"转变为人权保障与社会保护并重的温情的"守护者"。"就我国当前的实际情况而言，刑法观念转变的重点应当放在对个人权利的尊重和保障方面。"❶ 与此相应，刑法人权保障机能可以在立法、司法和执行三个方面予以回应：在刑事立法方面，将刑法视为公民与国家间的特殊"契约"，在人权保障和社会保护、公民个人权利和国家刑罚权之间划定合理的分界线。犯罪人并不因受到刑事追诉而丧失所有的权利，只在"契约"范围内承担责任。其基本人权应该得到充分的尊重和保障。在刑事司法方面，应当转变刑法为政治服务的工具定位，找到国家社会保护与人权保障的平衡点，在这一目标的指引下，为实现刑法的价值，控辩审三方应当准确定位、认真履职，在尊重法律、保障人权的价值目标体系下殊途同归。在刑

---

❶ 罗豪才，孙琬钟. 与时俱进的中国法学［M］. 北京：中国法制出版社，2001：487 - 488.

罚执行方面，应尽量避免因为执法主体的疏忽或懈怠而导致刑法的作用难以有效发挥，最大限度地恢复因犯罪而被破坏的社会关系，将刑法对民生的保障真正落到实处。

三、民生保障：民生刑法观之存续动力

民生权利的保障是刑法保障民生的观念存续的不竭动力。权利的历史表明，民生保障需求是与民生相关的权利义务产生的内在根源和存续的理由，确切地说，体现人格尊严和社会公平的民生保障需求，使与民生相关的权利得以存续发展。

民生刑法观的产生是应民生保障之托，承担着解决民生矛盾、化解民生危机、缓解民生压力、防止民生保障的权利缺位等重任而跻身于当下社会转型时期的时代难题之中。

随着法治的发展，刑法改革中越来越多地体现了民生权利保障的内容。《刑法修正案（八）》对危险驾驶等严重危害民生的行为进行了犯罪化处理，并且细化了危害食品药品安全、破坏环境资源等方面犯罪的规定，强化了刑法对民生的保护。

当民生建设成为中国社会的共识，刑法理论和实践应当担当起应有的责任。于是，"民生刑法观"跃然登场，经由民生新政的倡导与保障，卓然砥砺于"民生法治"的基石之上，并且，永动不竭的民生需要是民生刑法观存续、发展的动力。民生权利所在，民生刑法观当存！

（一）刑法保障民生的内容

法治的根本价值在于保障民生。"学有所教、劳有所得、病有所医、老有所养、住有所居"实际上涵盖了受教育权、劳动就业权、医疗保障权、社会保障权等民生领域的基本权利。当然，民生保障的内容十分广泛，还包括其他与民生密切相关的生产、环境安全以及食品、药品安全等公共安全权益。概括起来，在刑事领域，民生保障的权益内容主要包括：

1. 劳动就业权

劳动就业权是指公民能够自由地选择职业，平等地享有就业机会，在工作中同工同酬，定期享受休息休假，在出现劳动争议的时候可以提请劳

动争议处理。我国法律对弱势劳动者给予了特殊保护。《刑法修正案（八）》第41条规定了"拒不支付劳动报酬罪"，将恶意欠薪的行为规定为犯罪；第38条提高了强迫劳动罪中的法定最高刑，将强迫劳动中的招募、运送以及协助行为也规定为犯罪。

2. 医疗卫生权

医疗卫生权益保障关系到广大人民群众的生命与健康，现行刑法对医疗卫生权的保护体现在非法行医罪、医疗事故罪和非法进行节育手术罪等规定上。在此基础上，《刑法修正案（八）》又扩大了保护范围和保护力度，对生产、销售不符合卫生标准的食品罪及生产、销售有毒、有害的食品罪提高了定罪标准和相应的法定刑；对销售假药罪的构成要件进行了修改，取消了原来的"销售金额"和"足以危害人体健康"的规定，进一步严密了法网。

3. 社会保障权

社会保障权包括社会福利、社会救助、优抚安置、社会保险等方面，是国家对弱势群体提供的援助，是保护弱势群体基本生存权的社会屏障。当前，我国社会保障立法尚不健全，给了犯罪分子可乘之机，只有对严重侵犯社会保障权的犯罪行为予以惩治，才能确保社会弱势群体的救济权获得充分保障。

4. 受教育权

受教育权是指公民都能平等享有接受教育的机会，排除任何形式的歧视，保证基础教育能够惠及社会的每个公民，以实现提高国民素质的目的。我国刑法规定的招收公务员、学生徇私舞弊罪以及教育设施重大安全事故罪，都是对受教育权进行保护的刑法体现。

5. 安全稳定权

社会安定有序是保障和改善民生的前提，安全稳定意味着国家要提供良好治安，以维护公民个体安全和社会稳定。《刑法修正案（八）》完善了寻衅滋事罪、强迫交易罪的规定，提高了两罪的法定最高刑；提高了敲诈勒索罪的法定最高刑，并增加了罚金刑；对黑社会性质组织犯罪的特征予以明确规定，并增加了财产刑，加大了对黑社会性质组织犯罪的打击力度；将黑社会性质组织犯罪、恐怖活动犯罪作为特殊累犯的适用范围，充分体现了刑法对民生稳定方面的保障。

6. 资源环境权

生态保护已经成为一个世界性课题，将生态保护的理念融入刑法领域，以实现人与自然的协调发展，是走可持续发展道路的必然要求，已成为我国刑事立法的新趋势。《刑法修正案（八）》对与环境保护相关的条款进行了完善，对重大环境污染罪、非法采矿罪的构成要件作出了重大修改，取消了之前的"造成重大环境污染事故，致使公私财产遭受重大损失或者人身伤亡的严重后果"以及"经责令停止开采后拒不停止开采，造成矿产资源破坏"的定罪标准。对于污染环境、非法采矿行为，只要"严重污染环境"、"情节严重"的即构成犯罪，加大了对上述行为的打击力度。

（二）刑法保障民生的功能

刑罚以其严酷性著称，关乎人的财产、自由和生命，对行为人的影响最为深重，所以，国家对刑罚手段的使用应当十分谨慎。而刑法保护民生权益正当性的基础是什么？一般认为，刑法具有保护机能和保障机能。保护机能是指刑法通过对某些严重危害社会的行为予以刑罚处罚，维护社会秩序的稳定；保障机能是指对行为人的处罚以刑法为依据，禁止刑罚权的任意发动，保障公民的个人自由和权利免受国家刑罚权的侵害。在我国社会主义法治建设的进程中，对刑法的保障机能更需要加以强调。只有将刑法的保护机能和保障机能有机结合起来，才能实现刑法维护社会秩序、保障基本人权的目的，具体体现为权利保护的必要性、合理性和有限性。

1. 刑法保障民生的必要性

在法律体系中，刑法是其他法律的保障力量，其惩罚性最为严厉，是社会保护的最后一道屏障，其存在的必要性在于减少犯罪对社会的侵害。但如果不加限制，任其扩张，又势必侵犯公民的权利。这一特殊矛盾，使刑法人权保障的重要性得以凸显并受到充分的重视。

我国的法律法规成形于计划经济时期，存在较大的滞后性，同时，法律制裁措施侧重于行政处罚，在新的社会规则、价值体系尚未建立的情况下，侵害社会民生权益的现象非常严重。在民事赔偿、行政处罚收效甚微的情况下，刑法的介入对社会权益的保护是必然选择。

当然，毋庸置疑，犯罪治理的最佳手段是社会综合治理，在进行刑事立法时要特别慎重，充分考虑打击犯罪的必要性，将刑法的使用限制在必要的限度内。"刑法不能超出部门法的功能去解决其他法律应该解决的问题，更不能超出法律的功能去解决法律领域以外的问题"❶，对刑法的扩张使用要时刻保持警惕。然而同时，对严重危害民生权益的犯罪行为也不能姑息迁就，"一个不足的刑罚比严厉的刑罚更坏，因为一个不足的刑罚是一个应该被彻底抛弃的恶，从中不能得到任何好结果"❷。"犯罪化与去犯罪化乃刑事立法的左右手，在刑事政策上，两者必须兼行并用，始足以发生抗制犯罪与预防犯罪的功能。"❸

2. 刑法保障民生的必然性

有学者指出，作为对危害行为的反应，刑罚应当具有不可避免性。不可避免性可以从以下三方面进行反向思考，满足下列情况中的一条，即不具备刑罚的不可避免性：一是无效果；二是可替代；三是太昂贵。❹ 所以，刑法保障民生的不可避免性可以从以下三个方面来理解。

第一，有效性。一般来说，犯罪者实施犯罪行为之前总要对犯罪成本与收益进行权衡，从而作出最有利于自己的选择。如果一国刑法缺乏对民生权益的保护，出现刑法规定的"空窗"，就会给犯罪分子可乘之机。如果将严重侵害社会民生权益的行为及时纳入犯罪圈，并实施有效的刑事制裁，无疑会增加犯罪风险和犯罪成本，对犯罪分子起到震慑作用，使其望"刑"却步，有效发挥刑罚的一般预防功能。目前，在严重民生侵权问题依靠民事、行政法律手段不能有效解决的情况下，强化刑法在民生保障方面的责任，加强民生权益的刑法保障无疑是社会转型时期的必然选择。

第二，不可替代性。民生权益从广义上讲属于社会权的一种，其所依存的社会法是私法规范与公法规范的融合，并且"多具公法之形式渐侵入私法之区域"❺。社会法的性质决定了保护社会权益的复杂性，公权力在这一过程中扮演了重要的角色。"社会法权利本应该属于私法权利的范围，

---

❶ 孙万怀. 反对违法交通行为的过度立法与司法犯罪化［N］. 中国社会科学报，2009 - 08 - 18（7）.

❷ ［英］边沁. 立法理论——刑法典原理［M］. 孙力，等译. 北京：中国人民公安大学出版社，1993：89.

❸ 林山田. 刑法的革新［M］. 台北：学林文华出版社有限公司，2001：154.

❹ 陈兴良. 刑法哲学［M］. 北京：中国政法大学出版社，1993：7.

❺ 史尚宽. 劳动法原论［M］. 北京：政大印书馆，1934：3.

所谓公、私法交错，是指对这类权利的保护，单靠私法规范不能达到目的，必须应用强制性的公法规范予以支持，才能实现权利的完全保障。"❶实际上，公权力往往发挥着比在私法中更重大的作用。为了克服私法保护的局限性，将性质恶劣、危害严重的侵害民生的行为纳入犯罪圈，运用刑法手段予以打击，是由民生权益的社会权的性质所决定的。

第三，经济性。"徒法不足以自行"，从实然的角度来说，刑罚作为最严厉的制裁手段，其适用必然要受到各种现实因素的制约。如果过于依赖刑事手段，不仅耗费大量司法资源，而且会因为犯罪根源没有得到根治，在刑法功效将逐渐疲弱的同时，其泛犯罪化和刑罚严厉化的负面效应会凸显。但是，我们也不能忽视刑法作为国家公器的保障职能。事实上，我国刑法具有"既定性又定量"的特色，并非将所有侵害民生权益的行为都规定为犯罪，只是在其社会危害性达到一定严重程度时才予以介入，从而达到维护社会秩序和保护民生权益的双重目的。在必须对某种严重的民生侵权行为予以打击和预防的情况下，只要"量力而行"，以可投入的司法资源以及行为的社会危害程度为依据，划定民生领域犯罪圈，这种投入的成本就是合理的，也是应当承受的。

3. 刑法保障民生的有限性

虽然刑法的调整范围相较于其他法律具有广泛性，但考虑到其处罚的严厉性，如果刑法的调整范围不合理，就会造成过度的利益损害，违背刑法保护法益的初衷，所以，刑法的调整范围必须受到必要的限制。显然，刑法的处罚范围绝不是越大越好。刑罚仅在公民的基本人权遭受重大侵害时才能肯定其存在，并且必须在必要的最小限度范围内进行。❷民生刑法观对刑法保障的有限性的认识，是由刑法谦抑精神决定的。受刑法规制的行为必须具有严重的社会危害性，行为人应受到强烈的社会舆论谴责，为社会所不能容忍。

在民生领域，刑法的功能具有局限性，大部分民生侵权行为仍需要民事、行政规范等进行调整，有的甚至仅属于道德调整的范畴。在实践中，我们须警惕两种极端倾向，即"刑法万能论"和"刑法无用论"，理性评

---

❶　史探径. 社会法论 [M]. 北京：中国劳动社会保障出版社，2007：5.
❷　余振华. 刑法深思·深思刑法 [M]. 台北：元照出版公司，2005：12.

价刑法在惩治犯罪方面的有效性和局限性，客观审视刑法与犯罪的关系。在划定民生侵权行为犯罪圈的问题上，应严格区分违法行为与刑事犯罪，严禁将一般侵权行为随意犯罪化。在法律适用方面，在民事、行政手段尚能发挥作用的场合，应避免刑法的优先适用，破除刑罚依赖和刑法迷信。例如，对于恶意欠薪行为，不能一律使用刑法手段调整，对恶意欠薪行为予以刑罚制裁并不能直接帮助劳动者实现劳动力的对价，刑法保护劳动者法益的目的不能完全实现。即便刑罚手段在短期内能够遏制欠薪行为，但从长远来看，并不能保障劳动报酬权的实现，刑法的权威性也将受到影响。另外，劳动者的薪酬领取是劳动关系系统中的一个环节，保障劳动者的劳动报酬权也是一项社会工程，需要民事、行政、调解等多种方法共同发挥作用。

第四节　民生刑法观的主要特征

观念现代化是推动刑法全面走向现代化的前提和先导。笔者认为，与时代相适应的民生刑法观主要有以下几个特征。❶

一、人本化

民生刑法观应当体现"以人为本"的精神。"以人为本"首先意味着刑法上要尊重人的尊严和价值，要强化对人权的保障。而除此之外，"以人为本"还意味着刑法要重视对人性和人格的考察，这在当前理论研究中还是一个相当薄弱的领域。

在人性问题上，要充分认识人性的局限性和脆弱性，以此为前提协调刑法同道德的关系。在中国古代，法律有"伦理法"之称，刑法沦为推行伦理的工具。受传统观念的影响，刑法泛道德化的思想至今仍有市场。如，有人曾撰文指出，要以刑法手段来制止国民的冷漠、怠责与怯懦现象；近年来，将通奸、卖淫、拾金而昧等行为治罪的呼声也时有耳闻。不可否认，刑法是建立在社会的伦理基础之上的，但刑法所体现的只能是最

---

❶ 储槐植，冯卫国. 知识经济与现代刑法观［J］. 法制与社会发展，2000（4）：60-62.

低限度的道德，刑法绝不能强人所难。那种利用刑法来推行崇高道德的做法，是违背人性的粗暴做法。

在刑法同人性的关系问题上，德、日等国的"期待可能性原则"颇有可取之处，我们应以此为借鉴，构建我国刑法理论中的刑法同道德之间的冲突协调机制。

对于犯罪人人格的研究，也是刑法理论应关注的一个重大问题。在当代西方刑法学界，以犯罪人人格为基点的人格责任论已成为颇有影响的学说之一，而许多国家也在刑法中规定了刑罚个别化原则，将人格作为量刑、行刑乃至决定是否提起公诉时考虑的一个重要因素。对人格问题的研究，将有可能推动我国刑法理论的繁荣和刑事立法的科学化。

二、理性化

首先，对犯罪现象的认识要理性化。犯罪作为一种极其复杂的社会现象，是多种因素综合作用的产物。任何社会都不可避免地存在一定量的犯罪，从某种意义上讲，犯罪的存在具有一定的合理性。在我国当前处于经济变革和社会转型的大背景下，犯罪量有所增多是正常现象。那种企图将犯罪现象"赶尽杀绝"的观念是不切实际的幻想。明智的选择应当是以较小的社会成本把犯罪控制在社会所能容忍的限度之内。

其次，对刑罚功能的认识要理性化。作为犯罪的主要抗制力量之一，刑罚的存在当然是有必要的。但是，切不可过高期待刑罚能够发挥的功能，刑罚的威慑力量是很有限的，它只是社会对付犯罪的手段之一，而非全部；另外，刑罚本身有很高的成本，甚至会带来副作用，过量的刑罚投入非但达不到遏制犯罪的效果，反而会在某种程度上窒息社会的活力，扼杀人们创新的欲望。因为在一个刑罚权过度膨胀的国度里，公众对国家权力的畏惧超过对犯罪的恐惧，对"严刑峻罚"的憎恶甚于对犯罪的痛恨。

最后，在对犯罪和刑罚理性认识的基础上，应当构建一个理性化的刑事政策，合理地组织社会对犯罪的反应。一是刑法调控范围的适度化。对于其他社会规范或其他部门法能够有效调整的领域，刑法就尽可能不要介入。二是刑法调控力度的适度化。我国自古就有"治乱世用重典"的传统观念，当前的刑事政策也具有重刑主义的倾向，而重刑主义同世界刑法发展的总体趋势是不协调的，这对于实现刑法观念现代化无疑具有阻碍作用。

以创新发展为目标的时代需要相对宽松的社会环境，刑事法治的重点应放在强化刑罚的确定性和及时性上，而不应放在提高刑罚的严厉程度上。"严打"是必要的，但不能将"严打"简单地理解为"重判"，"严打"首先意味着有罪必罚、法网严密，因此，完善相关立法和提高案件的侦破率是有效遏制犯罪的首选之策。

三、效益化

现代社会需要走低耗高效的可持续发展道路，因此，在坚持公平公正的前提下，追求效益应是民生刑法观的题中应有之义。必须明确，刑法资源，包括立法资源、司法资源和行刑资源——是有限的，必须实现刑法资源的合理配置，在刑法的运作中，要尽可能以最小的成本换取最大的收益。在立法上，对于那些刑法不必介入或介入效果不理想的领域，应实现非犯罪化、非刑罚化；在司法上，应扩大管制、罚金、缓刑、假释等非监禁措施的适用，以节省有限的司法资源，集中对付那些对社会危害最大的犯罪；在行刑领域，应贯彻行刑个别化和处遇社会化的原则，并尽量吸纳社会力量参与对罪犯的帮教事业，以提高行刑的效率。

四、一体化

这是以一体化为特征的时代趋势对刑法观提出的必然要求，主要体现在以下两个方面。

一是刑法运作的一体化。这并非要取消不同国家机关在犯罪控制活动中的权限分工及制衡关系，也不能理解为公、检、法、司机关在办理刑事案件中的一条龙式的流水作业。刑法运作的一体化是指刑事法律活动的各个阶段及其效果相互作用、相互协调，从而形成一个有机统一、动态平衡的系统。例如，最典型的一种刑法运作机制的表现形式是：犯罪态势制约刑事立法，刑事立法制约刑事司法，刑事司法制约行刑效果，行刑效果反作用于犯罪态势。不过，这仅是一种单向流动，是一体化刑法运作机制的表现形式之一。一体化的刑法运作机制是一个多向流动、纵横交错的系统。在这个系统的四个构成要素即犯罪态势、刑事立法、刑事司法、刑罚执行之间，任何一个要素都作用于另外三个要素，同时受另外三个要素的影响，从而形成一种良性互动的关系，这对于保持刑法运作的顺畅，提高刑法运行的效益无疑具有积极作用。当然，要形成这样一种良性的刑法运作机制，需要作出艰苦的努力，包括刑事立法的完善、司法体制的改革乃至政治体制的改革等。

二是刑法研究的一体化。这是指要打破各个刑事学科，尤其是犯罪学、刑法学、刑事诉讼法学、监狱学之间固步自封的状况，加强各学科之间的交流对话，对犯罪和刑法进行全方位、多层次的研究，从而为制定有效的刑事政策提供理论支持。

第三章　民生刑法观的立法实现

　　"在现代法治社会，没有刑法立法，就没有刑事司法和整个刑事法治；没有科学完善的刑法立法，就没有有力有效的刑事司法，就没有良善的刑事法治。"❶ 所以，合理、科学、准确的刑法立法是民生刑法观得以存在、发展并实现民生保护的基础和前提。而如何通过刑事立法来实现刑法保护民生的目标，如何用刑事法治去维护正义、人道等社会价值，是一个值得深思的问题。实际上，我国民生权益的立法保护同刑法中其他立法内容一样，都经历了由简单到成熟、从概括到细致的演变过程。这其中，又要以2011 年颁布的《刑法修正案（八）》为代表的一系列最新刑法立法为突出表现，因为《刑法修正案（八）》是目前最能够显著体现刑事立法关注民生保护的刑法立法文本。应该说，我国刑事立法注重民生保护的做法与世界上其他国家刑法注重保护民生的情况是类似的。当然，在比较和借鉴其他国家刑法通过刑法立法保护民生的经验之后，我们又可以从中寻找到改革和完善我国刑法立法的着力点，而这些着力点在今后或许将成为我国刑法立法进一步改革和完善时应重点考虑的内容。

第一节　民生刑法观立法实现的基本问题

一、立法原则

　　以保护民生为出发点的刑法立法需要遵循一定的原则，这既是立法本身的价值选择，也是立法过程的参照依据，以及建言立法保护民生的标准。

---

❶　赵秉志. 积极促进刑法立法的改革与完善［J］. 法学，2007（9）：7.

（一）一般原则

对民生权益进行保护的刑法立法活动，首先要遵循刑法立法的基本原则和规律。在宽严相济刑事政策的大背景下，完善刑法立法的基本原则，主要包括谦抑性原则、协调性原则、明确性原则。

第一，关于谦抑性原则，也有学者称之为刑法立法所应坚持的必要性原则，即"立法机关只有在通过非刑法的手段无法最有效地对某种严重危害社会的行为加以遏制，或者难以恢复社会的正义的情况下，才能通过刑法立法将该行为规定为犯罪行为，并规定一定的刑罚加以规制"❶。就谦抑性原则而言，日本刑法学家平野龙一指出，刑法中的"谦抑"包含三个方面的含义：一是刑法的补充性，即有关市民安全的事项只有在其他手段保护不充分之时，才能够动用刑法；二是刑法的不完整性，即刑法最多只是整个社会规范体系中的一个环节而已，这一环节虽然很重要，却不是社会规范的全部，不能够深入介入公民生活的每一个领域，也可以说刑法的调控范围和手段运用都是有限的；三是刑法的宽容性，即刑法动用应当坚持以其他手段控制为先的理念，只要其他手段没有充分发挥作用，那么即便市民安全受到了侵犯，刑法也没有必要无遗漏地处罚。❷

日本学者宫本英修认为，刑罚是对不服从第一次规范（如民法规范、行政法规范）所保护的利益进行强有力的第二次保护的规范。❸ 我国台湾地区学者林东茂认为："刑罚是最严厉的国家制裁措施，耗费社会成本，所以能省则省，只宜作为最后手段。"❹ 梁根林教授在强调刑法谦抑的意义时谈道："只有那些符合二次法调整要求的不法行为，才能被立法者纳入刑法干预的范围，赋予刑事制裁的法律效果，并通过正式的立法程序予以犯罪化。"❺ 严励教授认为："刑罚并非万能，而是有其局限和天然的流弊。刑罚的目的、功能以及成本决定了刑罚的使用应是谨慎的、谦抑的、有边界的，尤其是对于轻微的刑事犯罪、无被害人犯罪、偶发犯等更是如此。基于对刑罚的限度的认识，在刑事政策上，对于不需要矫治或矫治有可能

---

❶ 赵秉志. 当代刑法学 ［M］. 北京：中国政法大学出版社，2003：43.
❷ 张明楷. 论刑法的谦抑性 ［J］. 法商研究，1995（4）：55.
❸ 梁根林. 刑事政策：立场与范畴 ［M］. 北京：法律出版社，2005：107.
❹ 林东茂. 刑法综览（修订五版）［M］. 北京：中国人民大学出版社，2009：19.
❺ 梁根林. 刑事政策：立场与范畴 ［M］. 北京：法律出版社，2005：66.

的犯罪（犯罪人）实行宽松的刑事政策，即非犯罪化、非刑罚化才是明智之举。"❶ 总之，所有上述这些观点从不同角度论述了刑事立法谦抑原则的重要性，是对德国刑法学家耶林"刑罚犹如双刃之剑，用之不得其当，则国家与个人两受其害"❷ 基本观点的详细阐述。也正是基于对这一基本观点的认识，谦抑性"成为现代国家刑事立法所强调和遵循的一项原则"❸。在立法过程中坚持谦抑性原则，有利于摒弃对刑罚权动用效果的盲目崇拜，可以防止因迷信"刑罚万能论"而引发的刑罚泛滥现象，是立法所必须坚持的基本原则之一。

第二，关于协调性原则，是指刑法立法时所必须考虑的刑法内在逻辑关系的基本要求，形成严谨而具有协调性的统一体。显然，如果刑法规范之间存在关系模糊、互相矛盾的情况，则将直接导致刑法运行无序失效，从而也代表刑法立法的失败。关于协调性的基本内涵，共有三个方面的要求：一是立法内容与刑法基本原则要相协调，即刑法基本原则所坚持的对于全部刑法立法所具有的指导和制约意义都必须得到坚守，也就是说，因为刑法原则体现的是刑法的基本精神，刑法立法的规范设计和修改必须以刑法基本原则的坚持为前提；二是相关刑法规范之间要具有协调性，包括刑法典内部相关刑法规范之间的协调，以及特别刑法、刑法修正案等所涉及的刑法规范之间要形成相互协调的整体；三是相关刑法规范之间的罪刑关系要协调合理，即保证每一个具体罪名下各行为与刑罚之间具有罪刑相适应的特点，同时，各罪名之间也要保持行为与行为的社会危害性或法益侵害性与刑罚严厉性大体相当，也就是说，既要做到个罪的罪刑均衡，也要做到不同罪名、同一罪名不同情节的罪刑轻重适当、衔接顺畅。我国台湾地区的林山田教授对此又称为"相当性原则"，即："刑法的处罚手段或保安处分的处遇手段与刑罚目的之间，或是刑罚或保安处分限制或剥夺受刑人或受处分人的自由或权利的程度与其所欲达成的刑法的目的之间，必须具有相当比例性，或是必须形成相当比例关系。简言之，即刑法使用的手段与其所要达成的目的必须相当，杀鸡不可用牛刀，打小鸟

---

❶ 严励，等. 中国刑事政策原理［M］. 北京：法律出版社，2011：132.
❷ 林山田. 刑罚学［M］. 台北：商务印书馆，1983：127.
❸ 张远煌. 宽严相济刑事政策与刑法改革研究［M］. 北京：中国人民公安大学出版社，2010：281.

也用不着轰大炮。"❶ 其实，无论是考虑行为的危害程度还是刑罚目的，都只是判断协调性高低的标尺或手段，归根结底，其本质都是指在罪刑关系的设计上必须考虑法律规范内部和相互之间均衡、协调的问题。在立法过程中坚持协调性原则，是立法科学化和刑法有效运行的必须条件，对刑法体系、内容的完整、完备具有重要的意义。

　　第三，关于明确性原则，其含义应引申为遵守罪刑法定原则，即立法技术所讲求的明确性正是基于对罪刑法定这一刑法基本原则的坚持，是罪刑法定原则的内在要求。罪刑法定原则作为刑法的基本原则，在我国刑法中是通过 1997 年《刑法》第 3 条明确规定下来的，标志着"中国民主与法制原则的发展与加强，符合当代世界刑法的发展趋势，提高了中国刑事法治的国际威望"❷。而关于罪刑法定原则的主旨含义，高铭暄教授认为，犯罪与刑罚必须预先由法律加以明确规定，具体包括"法律主义原则、禁止事后法原则、禁止类推解释原则、明确性原则和刑罚法规正当原则等"。其中，明确性原则具体是说"法律条文必须清楚明确，使人能够确切了解违法行为的内容，准确地确定犯罪行为与犯罪行为的范围，以保障该规范没有明文规定的行为不会成为该规范适用的对象"❸。而对于刑法立法而言，明确性则更为显著地体现在刑法规范对适用条件、对象、范围以及法定刑内容等事项的明确规定上，即"刑法文字清晰，意思确切，不得含糊其辞或模棱两可"❹。如果立法具有明确性，从观念的层面来说，公民能够清晰地明白刑罚所禁止的内容，可以"唤起同样的观念"❺；从适用的层面来说，可以保证公民自觉遵守法律，司法机关能够切实准确地适用法律。因此，坚持明确性原则，能够在"打击犯罪与保障人权之间保持一种动态的平衡"❻，清晰地界定和区分公民权利和刑罚权力的界限，是刑法立法所必须坚持的基本原则之一。

---

❶　林山田. 刑法通论（上册）［M］. 北京：北京大学出版社，2012：51.

❷　高铭暄. 刑法专论［M］. 北京：高等教育出版社，2006：71.

❸　高铭暄. 刑法专论［M］. 北京：高等教育出版社，2006：89.

❹　陈兴良. 规范刑法学［M］. 北京：中国政法大学出版社，2003：25.

❺　［法］孟德斯鸠. 论法的精神（下册）［M］. 张雁深，译. 北京：商务印书馆，1978：297.

❻　张远煌. 宽严相济刑事政策与刑法改革研究［M］. 北京：中国人民公安大学出版社，2010：285.

（二）特定原则

以民生权益保护为目的的刑法立法规制，除了要遵循上述立法一般原则之外，同时也要考虑保护民生这一特定问题所须坚守的特定原则。卢建平教授认为，"刑法正在由传统的国家专政机器、'刀把子'向法益保护工具的角色转变"，也正在"从单纯强调打击犯罪、惩罚犯罪人向保护社会、保障人权的功能转变"❶。卢教授的看法可以被解读为：刑法立法除了坚持立法的基本原则之外，还要着重考虑社会的变化、民生的特点、刑法在社会规范中角色和地位的改变等要素。因此，笔者认为，在保护民生的视域下，立法应当坚持三大原则，即民本主义原则、人本主义原则和效率原则。

第一，民本主义原则是对刑法宗旨进行考量的结果，对犯罪圈的划定具有重要的指导意义。民本主义原则要求刑法立法必须以保障和改善民生为首要目标，坚持以普通民众和社会最广大多数人的利益为坚守。在刑法立法的过程中，保护的对象、范围和权利属性要与民生紧密相关，着重考虑社会弱势群体、特殊需要关怀群体的利益；在保护的方式上，既要有针对性地加强对侵害民生法益行为的打击和惩罚，也要有针对性地减轻社会弱势群体、特殊需要关怀群体承担刑事责任的范围和内容，做到打击保护和宽宥体恤相结合。民本主义原则并非刑事立法所遵循的一般原则，却是使刑法保护民生具有合理性、合法性的基础。这一原则的根据在于1997年《刑法》规定的"为了惩罚犯罪，保护人民，根据宪法，结合我国同犯罪斗争的具体经验及实际情况，制定本法"，以及刑法的任务"是保护公民私人所有的财产，保护公民的人身权利、民主权利和其他权利"，"对任何人犯罪，在适用法律上一律平等"。这些内容成为弱势群体保护的总体原则和指导。而刑法所应坚持的民本主义原则更应该是上述宗旨的延伸，是通过立法保护民生在刑事立法体系中原则性的具体化。刑法立法在坚持人人平等原则的前提时，已经蕴含了对于民本主义原则的坚持之意，即只有在关注弱势群体的民生利益的前提下，刑法的公平公正和人人平等才能够得到真正实现。正如赵秉志教授所言，加强对民本的认识和对弱势群体的

倾斜，"有助于立法、司法机关更清醒地认识刑法的侧重点，有利于稳定社会秩序和保障个人权利"❶。

第二，关于人本主义原则，林山田教授认为其应当包含三层含义❷：一是切勿使凡是受到刑法追诉、审判或执行的人在人性尊严上轻易受损，造成其反社会的犯罪性格；二是禁止人充当为达刑罚目的的工具，不可将权利滥用作为操纵他人的工具；三是禁止使用残酷而不人道的法律手段作为实现刑法的途径。对刑法立法而言，如何划定犯罪圈、如何掌握刑罚圈是必须面对的问题，而人本主义原则对刑罚圈的划定具有指导意义，具体而言，人本主义立场的坚持涉及刑罚圈大小是否合适、刑罚适用的程度是否恰当、刑罚适用的后果是否经过考量。人本主义的核心观念强调对人的基本权利的尊重，反对对刑罚权的滥用，"因为无论刑罚如何轻缓，它仍然是社会生活中最为严厉的惩罚措施，这是由刑罚的本质所决定"。因此，对于可用可不用刑罚的人而言，"刑罚适用就是对人的权利的最大侵害"❸。更进一步，由于人本主义原则的坚持，在刑罚方法的选择上就应该更倾向于刑罚的适度轻缓化，"在长达数千年的历史中，刑罚之进化的最明显的趋势是刑罚越来越缓和"❹，缓和所体现出的对于重刑的反思正是基于对人本主义的尊重。

第三，关于效率原则，美国学者罗伯特·考特和托马斯·尤伦提出："最优化的威慑效应并不是阐述所有的犯罪，因为这样做的代价很高，而且社会效益会不断降低。因此，政策制定者需要对有限的资源加以配置，争取以最少的成本实现威慑目标；这也就是说，力求有效率地实现这一目标。"❺　因此，当完善民生保护的刑法立法时，哪些要划入犯罪圈并用刑罚进行处罚，以及哪些划入了犯罪圈用什么样或者不用刑罚进行处罚则是需要考虑的内容，即需要从效率的角度对"刑法究竟要管什么"和"刑法如何去管"的问题作出解答，使得民生权益的刑法立法在社会保障和人权保

---

❶　赵秉志，杜邈．论弱势群体的刑法保护［J］．中州学刊，2005（5）：76．

❷　林山田．刑法通论（上册）［M］．北京：北京大学出版社，2012：54－55．

❸　吴宗宪．中国刑罚改革论（上册）［M］．北京：北京师范大学出版社，2011：69．

❹　邱兴隆，许章润．刑罚学［M］．北京：中国政法大学出版社，1999：26．

❺　［美］罗伯特·考特，托马斯·尤伦．法和经济学［M］．张军，等，译．上海：上海三联书店，上海人民出版社，1994：739．

障问题上能够实现刑法运行成本和收益的平衡。具体来说，立法保障民生要讲求效益原则，要考虑立法的必要性、经济性、惩罚的有效性三方面的内容，即只有对于在刑法上被认为必须通过刑罚手段才能够规制的惩罚对象和行为，才可考虑刑法立法，在具体立法的时候要考虑动用刑罚资源的投入和效果关系，使得刑罚权的动用具有预防犯罪和惩罚犯罪两方面的作用。

二、立法内容

立法内容是刑法保护民生的实然载体，是刑法保护民生理念和宗旨贯彻的最终指向。因此，哪个类型和内容的群体或利益可以被纳入刑法立法内容中并被刑法特别保护，是刑法必须明确的问题。笔者认为，体现民生保护的立法内容应当分为犯罪和刑罚两部分，而其中的刑罚部分又包含刑罚的一般内容和具体罪名的刑罚配置两个方面。

（一）以民生为视野的犯罪圈调整

第一，在刑法立法内容中，有论者专门就民生保护问题进行了论述，其出发点是我国刑法对犯罪本质的描述。该观点认为，"我国刑法规定的犯罪从本质上看都是具有严重社会危害性的行为，社会危害性即行为对法律保护的社会关系的严重侵犯"；同时，该观点也归纳了对"民生犯罪"含义的理解，即"民生犯罪就是严重危害民生的行为，其危害性无论表现为'造成实际危害'还是'造成现实威胁'，都是民生面临的人为风险，都是刑法要规制的对象。换言之，实害犯与危险犯均能成为针对民生的风险犯罪"❶。还有论者从犯罪危害的对象出发进行了论证，认为"民生犯罪"要"适应犯罪发展变化的规律，准确把握犯罪是否对民生构成危害是区分宽严界线的重要标准。一方面，要坚持贯彻'严打'方针不动摇，对扰民安、弃民意、夺民利、祸民生的犯罪要严厉打击，保持对严重刑事犯罪的高压态势，保障人民群众的根本利益；另一方面，对人民内部矛盾引发的刑事案件要体现从宽，慎用刑事手段和强制性措施，慎捕慎诉慎刑，

---

❶ 夏勇. 民生风险的刑法应对［J］. 法商研究，2011（4）：8.

少捕少诉少刑，最大限度减少社会对抗，促进社会和谐"❶。其实，无论从哪个角度对民生犯罪进行理解，都没有离开刑法立法所追求的保护民生、发展民生的初衷，各种论述最终都会殊途同归。

笔者认为，民生犯罪的立法内容，是刑法立法时所考虑的那些需要纳入犯罪圈、需要动用刑事制裁手段进行规制的行为，其虽然始终与民生密切相关，但具体内容随着时代发展、社会变化、风险转移等情况而发生改变。从致害的角度区分，民生犯罪可分为两种：一是对民生造成实在侵害的犯罪，二是对民生造成危险侵害的犯罪。首先，关于对民生造成实在侵害或者侵害结果的行为是否构成犯罪的问题，刑法立法只需要考虑犯罪化和非犯罪化的问题，如果立法认定该行为是犯罪，那也就意味着该行为是民生犯罪。其次，关于对民生造成危险侵害的行为是否构成犯罪的问题，刑法立法需要考虑两个问题：一是哪些风险要被考虑为对民生造成的风险；二是这些风险是否能够为民生所承受，如果某一风险被纳入考虑范围且为民生所不能承受，那么该风险就应被纳入犯罪圈，成为形成危险侵害的民生犯罪，而对于能够为民生所承受的则不宜贸然纳入犯罪圈。也就是说，民生犯罪分为两种：第一种是民生结果犯，典型的如侵犯劳动和职工权益，造成人身或经济损失的犯罪。第二种是民生危险犯，典型的如可能危及公众食品安全的犯罪，因为食品安全直接涉及不特定多数人的生命和健康；与之可以形成对比的如违反交通法规，闯过人车流量较大、速度较快路口红灯的行为，如果没有造成实在侵害，虽然也对交通安全而且使不特定人的交通安全造成了危险，但在目前的情况下不适宜纳入犯罪圈。

第二，与犯罪相关的刑法立法内容不只限于犯罪化一个方面，也包含非犯罪化的内容。所谓"非犯罪化"，是把"犯罪行为从刑法干预范围中剔除出去，使之免受刑罚处罚"❷。从犯罪化的角度来看，非犯罪化是与之相对的刑法现象，是在犯罪化不断吸收、引进犯罪行为及其内涵并不断丰富完善涵盖内容的同时，立法所需要减压、排解、释放出不值得刑法加以评价内容的过程。刑事立法既需要犯罪化，也需要非犯罪化，两者互相咬合、匹配的过程成就了刑事立法的动态完善。也就是说，无论是犯罪化还

❶ 姚萍，胡晓珊. 从民生问题的视角看宽严相济刑事政策 [J]. 法制与社会，2009 (10)：177.
❷ 梁根林. 刑事法网：扩张与限缩 [M]. 北京：法律出版社，2005：217.

是非犯罪化，正如刑事立法活动的两面，应该是刑事法律立法者工作的
"左右手"，在举起犯罪化立法这只"右手"时，同样要认真考虑非犯罪化
这只"左手"的作用，将不值得刑法规制的行为及时排除出犯罪圈。而对
于现实的状况，梁根林教授曾说："事实上，我国近年的刑事立法在主要
进行犯罪化作用的同时，也有进行非犯罪化作用的立法例，如随着经济运
行模式由计划经济体制向市场经济体制的转换，1979 年刑法典规定的投机
倒把行为不仅丧失了刑罚干预的必要性，而且成为活跃市场、方便人民生
活、推动经济发展的合法经济活动，自然应当通过修改刑法典予以非犯罪
化。随着社会的发展，现行刑法规定的犯罪行为或多或少、或迟或早都可
能面临着非犯罪化的选择。"❶ 所以，在立法过程中，关于犯罪也会存在非
犯罪化的立法内容，而对于犯罪化或是非犯罪化的选择，仍然要根据刑法
立法原则，通过刑事政策指导而对具体的内容加以决定。当然，就我国目
前保护民生的立法状况而言，还有很多内容尚未被纳入刑法范畴，打击侵
犯民生权益行为的任务还很迫切，其中有很多已经超出了普通民事、行政
手段干预的范畴或是上述方法已经不足以遏制该危害行为，那么这些内容
都值得立法机关通过论证和研讨，逐步而系统地纳入刑法规制的范围，也
就是说，刑法立法内容仍要将更大的精力放在如何保护民生而对行为进行
犯罪化的问题上，而非犯罪化只是作为犯罪化的补充。❷

（二）以民生为视野的刑罚体系调整

民生刑法视野下的刑罚体系调整，是指对刑罚的一般性内容也即刑罚
总则部分的调整，更多地体现在刑罚理念和刑罚制度的宏观设计是否具有
以民为本、民生优先的特征，是否表达出保护民生、民生为重的价值趋
向。然而这一问题其实并非民生刑法自身要考虑的，相反，更大程度上要

---

❶ 梁根林. 刑事法网：扩张与限缩 [M]. 北京：法律出版社，2005：217.

❷ 这一立法现象是与我国刑法立法注重"犯罪化"的总趋势相吻合的。除了《刑法修正案
（八）》之外，自 1997 年《刑法》起，连续七个《刑法修正案》都是以织密刑事法网、加强犯罪
化的内容为主的。赵秉志教授对此这样评论："全面检视《刑法修正案（七）》就不难发现，贯彻
宽严相济基本刑事政策致从严的一面，即严密法网、加重刑罚处罚，仍是其主调所在。其中有的
是正确的、合理的，有的则是不当的、需要推敲修改的。"然而赵秉志教授又认为："《刑法修正
案（七）》打破了过去刑法修正仅注重扩大犯罪圈以及提高法定刑的从严从重之立法惯例，开始
注意入罪和出罪相结合、从严与从宽协调，从而较好地体现了宽严相济的基本刑事政策。"赵秉
志. 刑法修正案最新理解适用 [M]. 北京：中国法制出版社，2009：16 – 17.

依赖刑罚制度自身的发展变化。民生在这一过程中只适宜作为指导思想和检验标准，而非具体的标准和内容。

首先，从本质上说，刑罚是刑法对犯罪所规定的法律后果，一般情况下的犯罪都对应着相应的刑罚。纵观中外刑罚制度发展史，关于刑罚制度目的和政策的讨论在几百年间经历过报应与功利抉择的反复讨论，在我国刑法学界，已经形成了刑罚目的定位于报应与功利二元统一的综合刑罚论的通说。因此，刑罚体系如何进行改革就成为我国刑罚制度发展过程中的重要内容。而从 20 世纪 80 年代以来，尤其是经历过几番"严打"斗争以后，我国刑事政策上偏向重刑化的趋向表现明显，在实践中逐步引发反思。这具体表现为：在分则中规定了过多的死刑罪名、无期徒刑罪名，适用对象较宽泛；而罚金、管制刑等轻刑条款少、范围小、适用面窄；司法部门在审判结果上更偏向于对重刑的依赖，而重刑的适用在相当时期和范围内获得了司法机关和社会大众的普遍支持，但这种支持又并非没有产生错判、畸重判罚等血的教训。意大利刑法学家菲利曾指出："用暴力来矫正暴力总不是一种好办法。在中世纪，刑罚很严酷，但犯罪也同样残忍。社会在与罪犯的残暴之间的斗争失去效力时便会恶性循环。"❶ 也正是基于这样的反思，我国刑法学界对重刑化的弊端发出了理性的声音，而这一问题也同样引发了立法机关和司法机关的重视。就目前状况而言，对于我国刑罚制度的发展立场选择问题，刑罚的轻缓化作为一种主流的观点得到了很多人的支持。2005 年 12 月，时任中共中央政法委书记罗干同志在全国政法工作会议上首次提出了要注意贯彻宽严相济的刑事政策，这是从中央政法管理机构的权威角度首次传达重刑化并非今后的唯一选择，而要将轻缓化作为刑罚制度改革重要方向的政策信号，是对过去"严打"泛滥所带来的重刑化弊端的反思，是对刑罚体系今后调整的宏观指导思路。

在这一政策指引下，我国刑罚体系开始进行了系统化的变革。然而，虽然轻缓化是刑罚制度改革方向的重要内容，但是在宽严相济的两极化发展路径下，刑法立法仍然要作出两极化的政策区分，正所谓"重重轻轻，整体趋轻"，即对于危害程度严重的重大犯罪以及主观恶性较深的累犯、

❶ ［意］恩里科・菲利. 犯罪社会学［M］. 郭建安，译. 北京：中国人民公安大学出版社，1990：78.

惯犯等，应当在报应和预防选择中对其作出相对较严格的处罚；而对于罪行轻微、罪责不大的罪犯，特别是未成年犯罪、偶犯、初犯、过失犯等，则要有针对性地作出较为轻缓的刑罚处罚或是免于刑事处罚的决定；而对于整体的刑罚结构，由于重刑化特征明显，仍要以减轻刑罚整体投入量为改革目标，尽量对刑罚整体布局和刑罚体系的分布进行轻刑化处理，摆脱重刑化依赖的痼疾。因此，"宽严相济"成为我国刑罚体系调整的宏观指导。从民生的角度看待这一问题，可以明显地感觉到，刑法作为"刀把子"的色彩被淡化，以人为本、实事求是、奖罚有度的思路受到重视，这与刑法保护民生的立法初衷和法治任务显然是不违背的。

其次，刑罚体系的多样化发展也是民生刑法观立场下刑法立法要考虑的方面之一。由上述分析可以得出，多样化发展的内容只能是在轻缓化的过程中与之相适应，在轻刑的部分考虑多样化的问题，否则就是变着花样地"重刑依赖"了。而如今，由于刑罚体系的调整尚处于起始和讨论阶段，就目前立法的内容来看，轻缓化过程中的多样化还没有在刑事立法中有更进一步的体现，这一问题与某些国外立法成果相比是有很大差距的。当然，笔者认为，无论刑罚体系如何调整，轻缓化始终是发展的主流和基础，只有在此基础上再丰富和思考多样化的问题，实现"罚当其罪"，才是正道。反之，如果忽略了刑罚的轻缓化问题，而只是一味思考多样化问题，则是不符合社会和时代发展的基本特征和主流选择的。

（三）以民生为视野的刑罚配置调整

除了犯罪、刑罚一般性内容之外，刑罚具体如何配置是一个值得思考的问题。相比而言，关于民生犯罪的刑罚如何配置才是真正在刑法分则内容部分开始了对民生权益的保护。笔者认为，在这一问题之下，可以着重思考的是，对于危害民生的犯罪行为，特别是危害程度严重的重大犯罪，有必要规定较为严厉的刑罚；对于罪行轻微、罪责不大的，或者未成年犯罪、偶犯、初犯、过失犯等则有必要减轻刑罚，如，对老年人、残疾人、青少年犯罪施以刑罚就属于可以考虑刑罚轻缓化的内容。在对于具体犯罪适用具体刑罚的问题上，要有选择地予以轻缓化的配置，从而在刑法分则中重罪用重刑，轻罪用轻刑，刑罚的配置侧重向保护民生法益倾斜。

从配置对象来看，刑罚配置问题涉及的是已经纳入犯罪圈的具体罪名，即既有罪名，而非尚未纳入刑法规制范围的行为。从配置内容来看，关于刑罚具体的配置问题，还要思考刑种配置和刑度配置两个方面。首先，刑种配置是指对于具体犯罪要适用哪个种类的刑罚。就目前刑法规定的情况来看，我国重刑配置的比例比较高，刑法分则条文中适用自由刑的占绝大多数，这就是刑罚配置中刑种配置的问题。其次，刑度配置是指对于确定刑种之后的具体法定刑配置什么样的具体刑罚内容，在自由刑的范畴中体现为刑期的长短，在罚金刑的范畴中体现为罚金的多少。死刑、没收财产是不具备刑度配置的考量可能的，因为这两种剥夺性刑罚被认为是最彻底的；而其他刑罚内容则存在刑度配置的问题。

三、立法方法

刑法立法最终都要归于具体的立法活动，立法方法的选择包含立法的政策方向选择和立法的具体措施。为了保护民生，刑法在立法的具体安排上有必要采取一定的策略和措施。而在策略和措施的选择上，则是在民生刑法立法内容的框架内，依据一定的立场和观点形成具体的立法成果。

（一）立法策略

刑法立法涉及犯罪和刑罚两个方面，刑法立法策略也正要考虑制刑策略（是否入罪）和刑罚策略（用什么刑罚）两个方面。

首先，从入刑的角度来看，我国多年以来的刑事法制发展脉络是以"犯罪化"为主要趋势的，这似乎与西方国家近年来所采取的"非犯罪化"策略是相反的。那么这一差异是不是说明我国刑事法治只重视入罪而轻视出罪，或者说我国刑法只注重惩罚而忽略其他呢？笔者认为，采取什么样的制刑策略应当根据具体的国情和法治发展的实际状况而定，不应简单拿罪名数量的多少或者刑罚轻重作比较而得出结论。一方面，西方国家在界定犯罪时关注的更多是行为危害性质，而对于危害程度则有较为宽泛的尺度把握，也就是说，定性决定了犯罪性质；而我国刑法中关于犯罪概念的阐述，由于采取了"定性加定量"的模式，与西方国家迥然不同，从而也使得我国刑法认定犯罪的条件和难度标准都要显著高于西方国家。但是，即便如此，西方国家在犯罪化问题上的若干合理思想仍是值得我们学习的。"一个普遍适用于东西方国家的法律公理乃是：国家刑事处罚权力越大，公民的自由权利就越小。那么在犯罪化问题上我们就面临这样的选择：必须找到一个既能确保公民享有充分权利与自由，又能使国家拥有有效遏制犯罪所必需的刑事处罚权力的分界点。这个分界点就是犯罪化的限度，即国家刑事政策确定哪些行为是犯罪的合理范围。"❶

对于如何权衡和取舍"犯罪化"的一般限度，陈兴良教授认为，刑事制裁应坚守两个条件："危害行为必须具有相当严重程度的社会危害性"，以及"作为对危害行为的反应，刑法应当具有无可避免性"❷。对此问题，谢望原教授和卢建平教授的观点是："一是要从民意来看，绝大多数国民认为某一行为具有相当严重的社会危害性，对国家与公民的合法权益构成了严重威胁，国民情感与精神上均不能容忍这种行为；二是从效果来看，以犯罪化限制某一行为自由，符合刑事法律目的，并且不会因此而禁止有益于社会的行为，能够收到明显的抑止该行为的效果，可以预防任何其他人再度实施此种危害行为；三是从效益来看，以犯罪化来限制某一行为自由，值得启动刑事诉讼程序；四是从有无选择性来看，以犯罪化来规制某种行为必须是没有其他社会调整方法能有效控制和规范该种行为。"❸ 笔者认为，上述观点都是正确的，但是，无论采取什么样的"犯罪化"准则，该问题最终还是要回归到要以我国法治实践的基本情况和事实为判断依据，在坚持基本原则立场的同时实事求是并有针对性地处理立法问题才是要务。

有学者指出，当前"我国现行刑罚整体结构仍然属于'厉而不严'"。其中，"刑事法网很不严密，刑事责任也不严格"，因此，"我国当前及今后一个时期刑事政策面临的主要任务不是缩减刑法干预范围的非犯罪化，而是对现行刑法进行结构性调整"，"继续严密刑事法网、严格刑事责任"❹。笔者对此观点表示赞同，但同时又认为，"过度犯罪化"绝对不是正确的出路，特别是对"严打"历史曾经造成的问题更应警醒，因此，我

---

❶ 谢望原，卢建平，等. 中国刑事政策研究 [M]. 北京：中国人民大学出版社，2006：334.

❷ 陈兴良. 刑法哲学 [M]. 北京：中国政法大学出版社，1992：7.

❸ 谢望原，卢建平，等. 中国刑事政策研究 [M]. 北京：中国人民大学出版社，2006：338－341.

❹ 严励，等. 中国刑事政策原理 [M]. 北京：法律出版社，2011：476.

国刑事法治发展的过程可以考虑在循序渐进、稳健改革的前提下，适度而缓慢地严密刑事法网，即在一种保持刑罚投入总量基本稳定的情况下采取"适度犯罪化"的策略。所谓"适度犯罪化"，赵秉志教授认为："对于一些严重危害民生的行为，应当根据行为的现实危害、影响范围、发展趋势等状况和我国法律制度的配套情况，有选择地予以犯罪化。"❶ 而对于那些只具有暂时性、偶然性且有较为完善的其他法律制度加以调整的行为，则没有犯罪化的必要。"适度犯罪化"策略在具体操作上，除了可以选择增设新罪名外，还可以通过改变犯罪构成要件要素，如改变定量的要件来实现犯罪化目的，以更好地实现对危害行为的惩治。"适度犯罪化"不仅能够解决我国刑事法治法网不严密的问题，同时又与"过度犯罪化"的政策立场相左，能够控制刑法扩张的速度和范围。

其次，从刑罚处罚政策的角度来看，用什么样的刑罚作为犯罪的后果同样是问题的另一个重要面向。刑罚作为犯罪的法律后果，直接关系到刑事立法的功能和效果。对这一问题的回答要以明确我国刑法中的刑罚目的为前提。关于刑罚目的，理论界有报应论、预防论、教育改造论、社会防卫论、折中论等。就我国而言，在实然层面，我国的从重从快、死刑较多、重刑较多等刑罚分布和适用特点已经表明了惩罚目的的支配地位，教育改造只能作为前者的补充；而在应然层面，国家动用刑罚权并不仅仅是为了惩罚，而是更好地维护社会秩序的稳定和犯罪现象的减少，因而"防卫社会"免遭犯罪侵害的观点应当被坚持。控制刑罚方法的有限性由此就成为理所当然。所以，出于对刑罚总体较重的反思，在刑罚策略上，我国宜采取"刑罚轻缓化"，即"刑事立法上建立轻刑化的刑罚结构，刑事司法上尽可能适用轻刑和非刑罚处理措施的刑罚"❷。

以保护民生为内容的刑法立法应坚持的立法策略，应当坚持"适度犯罪化"和总体上的"刑罚轻缓化"两点；在犯罪化的同时，可以有针对性地严密关于保护民生的法网，并且轻缓社会弱势群体等要承担的刑事责任。在具体操作上，要以"宽严相济"刑事政策为指导，以侧重保护民生和弱势群体为目标，适当增加危害民生权益的犯罪罪名，加重危害民生犯

---

❶ 赵秉志. 我国刑事立法领域的若干重大现实问题探讨 [J]. 求是学刊，2009 (3)：67.
❷ 冯殿美，等. 和谐语境中的刑罚轻缓化研究 [M]. 北京：中国政法大学出版社，2011：3.

罪的刑罚处罚，并且有针对性地减轻对弱势群体的刑罚处罚，以矫正和促进犯罪人回归社会为努力方向，进而调整刑罚结构。当然，在能够修订刑罚总则的情况下，仍可考虑对轻罪和轻刑采取多样化的措施，与前述策略一道，在整体上形成严密保护民生法益、宽待弱势群体、适用刑罚得当的刑法布局。

（二）立法措施

立法措施是对关于民生保护的刑事立法中如何规定犯罪与刑罚的具体操作流程。这种具体措施的选择，根据立法策略的选择可以分为"适度犯罪化"和总体上的"刑罚轻缓化"两个方面。

第一，在适度犯罪化问题上，对于当前一些严重侵害民生的行为，可以考虑通过增补新罪名、降低入罪门槛、扩充行为类型的方式实现适度犯罪化。同时，对于一些在刑法上已有规定，但法定刑对其处罚较轻的行为，可以通过提高法定刑的方式，如延长刑期来实现加大惩罚力度的效果。从分类来看，我国关于民生保护的刑事立法措施主要包括以下几种：首先，增补新罪名。根据立法需要和法制实践的经验，对于在现实生活中社会大众普遍反应强烈、具有严重社会危害性而又缺少刑法规定的行为，可以通过新罪名的增补实现犯罪化。其实，从我国的立法经历来看，1997年《刑法》以及我国之前已经通过的几部刑法修正案都属于增补新罪名的集中体现，而《刑法修正案（八）》又是一个很好的范例。2011年颁布的《刑法修正案（八）》回应了刑法保护民生的立法需要，增补了危险驾驶、恶意欠薪、组织买卖人体器官等关于民生的犯罪罪名。其次，降低入罪门槛。对于严重危害民生的行为，即便刑法中有对该相关罪名罪状的描述和相应的法定刑，但该罪的入罪门槛较高，如"生产、销售假药罪"要求"足以严重危害人体健康"、"重大环境污染事故罪"要求"造成严重后果"，这种立法内容不利于保护民生。生产、销售假药罪和重大环境污染事故罪的构成条件在《刑法修正案（八）》中出现了新的变革，其途径就是降低入罪条件，提高入罪可能，给司法认定该行为构成犯罪确定相对较低的标准。再次，扩充行为类型。虽然刑法上有罪名，也有法定刑予以规制，但是对于一些行为而言，若罪状所描述的行为类型较少，而又有必要将未被列入原法定行为方式的行为纳入刑法犯罪圈，那么就可以采取扩充行为类型的方式，强化对民生的保护，这与降低入罪门槛的道理相似，都是扩大了犯罪圈的适用范围。

第二，对于总体上的"刑罚轻缓化"问题，即便对于侵害民生的行为需要考虑加重其刑罚，但仍然不能忽略对弱势群体、特殊群体降低刑罚量投入的问题，即只适宜用最小的刑罚代价换取民生权益的保护。首先，对侵害民生的行为提高法定刑，即通过刑罚的具体配置解决部分罪名投入刑罚量不足的问题。对于一些侵害民生法益的行为，刑法中虽然有相关的罪名，但是法定刑所表达的惩治方式和惩治力度满足不了现实需求，或者说，就是由于惩治力度不够才产生了法定刑偏轻结果，由于其未能满足保护民生的需要，因此有必要提高刑罚量的整体投入。如实践中常见的"敲诈勒索罪"，其受害人经常处于弱势或被支配地位，因此《刑法修正案（八）》第40条有针对性地提高了敲诈勒索罪的法定刑。赵秉志教授在立法修改的过程中对此曾评论道："《刑法修正案（八）（草案）》专门就这一问题提高了敲诈勒索罪的法定刑，将敲诈勒索罪的法定最高刑提高为15年有期徒刑，有利于更好地打击严重危害民生的敲诈勒索行为。"[1] 其次，出于民生权益保护的考虑，可适当降低某些情况下的刑罚量投入，即通过刑罚的一般性规定对特殊群体予以宽宥，从而形成区别对待。例如，对于老年人犯罪、未成年人犯罪等社会弱势群体而言，降低处罚、缓和矛盾、教育扶持为主的措施选择更有利于社会秩序的重建。

第二节　我国民生刑法观立法实现的动态演进

一、1997 年《刑法》至《刑法修正案（七）》中民生保护的规定

当前，我国最重要的刑法渊源即 1997 年《刑法》。我国 1997 年《刑法》是继 1979 年《刑法》之后的第二次大修订，凝聚着多年以来刑法学研究者和法制工作者的心血，顺应了新时期对刑事法制的时代要求，大大

---

[1] 赵秉志. 中国刑法改革新思考——以《刑法修正案（八）（草案）》为主要视角 [J]. 北京师范大学学报：社会科学版，2011（1）：99.

推动了中国刑事法治的进步，其中不乏关于民生问题的立法内容。之后，陆续出台的其他七个刑法修正案也公布了不少关注民生问题的内容，为刑法切实保护民生搭建了基础架构。

（一）1997 年刑法典关于民生问题的立法内容

1997 年《刑法》关于民生问题的关注主要体现在四个方面，即罪刑法定原则的确立、未成年人犯罪问题的明确化、死刑适用范围的重新划定以及分则部分保护民生的内容。

1. 罪刑法定原则的确立

1979 年《刑法》没有规定罪刑法定原则，这就使得类推定罪不可避免，形成了重法可以溯及既往的现象。分别于 1982 年和 1983 年发布的《全国人民代表大会常务委员会关于严惩严重破坏经济的罪犯的决定》和《人民全国代表大会常务委员会关于严惩严重危害社会治安的犯罪分子的决定》采用了有条件的从新原则以及完全溯及既往的从新原则，重法可以溯及法律生效之前的行为，只要是为了满足稳控社会犯罪局势、打击危害社会行为的目的，就可以用后颁布的刑法去规制之前发生的行为。对此，理论界进行了深入的研究和讨论，无论是出于惩治犯罪的现实需要，还是出于对刑事法治自身性质的思考，还是出于对两种观点的妥协，最终都决定在 1997 年《刑法》中规定罪刑法定原则，将之作为一项刑法的基本原则固定下来。应该说，罪刑法定原则的确立是限制国家权力、保障人权的重要基石，是我国刑事立法、司法的基本准则之一，对刑事法治的发展具有深远的价值和影响。从这个角度来说，保护民生的刑事立法内容显然应当包含罪刑法定原则的确立，也只有以此为出发点，刑事立法才能够形成科学、完备的体系，更好地保护民生。赵秉志教授认为，1997 年《刑法》中罪刑法定原则的确立"标志着罪刑法定原则在中国刑法中开始真正生根，表明了中国刑法由偏重于对社会权益的保护向保护社会与保障人权并重转变的价值取向，使得中国新刑法典无论是在立法精神、立法内容还是在立法技术上，都有了很大的进步，从而对于中国刑事法治走向现代化、走向世界具有决定性的作用"❶。

---

❶ 高铭暄，赵秉志. 中国刑法立法之演进 [M]. 北京：法律出版社，2007：60.

2. 对未成年人犯罪问题的明确化

在总则部分，1997年《刑法》较1979年《刑法》更明确地限定了已满14周岁不满16周岁未成年人犯罪承担刑事责任的范围，将"犯杀人、重伤、放火、惯窃罪或者其他严重破坏社会秩序罪，应当负刑事责任"修改为"已满14周岁不满16周岁的人，犯故意杀人、故意伤害致人重伤或者死亡、强奸、抢劫、贩卖毒品、放火、爆炸、投毒罪的，应当负刑事责任。"从而终结了1997年《刑法》颁布之前对"或者其他严重破坏社会秩序罪"理解混乱的局面，用最明确的方式确定了未成年人犯罪主体问题，这既是保护未成年人群体法律权益的重要举措，也是较好贯彻罪刑法定原则的体现。

3. 重新划定了死刑适用范围

多年"严打"所导致的死刑泛滥问题已引起学术和实务界的相当重视，在各方的努力争取下，1997年《刑法》对1979年《刑法》和之后的若干单行刑法中涉及死刑的内容终于进行了整合和调整。❶

（1）在刑法总则方面：第一，修改了死刑的基本条件，将"罪大恶极"改为"罪行极其严重"；第二，将未满18周岁的未成年人犯罪的最高刑罚从死刑缓期两年执行改为无期徒刑，未成年人犯罪从此不再适用死刑；第三，提高了死刑缓期两年执行转为死刑立即执行的门槛，从"抗拒改造情节恶劣、查证属实"变为"故意犯罪"；第四，降低了死刑缓期两年执行的减刑条件，即从"确有悔改或者确有悔改并有立功表现"放宽为"没有故意犯罪"。

（2）在刑法分则方面：第一，提高了部分罪名的死刑适用标准，例如，将盗窃罪的死刑适用仅限定于盗窃金融机构、数额特别巨大和盗窃珍贵文物、情节严重的情况，将故意伤害罪适用死刑的情形规定为"致人死亡或者以特别残忍手段致人重伤造成严重残疾"（如，将绑架罪处死刑的条件限定为"致使被绑架人死亡或者杀害被绑架人"）；第二，删除了盗运珍贵文物出口罪以及破坏武器装备、军事设施罪等罪名的死刑适用；第

---

❶　赵秉志教授、肖中华教授曾在文中对此记述道："在这次刑法修改中，由于限制和减少死刑的呼声一直很高，所以扩张死刑立法的主张并未被立法者采纳，但考虑到目前我国社会治安形势的严峻，在削减死刑的改革步伐上，立法者也采取了非常谨慎的态度。"赵秉志，肖中华. 论死刑的立法控制［J］. 中国法学，1998（1）：18.

三，将抢夺、残害战区无辜居民罪的量刑在死刑配置的基础上，增加了可选择的 10 年以上有期徒刑的配置，降低了盖然适用死刑的可能性；第四，减少了绝对死刑的适用范围，从 9 个罪名减为 7 个。

对于死刑范围的重新划定，有学者曾作过详细统计。❶ 一方面，就其数量而言，死刑罪名的数量确定在 68 个，相比于 1979 年《刑法》在数量上增加了 143%；而且，即便"罪刑法定"成为刑法基本原则，与之相关的限制死刑规定在总则中的体现要强于分则，"分则中基本上是'裹足不前'，致使整部法典在限制死刑问题上的步调并不一致，这也反映了立法者在死刑政策上的犹豫"❷；1997 年《刑法》对于很多"非暴力犯罪也规定了死刑，这与国际社会将死刑限制在最严重犯罪的共识还不相符"❸。然而我们还是看到，1997 年《刑法》中的死刑罪名数占罪名总数的16.5%❹，已经比 1979 年《刑法》时的 25% 要低，而且 1997 年《刑法》颇具现实意义的一个改进在于其对最为常见的盗窃罪的死刑进行了调整，通过立法对死刑加以控制，提高了盗窃罪的死刑适用条件，这无疑有利于实践中减少死刑的数量。还有学者从刑事政策的角度肯定了 1997 年《刑法》对死刑立法控制所作的贡献，认为"1997 年《刑法》在限制死刑立法方面进行了诸多努力，从而重新确立和强调了'少杀、慎杀、可杀可不

---

❶ 笔者参考的内容来自学术论文《论死刑罪名与死刑限制》，具体的罪名情况分析请参见：钊作俊. 论死刑罪名与死刑限制［C］//高铭暄. 刑法论丛. 北京：法律出版社，2002：71.

❷ 张文，等. 十问死刑——以中国死刑文化为背景［M］. 北京：北京大学出版社，2006：77.

❸ 郑延谱. 中美死刑制度比较研究［M］. 北京：中国人民公安大学出版社，2010：32.

❹ 有学者在总结 1997 年《刑法》的进步之处时，认为整部刑法呈现出限制死刑的主导方向，理由在于：第一，对死刑适用范围的修改，表明了立法者意图从使用条件上限制死刑的初衷；第二，对死刑适用对象的修改，彻底实现了对未成年人不适用死刑的国际通行做法，充分体现了对未成年人的人权保障；第三，对死缓变更死刑条件的修改，大大缩小了死刑的实际适用范围；第四，对分则罪名适用死刑条件的修改，也缩小了死刑的实际适用范围；第五，死刑罪名占总罪名的比例大幅度下降，1997 年《刑法》中死刑罪名只占罪名总数的 16.5%，较之于 1979 年《刑法》的 25%、1979 年《刑法》之后的各种单行刑事法律的 26%，这一比率是历年的最低点；第六，摒弃了死刑化与犯罪化同步进行的既往做法，即 1997 年《刑法》在较大程度犯罪化的同时，杜绝了可能同步发生的大规模的死刑化，这充分表明了 1997 年《刑法》限制死刑的态度，并在一定程度上抑制了死刑立法进一步扩张的趋势。参见张文，刘艳红. 公民权利与政治权利国际公约对中国死刑立法的影响［J］. 中国青年政治学院学报，2000（1），转引自马松建. 死刑司法控制研究［M］. 北京：法律出版社，2006：47-48.

杀的坚决不杀'的死刑政策。"❶ 另一方面，就其立法价值而言，虽然1997 年《刑法》所体现的死刑政策❷和死刑控制是在沿袭以往刑法规范内容的基础上，仅针对部分内容进行了调整，但其最大的价值不在于为死刑控制和死刑数量减少所作贡献的绝对数量，而在于从根本上扭转了单行刑法不断增设死刑的立法势头，对死刑加以控制就是从根本上开始决定保障民生和保障人权。正如有学者所言，虽然1997 年《刑法》基本上维持了以往的死刑规模，"但是它并没有完全集成1981 年以来的死刑立法现状，毕竟还是削减了几个死刑罪名。这种变化、尽管是微小的，却已经表明，1981 年以来的死刑扩张适用的趋势在1997 年《刑法》中戛然止步了"❸从此，刑法作为"刀把子"的意义和角色开始退化，在刑法基本理念上从注重刑事打击向保障人权、保护民生方面发生转变。

4. 分则中增加保护民生的内容

1997 年《刑法》分则共350 余条，较1979 年《刑法》的103 条增加了200 多条。罪名数量的大幅增长是犯罪化扩张的过程，同时也涉及社会生活的方方面面，大幅度提高了惩治犯罪、保障社会的刑法机能。因此，保护民生的刑法分则数量也伴随刑法分则的扩张而大幅增加，其中较为典型的如：为加大对绑架人质行为的惩处力度，1997 年《刑法》第239 条新增设了绑架罪，且规定了"致使被绑架人死亡或者杀害被绑架人"的情形为适用死刑的情形；为应对黑恶势力的挑战，有效保护群众免受欺压、残害，新增设了第294 条黑社会性质犯罪；为保护民众合法经济利益，新增加了关于股票证券交易买卖的犯罪罪名，如第178 条第1 款"伪造、编造国家有价证券罪"、第180 条"内幕交易、泄露内幕信息罪"等；明确了最常见的盗窃罪如何适用死刑的条件，规定了两种具体的情形，分别是盗窃金融机构、数额特别巨大的和盗窃珍贵文物、情节严重的。鉴于刑法修

---

❶ 雷建斌. 论死刑的立法控制［A］//赵秉志，［加］威廉·夏巴斯. 死刑立法改革专题研究. 北京：中国法制出版社，2009：355.

❷ 赵秉志教授认为，1997 年《刑法》虽然体现了"少杀慎杀"政策，但依然存在不完全、不充分的问题。赵秉志. 从中国死刑政策看非暴力犯罪死刑的逐步废止问题［N］. 法制日报，2003 - 07 - 17 (3). 不同的是，曲新久教授认为，我国刑事法律有关死刑适用的实体和程序的规定基本上没有充分体现严格限制死刑适用的政策。曲新久. 刑事政策的权力分析［M］. 北京：中国政法大学出版社，2002：249 - 261.

❸ 张文，等. 十问死刑——以中国死刑文化为背景［M］. 北京：北京大学出版社，2006：77.

正案、单行刑法都是在刑法典基础上对刑事法律关系作出的规定，1997 年《刑法》分则是我国刑法保护民生最主要的载体，划定了我国刑法保护民生的基本格局。

（二）前七个刑法修正案中的民生条款

在《刑法修正案（八）》颁布以前，共通过七个刑法修正案对 1997 年《刑法》进行了修改。用刑法修正案的形式修改刑法，好处在于：首先，刑法修正案是由全国人民代表大会常务委员会通过立法修改程序对《刑法》进行的局部修改、补充，不仅修改过程针对性强、程序简单，而且修改直接针对《刑法》，及时、灵活，其优势是大于单行刑法的；其次，刑法修正案不扰乱《刑法》条文顺序，有利于维护"刑法典的完整性、连续性和稳定性，有利于刑事法治的统一和协调"❶。因此，从 1999 年的《刑法修正案（一）》到 2009 年《刑法修正案（七）》，10 年间，我国立法机关共动用了七次刑法修改的立法权限，从这一结果来看，我国刑事法制完善进步的步伐还是比较快的。而就其修改对象而言，七个刑法修正案将精力主要都放在了对刑法分则的修订上，而这部分内容中也不乏关于保护民生的刑事立法内容。

第一，加强公民财产权益保护和金融秩序监管。《刑法修正案（一）》第 3 条是关于"擅自设立金融机构罪"、"伪造、编造、转让金融机构经营许可证、批准文件罪"，第 4 条是关于"内幕交易、泄露内幕信息罪"。《刑法修正案（六）》第 5 条修改了"违规披露或不披露信息罪"，第 6 条增加了"虚假破产罪"，第 11 条修改了"操纵证券、期货市场罪"，第 17 条增加了"组织残疾人、儿童乞讨罪"。《刑法修正案（五）》还就信用卡使用出现的问题增设了"妨害信用卡管理罪"、"窃取、收买、非法提供信用卡信息资料罪"。《刑法修正案（六）》第 11 条修改了"操纵证券、期货市场罪"。《刑法修正案（七）》规定了侵犯证券、期货交易信息罪。

第二，加强社会治安管理和对社会秩序的管控。《刑法修正案（三）》第 3 条修改了"组织、领导、参加恐怖组织罪"，将组织、领导恐怖活动

---

❶ 赵秉志. 积极促进刑法立法的改革与完善 [J]. 法学, 2007 (9)：17.

组织的刑罚从 1997 年《刑法》中的"处三年以上十年以下有期徒刑"提高到"处十年以上有期徒刑或者无期徒刑"，并在第 4 条增设了 1997 年《刑法》中所没有的"资助恐怖活动罪"。《刑法修正案（七）》规定了"侵犯公民个人信息罪"和"侵犯计算机信息系统罪"，将严重侵犯公民个人信息、名誉、隐私的行为纳入犯罪圈。

第三，加强对卫生医疗和食品安全犯罪的打击力度。《刑法修正案（四）》第 1 条修改了"生产、销售不符合标准的医用器材罪"，将 1997 年《刑法》中规定的结果犯修改为危险犯，具体来说，由于劣质的医疗器械、医用卫生材料一旦使用将严重危害人民群众生命、健康，因此有必要把出现危害结果以后才追究刑事责任的做法调整为只要是认为能够足以严重危害人体健康的行为就可以构成犯罪。

第四，重视劳动权益保护。《刑法修正案（四）》第 4 条增设了"雇用童工从事危重劳动罪"，将那些为了牟利，雇用未成年人从事超强体力劳动、高空作业、井下作业等能够严重危害未成年人生命、健康的做法划入了犯罪圈。《刑法修正案（五）》第 1 条修改了"重大责任事故罪"，第 2 条修改了"重大劳动安全事故罪"，第 3 条增设了"大型群众性活动重大安全事故罪"，第 4 条增设了"不报、谎报安全事故罪"，不断完善与劳动和生产责任相关的刑法规定。

总体看来，前七个刑法修正案在若干方面，从不同角度针对刑法分则内容进行了补充完善，旨在实现立法精细化、司法明确化，特别是在民生保护方面，与 1997 年刑法典一样，共同构成了关于民生在劳动就业、经济安全、个人信息等几个方面受到保护的刑事法律规范体系，是民生权利刑法保护的重要措施。然而从刑法规范的属性来看，前七个刑法修正案仍只是针对刑法分则方面进行了调整，总则则是等到《刑法修正案（八）》时才有了新的修改内容，这一点是需要我们注意的。

二、《刑法修正案（八）》中的民生条款

相比于 1997 年《刑法》和前七个刑法修正案，《刑法修正案（八）》的意义仍显重大，可以说，《刑法修正案（八）》对于民生的保护内容丰富而细致，是近年来各刑法修正案之最。其中，关于规定醉酒驾车入罪、严

厉惩治拖欠劳动者报酬、原则上将 75 周岁以上老年人排除出死刑适用范围、删除 13 个罪名中涉及死刑的内容等，"这一系列动作，目的都指向了同一个——加强对民生的保护"❶。之前对于《刑法修正案（八）（草案）》进行讨论时，就已经有声音肯定了其对于民生的保护❷，最终，《刑法修正案（八）》成为我国刑法立法在民生保护方面的重要里程碑。《刑法修正案（八）》对于民生保护的投入主要体现在：一方面，注重特殊人群和弱势群体权益保护，在总则部分对包括未成年人犯罪、老年人犯罪、死刑等制度进行了修改，着重贯彻宽严相济中"从宽"的一面，通过刑罚轻缓化来减轻我国刑罚体系重刑化的色彩，实现对民生权益特别关照、更好保障人权的目的；另一方面，又以适度犯罪化或者适度加重刑罚为两条途径，扩大、加强刑法对民生进行保护的覆盖范围和力度深度，贯彻宽严相济中"从严"的一面，严厉打击侵犯民生权益的犯罪行为，用适度犯罪化的措施实现社会秩序保障的目的。

（一）《刑法修正案（八）》修改总则宽宥民生

《刑法修正案（八）》在民本主义原则的指引下，通过加大对社会弱势群体的保护，弘扬宽容人道精神，努力保障社会民生权益，具体表现为：

第一，对特殊群体从宽制度进行完善。特殊群体是一个复合概念，包括人群中的若干类别。而由于特殊群体的"特殊性"，对特殊群体从宽体现了刑法人性化的立法考量，具有相当的合理性。在我国，刑法中对特殊群体的从宽制度主要是指对未成年人和老年人犯罪的从宽处罚制度。由于身心情况的特殊性，未成年人犯罪和老年人犯罪的社会危害性和人身危险性都与一般成年人犯罪不同。所以，对未成年人和老年人犯罪规定从宽制度具有当然的合理性。我国签署的一些国际条约如《儿童权利公约》、《联合国老年人原则》等都规定了关于保障未成年人和老年人权益的内容，而且，对特殊群体进行针对性的从宽化处理不仅不会引发犯罪大幅上升和社

---

❶ 张伟杰. 刑法大修 严惩危害民生犯罪——盘点刑法修正案（八）"民生关键词"［N］. 工人日报，2011 - 02 - 28.

❷ 有报道称："保护民生是正在审议阶段的《刑法修正案（八）（草案）》的主要内容之一，尤其是草案二审稿，在所有 50 条内容中，与社会民生相关的则有 10 余条。刑法修改重墨加强对民生的保护，得到社会各界的好评。"谢素芳. 刑法修改：重墨护民生［J］. 中国人大，2011 (2)：27.

会公众的普遍质疑，相反却是刑法人性化的体现。实际上，同过去相比，"我国刑法中未成年人、老年人犯罪的从宽制度有待完善或建立"❶，《刑法修正案（八）》正是提供了这样一次机会。

首先，对未成年人犯罪从宽。关于未成年人犯罪从宽制度，我国刑法中主要有三部分内容：一是关于未成年人无刑事责任年龄和相对负刑事责任年龄的规定，具体来说就是，只有年满16周岁的人才能对所有犯罪负刑事责任，已满14周岁不满16周岁的人只对八种严重犯罪承担刑事责任，不满14周岁的人不承担刑事责任；二是关于未成年人犯罪一般从宽的规定，即不满18周岁的人犯罪的，应当从轻或者减轻处罚；三是关于未成年人不适用死刑的规定。这些规定虽然对未成年人犯罪而言是重要而具体的，但是从法制完善的角度来看仍有不足。赵秉志教授认为："总体上看，我国刑法关于未成年人犯罪从宽制度的这些规定存在着立法方式简单而分散、立法内容严厉有余而宽和不足、部分立法的科学性有待增强等欠缺，影响了刑法功能的发挥和对未成年人犯罪从宽制度的设置。"❷ 因此，《刑法修正案（八）》注重对未成年人犯罪的宽宥和完善就具有重要意义。《刑法修正案（八）》关于未成年人犯罪修改的内容包括：对于被判处拘役、3年以下有期徒刑的未成年人可以宣告缓刑；对未成年人不适用累犯；被判处5年有期徒刑以下刑罚的未成年人免除前科报告义务。总体来看，上述这些规定是对刑法中原有对未成年人犯罪问题所作特殊规定的重要补充，具有法制完善的重大意义，有理由积极看待这种法制上的完善。❸

其次，对老年人犯罪从宽。针对老年人犯罪减免刑事责任的规定在我国历代刑法中均有体现，西周时代、春秋战国、西汉东汉、三国两晋南北朝时期、隋代、唐代都有关于这一问题的规定。卢建平教授曾提道："按

❶ 赵秉志.中国刑法改革新思考——以《刑法修正案（八）（草案）》为主要视角 [J].北京师范大学学报（社会科学版），2011（1）：97.

❷ 赵秉志，袁彬.我国未成年人犯罪刑事立法的发展与完善 [J].中国刑事法杂志，2010（3）：12.

❸ 不过，也有学者对此专门就立法修改内容进行评述称："是否符合犯罪事实的特征和规律是探讨立法修改得失的重要衡量标准。"因此，《刑法修正案（八）》对未成年人犯罪的修改，有应改且已改（关于缓刑制度和轻罪前科报告义务）、应改但过头（关于未成年人累犯制度）和应该而未改（关于未成年人假释制度）三方面的差别。王志祥.《刑法修正案（八）》解读与评析 [M].北京：中国人民公安大学出版社，2012：117-128.

照唐律的有关规定，满 70 岁者犯罪即有从宽处遇；满 80 岁者犯谋反、谋大逆、杀人罪应判死刑者要上报皇帝裁决，犯盗窃与故意伤害罪可以拿钱抵罪，犯其他罪不予追究刑事责任；满 90 岁者即使犯死罪也不追究刑事责任。这一系列对于老年人犯罪从宽处罚的法律制度在唐代之后，一直为后世沿袭使用；直至民国时期的刑法当中仍然保留了这方面的内容。"❶ 老年人在我国属于弱势群体，对老年人犯罪从宽处罚，既能体现刑罚的人道主义精神，也有利于贯彻宽严相济的刑事政策，也正因如此，最高人民法院 2010 年 2 月出台规定，对老年人犯罪要酌情予以从宽处罚。但直至目前，"我国关于老年人犯罪的从宽处理都只停留在司法实践层面，刑法立法中并没有关于老年人犯罪从宽处罚的规定"❷。因此，为了填补我国刑法中关于老年人犯罪从宽制度的空白，《刑法修正案（八）》规定了老年人犯罪从宽制度：一是确立从宽原则，已满 75 周岁的人故意犯罪的，可以从轻或者减轻处罚；过失犯罪的，应当从轻或者减轻处罚。二是死刑免除，对已满 75 周岁的人，原则上不适用死刑。三是缓刑适用从宽，对已满 75 周岁的人，只要符合缓刑条件的，应当适用缓刑。其实，关于 75 周岁这一年龄标准是否合理，学界仍然尚存争论，但是这种对年龄标准的争论并不妨碍在宽宥老年人犯罪这一基本立场上达成学界共识。

当然，虽然《刑法修正案（八）》对老幼弱势群体施以宽容人道是值得赞赏的，但是，从立法理性和制度完善的角度来看，这一立法修改应该着重把握宽宥的尺度。因为"如果超越我国国情、社会观念以及法律所能允许的限度，把刑罚视为仁慈的东西乃至某种'福利'而进行'法外开恩'，则是背离刑罚本质属性，是不能为国家和人民所能容忍的"❸。虽然对未成年人和老年人犯罪从轻处罚具有显著的积极意义，但是这并不代表对未成年人和老年人犯罪处罚"从轻"可以无所顾忌、没有底线，因为一味地"因过度考虑罪犯的权益而损害被害人利益和社会公平"❹ 也是不足取的。

---

❶ 卢建平. 加强对民生的刑法保护——民生刑法之提倡 [J]. 法学杂志, 2010 (12): 11.

❷ 赵秉志. 中国刑法改革新思考——以《刑法修正案（八）（草案）》为主要视角 [J]. 北京师范大学学报（社会科学版）, 2011 (1): 98.

❸ 张明楷. 刑法的基本立场 [M]. 北京: 中国法制出版社, 2002: 375.

❹ 张勇. 民生刑法的品格: 兼评《刑法修正案（八）》[J]. 河北法学, 2011 (6): 75.

第二，注重刑罚制度的人性化。刑罚制度本身是关于惩罚犯罪的制度，随着现代刑罚观念的发展，绝对报应刑早已遭到摒弃，相反，刑罚人性化成为刑罚功利性与报应性并重妥协的取舍结果。《刑法修正案（八）》在刑罚人性化方面作出了扎实的努力。

首先，对于审判时怀孕的妇女，在刑罚适用上更加人道和宽大。《刑法修正案（八）》规定，对于犯罪的孕妇，符合缓刑适用条件的，法院应当宣告缓刑。也就是说，对于审判时怀孕的妇女，只要条件符合，就应当优先、主动考虑适用缓刑，这不仅仅是司法机关决定适用刑罚时应遵守的义务，同时也是怀孕妇女应有的权利。

其次，将自首从宽的酌定情节转变为法定情节。《刑法修正案（八）》将"坦白从宽"的刑事政策法律化，将"坦白"由酌定从轻情节的地位提升至法定从轻情节的地位。这一修改弥补了原来自首制度中"认罪态度好但不构成自首的，不能减轻处罚"的弊端，如此不但可以节约司法成本，也使刑罚更具科学性、更加客观公正。

再次，进一步拓展刑罚执行社会化的范围。《刑法修正案（八）》规定，对判处管制、缓刑和假释的犯罪开展社区矫正，有意将我国刑罚执行制度向社会化方向进行调整。而且，"社区矫正"的地位因为《刑法修正案（八）》给予法律上的确立而拥有了基本法律层面上的依据，在今后的立法和司法改革中可以更加顺畅地推广、适用社区矫正。在宣告缓刑的条件上，《刑法修正案（八）》还规定，要考虑罪犯"对所居住社区没有重大不良影响"，这成为宣告缓刑的条件之一，使得缓刑适用更具有可操作性。

最后，删减死刑适用的范围。死刑是我国刑罚体系中最重的刑罚，经过学术界、理论界和实务界的多方呼吁，《刑法修正案（八）》终于在改革死刑制度、缩减死刑立法范围的进程中迈出了关键一步。虽然删减死刑只是针对个别罪名，但是关于死刑制度的改革效果和改革意义能覆盖刑罚制度的整体。《刑法修正案（八）》取消 13 个罪名适用死刑的情况可以大致分为两类：第一类是既属于经济性犯罪，又属于非暴力犯罪的：走私文物罪（第 151 条第 4 款），走私贵重金属罪（第 151 条第 4 款），走私珍贵动物、珍贵动物制品罪（第 151 条第 4 款），走私普通货物、物品罪（第 153 条），票据诈骗罪（第 194 条第 1 款），金融凭证诈骗罪（第 194 条第 2

款），信用证诈骗罪（第 195 条），虚开增值税专用发票、用于骗取出口退税、抵扣税款发票罪（第 205 条），伪造、出售伪造的增值税专用发票罪（第 206 条），盗窃罪（第 264 条）。第二类是不属于经济性犯罪，但属于非暴力犯罪的：传授犯罪方法罪（第 295 条），盗掘古文化遗址、古墓葬罪（第 328 条第 1 款），盗掘古人类化石、古脊椎动物化石罪（第 328 条第 2 款）。"由于经济性、非暴力犯罪的客体与死刑所剥夺的生命权之间具有不对称性，因而理论上普遍认为应当废除经济性、非暴力犯罪的死刑，并且这也是一种国际趋势。"❶ 实际上，也有论者认为本次删减死刑罪名的做法并不一定会对实践有多大影响，因为以上取消的这些罪名的死刑在司法实践中都很少用到，属于"备而少用，有些甚至基本不用"的程度。但是，无论是否适用，从死刑适用范围缩小的角度来看，这一立法进步是十分值得肯定的。高铭暄教授对此评论道："我们欣喜地看到，中国刑法学界有关死刑制度改革的研究成果日益丰厚成熟；立法与司法实践已经迈出了死刑改革的坚实的一步，纵然中国的死刑废止之途困难重重，在理论界和实务界的共同协作与努力下，死刑制度改革大业必将如愿完成！"❷

（二）《刑法修正案（八）》修改分则保护民生

在刑法分则方面，《刑法修正案（八）》注重对关乎民生安全法益的保护，对社会弱势群体的保护也具有针对性。所谓社会弱势群体，是指在社会地位、财富分配、权利享有等方面处于弱势地位的人群。弱势群体的范围比较广泛，但其核心含义仍指在社会生活方面面临诸多困难且难以解决的人群，如老弱病残、失业、贫困以及被社会孤立、边缘化的各群体。刑法旨在维护社会公正的底线，对社会弱势群体进行保护"可以更有效地防止强势主体的侵害，保证社会公平正义的实现，是实践人本刑法理念的必然选择"❸；通过适度犯罪化或扩大刑罚惩罚范围，切实保护民生法益，实现对弱者的倾斜保护。为保障社会弱势群体的生存机会，最大可能地

---

❶ 赵秉志.《刑法修正案（八）（草案）》热点问题研讨［A］//赵秉志. 刑法论丛. 北京：法律出版社，2010：26.

❷ 高铭暄，陈璐.《中华人民共和国刑法修正案（八）》解读与思考［M］. 北京：中国人民大学出版社，2011：18.

❸ 张勇. 民生刑法的品格：兼评《刑法修正案（八）》［J］. 河北法学，2011（6）：73.

缩小、消除形式平等下的实质不平等，刑法以非对等的特别措施保障社会弱势群体的权利，"通过差别原则把结果的不平等保持在合理的限度内"❶。

　　刑法立法主张对弱势群体进行倾斜性保护看似违背"人人平等"，其实却是坚持民本主义立法原则的现实变通，同时也是人本价值理念的具体实现。例如，对于近年来经常发生的农民工被恶意欠薪的问题，社会上早有呼吁"欠薪入罪"、"反对强迫劳动"的声音，此次《刑法修正案（八）》第41条就将不支付劳动报酬的行为规定为犯罪；与此相配合的是，《刑法修正案（八）》第38条将强迫劳动罪的最高法定刑由3年有期徒刑提高到10年有期徒刑，并将为强迫劳动的个人或单位招募、运送人员的行为规定为犯罪。对此，虽然有学者认为刑事立法特别是刑法分则立法"只有当一般部门法不能充分保护某种法益时，才由刑法保护，只有当一般部门法还不足以抑止某种危害行为时，才由刑法禁止"❷，故而理应慎重对待犯罪化这一举动，但是，就"恶意欠薪"和"强迫劳动"对弱势劳动者的危害来说，作为弱势群体中的劳动者，特别是最广大数量的农村来城务工人员，能够参与社会生活并平等获得薪水报酬待遇的机会和条件并不成熟，这可以理解为制度性不健全或者社会资源分配的不合理，也可以理解为社会弱势群体与生俱来而又无法规避的自身劣势。无论如何，就目前的形势来看，弱势群体的劳动生存权益无法通过其他好的方法获得最有效的保护，这种条件下，必须有更为强大的制度后盾作为支撑，才能够实现理想状态下的实质公平。也就是说，当欠薪行为的严重危害已经达到弱势群体中的劳动者自身无法解决，其他法律手段也不能给予其应有的权利保障，而且这种危害已经到了全社会无法容忍的程度时，入罪就成为刑事立法的必然选择。这种情况下，《刑法修正案（八）》正是以保障弱势劳动者合法权益为重心，以尽可能矫正现实中不平衡的劳资关系为目的，才将严重侵害劳动者权益的"欠薪"行为入罪，通过"抑强扶弱"完成弱者自身不能与强者达成的平等或者平衡的社会目标。❸

---

❶　[美] 约翰·罗尔斯. 正义论 [M]. 何怀宏，等，译. 北京：中国社会科学出版社，1998：171.
❷　陈兴良. 当代中国刑法应该具有的三个理念 [N]. 检察日报，2008 - 03 - 17 (3).
❸　姜涛. 论劳动刑法的建构及其法理 [J]. 中国刑事法杂志，2007 (5)：50.

与此相似的是,《刑法修正案(八)》还通过犯罪化手段,将"危险驾驶"、"组织出卖人体器官"、"食品安全监管滥用职权、玩忽职守"纳入犯罪圈;通过加重刑罚处罚,提高了食品安全犯罪,生产、销售假药犯罪,强迫劳动罪,组织、领导、参加黑社会性质组织罪,协助组织卖淫罪等犯罪的法定刑,并针对黑社会性质组织犯罪的特殊危害性而将之纳入了总则中累犯构成的范畴。根据何秉松教授"从一定意义上讲,维护和增强人们的社会安全感,是刑事政策基本目标之一"❶ 的观点来看,《刑法修正案(八)》注重将严重危害社会行为入罪,注重对侵犯民生权益的惩治,着重保障社会大众生命、健康安全,可以说是"最能够体现刑事立法保护民众社会安全感"❷ 的一部刑法修正案。

三、小结:对我国当前民生刑法观立法实现的评析

通过梳理我国刑法立法在保护民生问题方面的演进情况,笔者认为,从保障民生的角度而言,目前我国刑法立法呈现以下三个特点:

第一,从内容布局来看,我国刑法立法在总则部分和分则部分都具有一定的保障民生的内容,然而虽然各部分有关民生保障的刑法立法内容之间有一定的联系,但是联系并不紧密,仍缺乏统一的立法指导思想,呈现"立而不密,星星点点"的状态。从 1997 年《刑法》到前七部刑法修正案,再到 2011 年的《刑法修正案(八)》,我国刑法立法在保障民生方面经历了不断完善、成熟的过程。在总则方面,主要体现在罪刑法定原则保障人权、未成年人犯罪问题明确化、老年人犯罪的宽宥、死刑适用范围逐步缩小、刑罚体系改革日渐深入等;在分则方面,主要体现在对危害民生法益犯罪惩治力度的加强,包括立法规定为犯罪、降低入罪门槛、扩充行为类型等。应该说,正是上述这些内容形成了我国刑法立法保障民生的基本格局,然而问题是,它们彼此之间是缺乏紧密联系的。以立法的过程为参照可以看出,无论是确立罪刑法定主义、在《刑法修正案(八)》中对老年人犯罪实行宽宥,还是缩减死刑罪名数量、重点打击侵犯民生法益犯

---

❶ 何秉松. 刑事政策学 [M] 北京:群众出版社,2002:311.

❷ 高铭暄,陈璐.《中华人民共和国刑法修正案(八)》解读与思考 [M]. 北京:中国人民大学出版社,2011:7.

罪等，这些立法内容都是在十几年刑法修改过程中独立完成的，而不是从立法过程的起始阶段就沿着一条清晰的思维脉络的，立法规划没有明确地体现出民生保护的理念和追求。也就是说，上述这些立法及其修改，实际上还只是根源于其他立法考量，各有各的历史背景和立法原因。而在缺乏刑法保障民生整体规划思路的情况下，我国刑法在客观上具有的立法形态和立法格局，只不过是各次立法活动被动结果的累加，并非出于立法者的主动谋划。应该说，这种立法政策上的不明确和不清晰状况不失为我国刑法立法最令人遗憾的地方。我们进而还看到，以《刑法修正案（八）》将食品犯罪问题纳入犯罪圈、将酒驾行为规定为犯罪等现象为例，我国刑法分则部分完成的对严重侵害民生问题的刑事立法，经常只是作为对现实严重问题的被动回应，都是在社会强烈呼吁、社会治安和社会保护等利益受到了明显侵害时才被启动的应急之策，而非出于立法科学性、完整性的考虑而具有一定的立法前瞻性。探究其原因，正如有学者分析指出："由于新中国成立后人们长期处于国家利益高于个人利益的体制环境和观念氛围之下，改革开放初期的建设重心又是发展国力和建立秩序，直到最近才突出强调民生问题，因此，我国刑法对民生的保护才刚刚进入理性阶段，可谓任重而道远。"❶ 笔者认为，如果立法机关对关于民生权利保障的刑法立法思想和立法规划问题不重视，那么未来刑法立法只能重复过去的老路，只能是"缺哪儿补哪儿"、"出了问题再纠正"，只能是对过去经验教训的总结。所以，从这个角度来说，我国未来的刑法立法首先需要完成政策指导的研究。

　　第二，从保障水平来看，我国刑法立法对于民生的保障力度仍有可提升的空间，无论是从立法内容、立法水平还是立法效率来看，都存在不足。就民生保障的内容而言，目前的刑法立法显然还不充分。我国仍有55个死刑罪名，对于老年人犯罪，原则上不适用死刑的年龄标准为75周岁也有进一步降低的余地，刑罚适用的轻缓化、社会化仍需要改进，对于就业、名誉和隐私、医疗纠纷、环境保护、食品安全等民生权益方面的刑法保护仍有很多值得细化和总结之处。由以上内容可以看出，在民生权益的保护问题上，我国刑法在覆盖面和保护法益方面仍有很多内容需要补充。

❶ 夏勇. 民生风险的刑法应对 [J]. 法商研究, 2011 (4): 9.

就民生保障的水平而言，目前的刑法立法仍显被动，法律制度的完善多是被动发生在问题出现之后，仓促的立法出台多数是应时而为，虽经论证，但也会出现事后补漏的情况。例如，"酒驾入刑"在《刑法修正案（八）》中得以实现，经过反复论证，最终在刑法条文上表现为对醉酒驾车和追逐竞驶两种危险行驶行为的刑事处罚。其实，这一立法正是在最近几年出现的若干交通案件之后出台的。2008年成都发生的"12·14"交通肇事案、2009年南京发生的"6·30"特大交通肇事案以及杭州发生的"5·7"飙车肇事案等引发了全社会的广泛关注，同时，该类事件引起国务委员、时任公安部部长孟建柱、全国政协委员施杰的关注并提出建议❶，最终才得以进入立法机关的立法考虑范畴。而且，从法治实践的情况来看，"危险驾驶罪"仍有需要改进的地方：从罪状上看，行为类型仅仅包含两种，是否能够穷尽保护民生所须规范的危险驾驶行为是一个值得探讨的问题，危险驾驶行为不仅仅是上述两种，有必要予以完善；从法定刑上看，6个月拘役的短期自由刑设置是否合理也同样引起了诸多讨论，因为短期自由刑作为短期刑罚在世界范围内遭受了普遍的质疑，其弊端早就在1950年海牙国际刑法与监狱会议上提出过，但是此次修改刑法仍然适用了短期自由刑；从实践中看，什么情况适用刑罚、什么情况不受刑罚处罚仍然存在执法和判决尺度上的不统一。这个实例说明，刑法立法虽然在不断补充完善，但是立法的水平仍有提升的空间。就民生保障的效率而言，由于刑法覆盖面仍有不足，诸如劳动就业、环境保护等权益在受到刑法保护时仍面临诸多困难，能够规避法律却有理由被纳入犯罪圈的行为类型较多，例如，《刑法修正案（八）》虽然规定了人体器官犯罪，但是现实中关于人体器官移植规范化的问题没有在刑法领域得到重视，器官买卖市场秩序和潜规则仍然是真正左右我国民间器官移植流通的主要依据。这个实例说明，刑法保护民生的效率还不高，并没有真正发挥出应有的作用。所以，我国刑法立法应该在将来着重从内容、水平和效率三个角度补充完善民生保护。

第三，从发展趋势来看，对于民生问题的刑法立法保护，以《刑法修

---

❶ 毛磊，秦佩华. 孟建柱向全国人大常委会报告道路交通安全管理工作情况——建议增设"危险驾驶机动车罪"［N］. 人民日报，2010－04－29（11）；唐琳，施杰. 建议在刑法中增设"危险驾驶罪"［N］. 人民公安报，2010－03－07（1）.

正案（八）》为重要契机引起了立法者、司法者和社会普通大众的充分重视，这为今后刑法立法积累了一定的经验。有学者在论及《刑法修正案（八）》与刑法立法保障民生的关系时认为："如果说1997年刑法修订确立的'罪刑法定'原则是我国刑法立法史上的一次重大观念变革的话，那么此次刑法草案中的'将危险犯入罪'显然是我国刑法立法史上又一次重大的观念变革。"❶ 还有学者认为："对于《刑法修正案（八）》中关于保障民生相关条文的解读，不仅意在深入理解社会发展与刑法修改之间的关系，而且置身于整个法律体系之中，立足于人权与基本权利保障的要求，从刑法的调整对象和基本原则出发，分析刑法保障民生的必要性及其限度，也是运用刑法修改方式发展完善刑法典的过程中所应秉持的基本理念。"❷ 如果将上述观点同刑法立法的整体发展脉络结合来看，则不难发现，以1997年《刑法》为基础、以前七部刑法修正案为补充、以《刑法修正案（八）》为重要体现的关于民生保护的刑法立法体系已逐步建立起来，这种保障民生的立法模式和立法倾向得到了学者、实务部门和社会大众的普遍支持。可以说，这是民生权利在刑事立法中所获得的最宝贵的立法资源，也为今后刑法立法中补充、完善民生保护的内容奠定了基础。

第三节　域外刑法立法保护民生的经验借鉴

一、总则部分

20世纪初，冯·李斯特复兴了"刑事政策"概念，将之定义为"国家与社会据以组织反犯罪斗争的原则的总和"，并提出了"最好的社会政策，也就是最好的刑事政策"。而马克·安塞尔又将刑事政策引入了更高的层面，认为刑事政策是对待犯罪的宏观战略，是将科学实证主义方法导

---

❶ 2010年12月11日，江苏省法学会刑法学2010年年会在南京召开，与会的100多位法学专家和法律工作者一起热议当时的《刑法修正案（八）（草案）》，苏州大学王健法学院教授李晓明发表了上述观点。孙敏. 体现宽严相济政策 加强刑法民生保护——省法学会刑法学年会热议《刑法修正案（八）（草案）》[N]. 江苏法制报, 2010 - 12 - 13.

❷ 江登琴. 民生保障的刑法之维及其限度——以《中华人民共和国刑法修正案（八）》为视角 [J]. 江汉大学学报：社会科学版, 2011 (8): 65.

人犯罪问题研究之后产生的观念。逐渐地，刑事政策开始从源于立法而高于立法的角度为刑法学研究方向作出指引。卢建平教授指出："西方这种广义的刑事政策观呈现给世人的是一种非常宽广的心态和全局的眼光，以高屋建瓴的姿态对待与人类社会共存的犯罪现象。可以看出，在此意义上，刑事政策是一国广义上的公共政策或者社会政策的一部分。"❶ 从刑事政策的角度观察域外关于民生保护问题的刑法立法可以发现，刑法立法的范围是极其广泛而充分的，既包含刑法总则部分的内容，也包含分则部分的内容，而这些立法例为我国刑法立法的完善提供了可以参考的样本。

（一）关于特殊群体犯罪问题

当讨论特殊人群犯罪时，责任能力被认为是最直接相关的内容。其实，在大陆法系国家，关于责任能力问题的判断标准有两个：一是生物学标准，也就是说，要判断行为人是否存在精神障碍；二是心理学标准，即要考虑行为人是否有认识是非善恶以及根据该认识行动的能力。同时，两个标准要一起坚持。而在英美法系国家，由于犯罪构成模式有所不同，消极的犯罪构成要件的免罪辩护理由包含刑事责任的具体问题，具体分为两类：一是辩解，包括未成年、精神病、错误、醉态等；二是证明适当，包括紧急避险、正当防卫、警察圈套等。

以未成年人犯罪为例，对于刑事责任年龄问题而言，大陆法系国家普遍规定了严格的最低刑事责任年龄问题，但对于相对刑事责任年龄问题则有所不同。法国在对待未成年人刑事责任问题时，1945 年法令作出了新的规定："对所有未满 18 周岁的未成年人，该法令规定一律不再提出'是否有辨别能力'的问题。与此同时，该法令将未成年处罚从轻的原因扩大适用于 16 岁至 18 岁的未成年人（此前一直规定至 16 岁为止），同时允许法官以特别说明理由的裁定决定，对这些未成年人排除适用此种减轻刑罚的原因。"而按照其 1945 年法令第 2 条的规定，所有不满 18 周岁的未成年人一律推定不负刑事责任，但是"视未成年人年龄在 13 岁以下还是 13 岁至18 岁之间，'无刑事责任推定'所适用的范围有所不同"❷。具体而言，未

---

❶ 卢建平. 刑事政策与刑法变革 [M]. 北京：中国人民公安大学出版社，2011：48.
❷ [法] 卡斯东·斯特法尼，等. 法国刑法总论精义 [M]. 罗结珍，译. 北京：中国政法大学出版社，1998：408.

满 13 周岁的未成年人"不负刑事责任的推定"是一种绝对推定，相反的是，对 13 周岁至 18 周岁的未成年人刑事责任的推断并非绝对。《意大利刑法典》第 97 条规定："实施行为时未满 14 岁的人，没有刑事责任能力。"❶ 这一限制是绝对的无刑事责任能力推定。"除未满 14 岁的人绝对无刑事责任能力外，未满 18 岁的人的刑事责任能力问题，也必须根据案件的具体情况，一个一个地查明这些未成年人对自己实施的行为究竟有无认识能力和控制能力后才能确定。不过，即使未成年人不属于无能力的人，也应该减轻处罚（刑法典第 98 条第 1 款）。"❷ 而对于刑事责任，日本刑法典先在第 39 条作出了总体性规定："（一）心神丧失人的行为，不处罚。（二）心神耗弱人的行为，减轻处罚。"这确定了日本刑法关于刑事责任能力采取了混合标准。同时，"第 41 条还规定，'不满 14 岁的人的行为，不处罚。'这一方面是考虑到行为人因为年少缺乏足够的是非辨别能力，但主要还是基于一种政策性判断，认为对富于可塑性的少年适用刑罚并不合适。《少年法》将这一观念扩大至未满 20 周岁的少年"❸。有学者统计，"大多数大陆法系国家都是以 14 周岁作为承担刑事责任的起点，但有些国家的刑事责任年龄超过 14 岁，最高的如巴西是 18 岁"❹。

在英美法系国家，年龄作为刑事责任能力承担的依据被看作辩护理由之一。在英国，绝对免除刑事责任的年龄上限是 10 周岁，即"不满 10 岁的儿童不能构成犯罪"❺，是不容反证的法律推定。在美国，各州对于最低刑事责任年龄的看法有所不同，"在适用普通法规则的州的刑法中，不满 7 岁为'完全没有刑事责任能力'"，而"内华达州为 8 岁，科罗拉多州、路易斯安那州和南达科他州为 10 岁，阿肯色州为 12 岁，伊利诺伊州、纽约州、佐治亚州等绝大多数州为 13 岁，明尼苏达州和新泽西州为 14 岁，德克萨斯州为 15 岁"❻。在加拿大，12 周岁是最低的刑事责任年龄，不满 12

---

❶ [意] 最新意大利刑法典 [M]. 黄风，译注. 北京：法律出版社，2007：39.

❷ [意] 杜里奥·帕多瓦尼. 意大利刑法学原理 [M]. 陈忠林，评译. 北京：中国人民大学出版社，2004：176.

❸ [日] 西田典之. 日本刑法总论 [M]. 刘明祥，王昭武，译. 北京：中国人民大学出版社，2007：230.

❹ 童德华. 外国刑法导论 [M]. 北京：中国法制出版社，2010：210.

❺❻ 赵秉志. 英美刑法学 [M]. 北京：科学出版社，2010：88.

岁的人是无刑事责任人。《新加坡刑法典》规定，7 岁以下是绝对的辩护理由；同时，其第 83 条又规定："7 岁以上 12 岁以下的儿童，在实施行为时对行为的性质和后果缺乏足够理解判断能力的，不构成犯罪。"❶

应该说，关于年龄的刑事责任问题在世界各国是有相当差异的，这与"地理气候条件、儿童发育状况、教育发展水平以及刑事政策观点等问题"❷相关。大陆法系国家将刑事责任作为责任理论的一部分进行考察，虽然规定了年龄，但尚有法官进行判断的过程，如法国。而英美法系国家则是将刑事责任年龄作为辩护理由之一。无论怎样，对于未成年人犯罪来说，世界各国普遍都用绝对刑事责任年龄和相对刑事责任年龄的方式作出了规定。

（二）关于死刑立法问题

死刑问题一直是刑法学讨论的热点问题。死刑作为主刑的一种，在世界上的一些国家已经废除，而在一些国家予以保留，但保留的国家中又不乏备而不用的情况，实际大量适用死刑的国家并不多。

在属于大陆法系的国家和地区中，欧洲已经废除了死刑，保留死刑的国家主要是日本。日本刑法中，死刑是作为 6 种主刑之一。日本的死刑立法只是对内乱罪首犯等 12 种犯罪以及特别刑法的 6 种犯罪适用。这 18 种罪分别是❸：刑法中的内乱罪（第 77 条第 1 款）、外患诱致罪（第 81 条）、援助外患罪（第 82 条）、对有人居住建筑物等放火罪（第 108 条）、爆炸罪（第 117 条）、水淹有人居住建筑物等罪（第 119 条）、颠覆列车致人死亡罪（第 126 条第 3 款）、威胁交通罪的结果加重犯（第 127 条）、水道投毒致人死亡罪（第 146 条后段）、杀人罪（第 199 条）、抢劫致死罪（第 240 条后段）、抢劫强奸致死罪（第 241 条后段）；特别刑法中的使用爆炸物罪（《取缔爆炸物罚则》第 1 条）、决斗致死罪（《有关决斗的法律》第 3 条）、劫持航空器等致人死亡罪（《有关劫持航空器罪等的法律》第 2 条）、使航空器坠落致人死亡罪（《处罚有关威胁航空器行为的法律》第 2 条第 3 款）、杀害人质罪（《有关处罚劫持人质等行为的法律》第 4 条）、

❶ 童德华. 外国刑法导论 [M]. 北京：中国法制出版社，2010：211.
❷ 张明楷. 外国刑法纲要 [M]. 北京：清华大学出版社，2007：203.
❸ 黎宏. 日本刑法精义 [M]. 北京：法律出版社，2008：322.

组织杀人罪（《有关对有组织犯罪的处罚以及规制犯罪收益等的法律》第6条）。然而实际上，"日本虽未废除死刑，但努力控制死刑的适用。战后日本的死刑判决数与执行数逐渐减少，到20世纪80年代，每年的死刑执行书都不超过5件。"❶

在英美法系国家，英国原先是存在死刑的，但在1973年宣布对不受陆、海、空军军事法管辖的平民彻底废除死刑，只是保留了叛逆罪和海盗罪的死刑，而且"对犯海盗罪的可以只录案不执行，而对犯罪时不满18岁的人和审判时怀孕的妇女不判处死刑。"❷ 1998年，英国最终废除了海盗罪和叛国罪的死刑以及军事犯罪的死刑，也转变为无死刑的国家。而在美国，由于《美国宪法》第5条规定，除联邦宪法所列举的各项联邦权之外，所有权力均归各州行使，因此，关于死刑是否适用，各州有所不同，这一点不仅是由刑法渊源的多元性造成的，同时也表现为刑罚体系中各刑种规定的差异；而同时，关于刑罚体系如何构建的问题，美国又有《模范刑法典》作为指引的桥梁，"美国50个州和联邦政府具有各自的刑法典，每一部与其他50部皆不同。但是，2/3的刑法典都以美国法学会（American Law Institue）的《模范刑法典》（*Model Penal Code*）为蓝本——当然在程度上有所差别"❸，从而给各州立法作出可参照的权威样本。关于美国死刑存废问题，实际上，死刑制度反复上演着废除、不执行、恢复之间循环曲折的经历。密歇根州于1847年通过法律对除叛国罪以外的犯罪废除了死刑，是最早废除死刑的州，从此以后，罗德岛州、威斯康星州、衣阿华州等陆续开始废除死刑。这一阶段的废止死刑持续到20世纪20年代前后，之后又出现了部分州恢复死刑的做法。20世纪60年代前后是废除死刑的第二轮高潮，其中包括俄勒冈州、西弗吉尼亚州等，但是到了70年代又有了恢复死刑的情况。储槐植教授统计，截至1983年，"保留或恢复死刑的有38个司法区"❹ 胡德教授统计，在21世纪之前法律上废除死刑的司法区有13个，包括阿拉斯加州、哥伦比亚特区、夏威夷州、衣阿华州、缅因州、马萨诸塞州、密歇根州、明尼苏达州、北达科他州、罗德岛州、佛蒙

---

❶ 张明楷. 外国刑法纲要 [M]. 北京：清华大学出版社，2007：377.

❷ 赵秉志. 英美刑法学 [M]. 北京：科学出版社，2010：209.

❸ [美] 美国模范刑法典及其评注 [M]. 刘仁文，王祎，等，译. 北京：法律出版社，2005：1.

❹ 储槐植. 美国刑 [M]. 北京：北京大学出版社，2005：248.

特州、西弗吉尼亚州和威斯康星州。● 另据美国死刑信息中心 2009 年 4 月消息，新泽西州和新墨西哥州也废除了死刑。这样，美国还剩 38 个司法区（36 个州、美国联邦和美国军方）在法律上保留死刑。❷ 但是，即便没有在法律上废除死刑，也并不代表一定要判决和执行死刑。根据大赦国际发布的 2010 年《死刑判决与执行》（*Death Sentences and Executions*）报告，美国在 2010 年总共作出了 110 多份死刑判决，而于同年实际处决的犯人数量是 46 人，被执行的数量比 2009 年执行的 52 人有所减少，而且，这与 20 世纪 90 年代的高峰时相比，保持了整体上的连续下降趋势。❸ 其中，2010 年被执行的 46 名罪犯的分布是：德克萨斯州 17 人，俄亥俄州 8 人，亚拉巴马州 5 人，密西西比州 3 人，俄克拉何马州 3 人，弗吉尼亚州 3 人，佐治亚州 2 人，亚利桑那州 1 人，佛罗里达州 1 人，路易斯安那州 1 人，犹他州 1 人，华盛顿州 1 人。也就是说，美国执行死刑的特点可以归纳为：死刑中大部分的判决和执行只是集中在少数州，从而形成了死刑执行分布不均的特点。

俄罗斯刑法规定死刑只适用于 5 类犯罪：一是杀人罪的加重情形（《刑法典》第 105 条），二是侵害国务活动家或社会活动家的生命（《刑法典》第 277 条），三是侵害审判人员或审前调查人员的生命（《刑法典》第 295 条），四是侵害执法机关工作人员的生命（《刑法典》第 317 条），五是种族灭绝（《刑法典》第 357 条）。但是，1996 年"俄罗斯加入欧盟之后，签署了《欧洲关于保护人权和基本自由的公约》第 6 号（关于废除死刑的）补充议定书，根据该公约的规定，俄罗斯承诺在 3 年内废除死刑。在废除死刑之前，应缓期执行死刑的判决。""俄罗斯联邦总统冻结了死刑的执行，拒绝审查赦免死刑的申请。之后，俄联邦立法委员会于 1999 年 2 月 2 日决定，俄罗斯法院在没有陪审员裁决的前提下无权判处死刑。"❹

---

❶ ［英］罗吉尔·胡德. 死刑的全球考察［M］. 刘仁文，周振杰，译. 北京：中国人民公安大学出版社，2005：111.

❷ 赵秉志. 英美刑法学［M］. 北京：科学出版社，2010：201.

❸ Death Penalty Sentences and Execution in 2010, Amnesty International Ltd. Peter Benenson house 1 easton street London WC1X 0DW, United Kingdom, 2011.

❹ ［俄］JI. B. 伊诺加莫娃—海格. 俄罗斯联邦刑法（总论）［M］. 黄芳，等，译. 北京：中国人民大学出版社，2010：203.

当前，俄罗斯虽然没有废除死刑，但可以肯定的是，死刑已经不会再执行，所以可以认为实际中而非立法上的死刑已经在俄罗斯被废除了。

从世界各国立法例中可以看出，死刑制度呈现出"一多两少"的特点："一多"是指废除死刑和不执行死刑的国家数量多，"两少"分别是指保留死刑的国家死刑罪名数量少以及在立法上仍备有死刑的国家中死刑的实际执行数量比较少。

（三）关于刑罚轻缓化问题

世界各国刑罚体系中，刑罚轻缓化问题主要有两种路径：一是普遍趋轻，即大陆法系国家注重"保安处分"的实际作用而降低刑罚投入量；二是形成"轻轻重重"的两极化格局，如英美法系中重则更重、轻则更轻的刑罚体系改良，而又以趋轻为主要内容。关于刑罚轻缓化的范围和适用，是刑罚人性化的重要体现。

在大陆法系国家，关于未成年人承担刑事责任的方式，法国有关未成年人刑罚轻缓化的规定是："第一、第二、第三与第四级违警罪案件中，对年龄在13岁至18岁的未成年人仅能科处罚金（1945年法令第21条第2款）。第五级违警罪以及轻罪或重罪案件中，由于法律对年龄在13岁至18岁的所有未成年人规定了轻量刑的法定宥恕原因，所以，对这些未成年人必须减轻刑罚。但是，对年龄在16岁至18岁的未成年人，经法院作出特别说明理由的决定，则可以剥夺其享有此种轻量刑的宥恕理由。在未成年人当受自由刑的情况下，刑期不得超过所适用的法律条文规定的刑罚刑期的一半，这是基本原则；但是，如法律所规定的刑罚是无期徒刑，对未成年人科处的刑罚不得超过20年徒刑。对未成年人，在任何情况下都不得宣告某些附加刑，也就是说，对未成年人不得宣告'在法国领域内禁止居留的刑罚'，不得宣告禁止公民权、民事权与亲权，不得宣告禁止担任公职或从事职业活动或社会活动，以及不得宣告禁止居留、关闭机构、排除参与公共工程、张贴或散发法院作出的有罪判决。在对年龄在13岁至18岁的未成年人宣告某种刑罚的情况下，有管辖权的法院（重罪法庭或少年法庭）可以对刑罚附加普通缓刑或附考验刑的缓刑。此外，在轻罪案件中，可以宣告替代刑以及《新刑法典》第131-25条至131-35条所规定的刑罚，但'日罚金'刑除外。无论对13岁至18岁的未成年人所宣告的刑罚刑期如何，形式有罪判决都可以附带'监视自由'的措施，即使是一般的违警罪，亦同（1945年2月2日法令第19条）。这是因为，在法国刑法中，未成年人的刑事责任不仅是从法律的角度作出的安排，而且是从犯罪学的角度作出的安排。"❶ 而在意大利刑法中，第96条规定："出于聋哑状态的人在实施行为时因其残疾而不具有理解或意思能力的，是不可归罪的。如果理解或者意思能力严重降低，但未完全丧失，刑罚予以减轻。"第98条第2款规定："如果所科处的监禁刑低于5年，或者科处的是财产刑，不适用有关的附加刑。如果所科处的刑罚较重，只适用不超过5年的褫夺公职，并且在法律规定的情况下，适用停止行使父母权（或者丈夫权）。"❷

关于刑罚体系的布局和安排，德国刑法中呈现出"双轨制"。所谓双轨制，是指根据罪责刑确定的刑罚在实践中如何落实的时候存在两种思路和观点的交锋，而每一方都是有道理且需要得到满足的：从民众的角度考虑，为了社会安全和社会秩序，长期剥夺犯罪人的自由、对其进行自由上的控制和惩罚是必要的；但是从被判刑人自身角度考虑，由于其需要再社会化而不能够与现实的生活变化脱节或隔离过远，应该将曾经的只注重惩罚的刑罚执行做法予以摒弃。罗克辛教授称，"德国刑罚采用了刑罚与保安处罚的双轨制（die Zweispurigkei der Strafe und Massregeln）（第61条）。从而，也正是这种双轨制导致了德国刑法区别于其他法律的特征"，即"一个条文不会由于违反的是应当行为或者没有行为的规定而属于刑法，那种情况在许多民事和行政法规中也会规定，但是，一个条文会由于一种违反规定受到刑罚或者保安处分的惩罚而属于刑法。"❸ 德国刑法总则第三章第六节第61条至第72条规定了"矫正与保安处分"。罗克辛教授强调："刑罚与保安处分两者之间，并不一定存在相互替代的关系，相反，两者经常会同时出现。例如，当一种有罪责的交通犯罪行为是在行为人'不适合驾驶机动车'（第69条第1款第（1）项）的情况下发生的，那么，在

---

❶ ［法］卡斯东·斯特法尼，等. 法国刑法总论精义［M］. 罗结珍，译. 北京：中国政法大学出版社，1998：412.

❷ ［意］最新意大利刑法典［M］. 黄风，译注. 北京：法律出版社，2007：39.

❸ ［德］克劳斯·罗克辛. 德国刑法学总论（第1卷）［M］. 王世洲，译. 北京：法律出版社，2005：3.

判处一种自由刑或者罚金刑的同时，还可以对这个行为人判处吊销驾驶执照的保安处分（这不能与前面提到的禁止驾驶的附加刑相混淆）。因此，罪责虽然不是保安处分的条件，但也并不是阻止其适用的条件。更准确地说，罪责作为刑罚的条件和危险性作为保安处分的条件，是共同存在于两个相互关联的领域之中的，结果，刑罚与保安处分作为法律后果不仅可以各自独立适用，而且也可以同时出现。"❶ 德国刑法中将刑罚与保安处分相衔接使用的做法，对于刑罚整体趋向轻缓化以及通过非刑罚措施改造矫治犯罪人提供了较好的条件。与之类似，我国澳门地区刑法总则第三编第六章第 83 条至第 95 条也是关于"保安处分"的规定。

　　关于刑罚替代措施，《意大利刑法》总则第五章"刑罚的变更、适用和执行"中，"刑罚的变更和适用"一节用 133 条规定了从刑罚角度考虑的犯罪的严重程度内容，提供了所谓的严重程度的标准判断依据，规定了法官除此之外还应关注的犯罪人的犯罪能力的具体内容；而第 133 - 2 条规定了对犯罪人适用财产刑时的经济条件评估规则和法官变更刑罚的适用规则；第 133 - 3 条规定了分期支付罚金或者罚款的规则；第 134 ~ 139 条❷规定了刑罚的计算、刑罚间的折抵规则。"刑罚的执行"一节从第 145 ~ 148 条❸分别规定了如何对被判刑人进行劳动报酬规则、如果出现特殊情况应当推迟刑罚执行规则、如果出现某些情况可以推迟刑罚执行规则、被判刑之后患有精神病的处理规则。我国澳门地区刑法虽然规定了自由刑为主刑的刑罚体系，但是在立法中也同样明确了法官量刑时优先不适用自由刑的规则。我国澳门地区的刑法总则第三编第四章"量刑"第一节"一般规则"首先进行了规定，即第 64 条"刑罚选择标准"明确了刑罚选择适用上的"非自由刑优先原则"，规定"如对犯罪可选择剥夺自由之刑罚或非剥夺自由之刑罚，则只要非剥夺自由之刑罚可适当及足以实现处罚之目的，法院须先选非剥夺自由刑之刑罚。"，从而从量刑的角度尽量减少监禁刑的执行。

　　而在英美法系国家，刑罚轻缓化问题则表现得更明显。英美法系国

---

❶ ［德］克劳斯·罗克辛. 德国刑法学总论（第 1 卷）［M］. 王世洲，译. 北京：法律出版社，2005：4.

❷ 第 140 条关于附加刑的临时适用，被《刑事诉讼法典》的协调性规定废除。

❸ 第 141 ~ 144 条以及第 149 条均被 1975 年 7 月 26 日第 354 条法律第 89 条废除。

家十分重视非监禁刑的内容，在实际的刑罚适用和执行中大量采用非监禁刑手段，从而使得刑罚总体趋轻。在英国，社区刑罚是非常重要的刑罚，"指的是一项或多个社区命令"，而"社区命令包括：（1）缓刑命令；（2）社区服务命令；（3）混合命令（缓刑命令同时带有完成规定时间的无报酬劳动的命令）；（4）宵禁命令；（5）监视命令；以及（6）当值中心命令"❶。根据"判处监禁的限制"条件，可以推论出只有非监禁才是正当的，因此非监禁刑的社区刑罚在英国的司法中适用普遍，然而社区刑罚与监禁刑不是截然分开的，而是有着紧密的联系。2003年，英国新颁布了《刑事司法法》（Criminal Justice Act），"首次规定了刑罚适用的目的，根据法律规定，刑罚适用的目的是：矫正罪犯、促进罪犯重返社会、补偿被害人与社会、惩罚罪犯与威慑欲犯罪者"❷。新的刑罚运行框架被修改并颁布，以将刑罚整体上区分为普通社区刑、监禁刑、监禁刑⁻、监禁刑⁺为其特色❸，甚至包含了原来的罚金刑。普通社区刑是从个别化的角度对罪犯进行矫治和监督，甚至在罪犯违反社区刑是出于故意且持续时，则可以改变刑罚而适用监禁刑。监禁刑⁺（Custody Plus）取代了短期自由刑，即包含一个短期监禁刑期限和相随的一个社区监督的较长期限，法官可以将各种条件附加在对社区监督的要求上。监禁刑⁻是指间歇性的监禁刑，即1个星期中，罪犯服刑2天或5天，这种新刑罚使得罪犯能够与社区保持联系，有利于社会化，防止再犯罪；这种间歇监禁刑期限在2个星期和1个月之间，带有至少6个月的特许时间。❹ 而在美国刑法中，限制自由刑作为刑罚轻缓化的重要方面，共包括社区服务、保护观察、家中监禁3类。❺ 所谓社区服务，是指判令犯罪人在社区中从事一定时间无偿劳动的非监禁刑罚方法。社区服务不仅可以用于处罚轻微的犯罪，而且还解决了由监禁刑导致的监狱人满为患问题，社区服务最常见的适用对象是酗酒驾车者。所谓保护观察，"美国矫正协会对保护观察所下的定义是：保护观察是将

---

❶ ［英］J. C. 史密斯，B. 霍根. 英国刑法 ［M］. 李贵方，等，译. 北京：法律出版社，2000：11.

❷ 孙霞. 促进罪犯回归社会：英国的实践 ［J］. 河南司法警官职业学院学报，2007（2）：24.

❸ 王志亮. 英国近期重新打造刑罚体系 ［J］. 安徽警官职业学院学报，2007（5）：96.

❹ 王志亮. 英国近期重新打造刑罚体系 ［J］. 安徽警官职业学院学报，2007（5）：94.

❺ 赵秉志. 英美刑法学 ［M］. 北京：科学出版社，2010：225－230.

罪犯置于社区由法院确定监督条件并由保护观察机构监督的刑罚"❶。保护观察是对危害性较小的犯罪人所采取的一种不拘束其身体自由，命令其遵守一定的命令，包括提供社区服务、缴纳罚金、报告情况等，通过保护观察人的监督和在必要时所提供的帮助，予以监督和管束的制度。保护观察的内容比较丰富，不仅仅是观察其是否进行社区服务一项，还可能包括禁止饮酒、拥有武器等。所谓家中监禁，是指在一定期限内，罪犯限制在自己的居所内不得随意外出。

而在我国香港地区，刑罚体系包含普通刑罚和特别刑罚两类，我国香港地区正是通过特殊刑罚的大量适用实现了刑罚的轻缓化。特殊刑罚分为6类❷：签保守行为、劳役、强制戒毒、接受教导、接受感化、社区服务令。有学者总结了"香港法律界人士（包括法学家和司法实务人员）的观点，香港的刑罚目的可概括为：惩罚、阻吓、教正以及维护法纪"❸。香港地区适用特殊刑罚体现了对于非监禁化刑罚措施的重视。

所以，无论是大陆法系国家规定对特殊群体减轻刑罚，还是将刑罚与保安处分相衔接和配比适用，抑或英美法系国家规定较为细致的非监禁化刑罚措施，都是旨在通过轻缓刑罚的适用达到更加理性的刑罚目的，即尽量减少刑罚投入量以实现惩罚报应与矫正改造相结合，并特别注重犯罪人重返社会的刑罚功能的发挥。

二、分则部分

分则部分关于民生保护的刑法立法是刑法保护民生法益的重要内容，其所包含的罪名和法益十分丰富，只要是有利于保护民生、规定了具体犯罪和刑罚的刑法规范，都可以被纳入刑法分则的范围。其中，比较有代表

---

❶　翟中东. 犯罪控制——动态平衡论的见解［M］. 北京：中国政法大学出版社，2004：360.

❷　有学者认为吊销驾驶执照也是特别刑罚的一种，根据我国香港地区《道路交通条例》第69条第1款的规定，对于交通违例犯罪，可判处吊销驾驶执照。宣炳昭. 香港刑法导论［M］. 西安：陕西人民出版社，2008：105. 再如，《道路交通条例》第44规定："在被取消驾驶资格期间领取驾驶执照，或者取消驾驶资格期间在道路上驾驶汽车的，即为犯罪。本罪可判处罚金1万港元和12个月监禁。初犯时，应再加处吊销其12个月的驾驶执照；再犯时，吊销其驾驶执照的期限累计不少于3年。"罗德立，赵秉志. 香港刑法纲要［M］. 北京：北京大学出版社，1996：229－230.

❸　谢望原，宣炳昭. 台、港、澳与大陆刑罚目的之比较［J］. 山东法学，1999（1）：51.

性的立法内容有关于交通安全的犯罪、环境安全的犯罪、食品安全的犯罪、侵犯劳动权益的犯罪等。受研究范围和研究精力的限制，笔者不能全部列举所有涉及民生保护刑法分则的内容，仅以上述四个方面的立法内容为例进行说明，试图从世界上其他国家的刑法立法例中吸取有益经验，以期作为参考借鉴。

（一）关于交通安全的犯罪

交通安全犯罪是关于民生问题刑法立法保护的重要内容，其中较典型的行为方式是超速驾驶、醉酒驾驶等。

德国刑法中，"擅自逃离肇事现场"被规定在第七章"妨害公共秩序的犯罪"❶ 中，该罪状中关于行为的规定采用了"交通肇事参与人在发生交通事故后，在下列情况下离开肇事现场"的规定，法定刑为"处3年以下自由刑或罚金刑"。而第315条"危害公共交通安全"被规定在第二十八章"危害公共安全"❷ 中。第316条关于"酒后驾驶"❸ 又规定："（1）饮用酒或其他麻醉品，不能安全驾驶交通工具。（2）过失犯本罪的，亦依第1款处罚。"德国刑法中关于危险驾驶的规定，无论行为时的主观心理状态是故意还是过失，酒后驾驶都要因其行为而受到刑罚处罚，且醉酒驾驶和其他形式的危险驾驶都有十分严厉的法定刑，而关于哪些属于其他形式的危险驾驶，其规定远超过醉酒、麻醉品、竞速驾驶等，与交通法规的内容是紧密相关的。

日本刑法中的危险驾驶致死伤罪规定在日本刑法第208条之二，是故意危险行为造成死伤结果而成立的犯罪，具备结果加重犯构造，只要行为人对危险驾驶行为具有认识，即使对死伤结果没有过失，也成立危险驾驶致死伤罪。

英国《1988年道路交通法》中明确规定了危险驾驶行为为犯罪且侧重于对判断标准的描述。❹ 而《1991年道路交通法》第2条取代了《1988年道路交通法》第二部分规定，一个人在道路或其他公共场所危险驾驶机械

---

❶ ［德］德国刑法典［M］. 徐久生，庄敬华，译. 北京：中国方正出版社，2004：80.
❷ ［德］德国刑法典［M］. 徐久生，庄敬华，译. 北京：中国方正出版社，2004：155.
❸ ［德］德国刑法典［M］. 徐久生，庄敬华，译. 北京：中国方正出版社，2004：156.
❹ 赵秉志. 英美刑法学［M］. 北京：科学出版社，2010：435.

推动的交通工具构成犯罪，可被处 2 年以下监禁。如果没有特殊情况，必须禁止被告人驾驶至少 12 个月；而对于危险驾驶致人死亡的情况，可被判处 10 年监禁或罚金。

俄罗斯刑法中，行为人酒后驾驶的情况属于“违反交通运输工具道路运行与运营法规”的加重犯，规定在刑法第 264 条。● 其通过情节加重、结果加重的形式，逐级构建起危险驾驶行为及其应承担的刑事责任的框架，对罪状的描述十分详尽。

（二）关于环境安全的犯罪

环境破坏所带来的严重污染和健康安全是紧关民生权益的犯罪类型。有学者指出：“在建设低碳型节约社会视角的审视下，环境犯罪已经越来越成为现代社会之中的一种多发且危害严重的新型犯罪类型。”● 而总结当今世界国家刑法规制环境犯罪时，主要有三种立法类型：交叉型、衔接型、独立型。其中，交叉型是指在环境犯罪的设定上完全以实现环境刑法与环境行政法规的交叉为立法目的，换句话说，环境刑法主要是为了保障和强化环境行政法规的功能，因此，只要当某一行为违反了行政法规的命令，就构成了刑罚处置的条件。如，1998 年英国《关于环境法的执行政策》第 16 条规定，环境刑法应当主要对造成严重环境破坏的行为进行规制，即与环境行政法的处罚对象是相同的。衔接型是指寻求环境刑法与环境行政法的有效衔接，而非交叉重合。衔接型的立法模式实际上将环境刑法作为抗制环境违法行为的法律体系中的最后一环，而在此手段之前，则是以环境监测、环境规划以及环境准入制度的控制等行政处罚为主要手段来规制污染环境的行为，具体而言又包括危险犯和实害犯两种。独立型立法的条款比较少，是不需要违反环境行政法而直接构成犯罪的立法模式。如，《德国刑法典》第 330a 条规定：“任何释放含有或可能产生有毒物质，并因此造成他人死亡或健康受到严重危险，或对人造成健康损害的行为，应当对其进行处罚。”●

● 赵路. 俄罗斯联邦刑事法典 [M]. 北京：中国人民公安大学出版社，2009：192 - 193.
● 蔡一军. 刑罚配置的基础理论研究 [M]. 北京：中国法制出版社，2011：146.
● 蔡一军. 刑罚配置的基础理论研究 [M]. 北京：中国法制出版社，2011：146 - 150.

德国刑法中，第 29 章"危害环境"共包含 13 个条文❶，即第 324 条"污染水域"、第 324a 条"污染土地"、第 325 条"污染空气"、第 325a 条"制造噪音、震动和非离子辐射"、第 326 条"未经许可的垃圾处理"、第 327 条"未经许可开动核设备"、第 328 条"未经许可的放射性物质及其他危险物品的交易"、第 329 条"侵害保护区"、第 330 条"危害环境的特别严重情形"、第 330a 条"释放毒物造成严重危害"以及关于"主动悔罪"、"没收"、"概念规定"等规定的条文。以第 324 条"污染水域"为例，德国刑法规定："（1）未经许可污染水域或对其品质作不利的改变的，处 5 年以下自由刑或罚金刑。（2）犯本罪未遂的，亦应处罚。（3）过失犯本罪的，处 3 年以下自由刑或罚金刑。"

日本刑法中，"饮用水犯罪"属于侵害社会性法益的犯罪，被规定在《刑法典》第十五章中，属于抽象危险犯，即"侵害利用饮用水的不特定多数人的生命、身体的安全"❷，包括第 142 条"污染净水罪"、第 143 条"污染水道罪"、第 144 条"将毒物混入净水罪"、第 145 条"污染净水致死伤罪"、第 146 条"将毒物混入水道罪"和"将毒物混入水道致死罪"、第 147 条"损坏和堵塞水道罪"。

（三）关于食品安全的犯罪

食品安全事关千家万户和人民群众的基本健康，保护食品安全方面的刑法内容当然也是典型的关于民生保护的刑法内容。国外关于食品安全犯罪的刑法立法主要有两种方式：一是直接规定在刑法典中，二是规定在附属刑法中。

首先，就刑法典模式而言，可以参考的国家和地区主要有意大利❸、俄罗斯❹和我国澳门地区❺等。如，《意大利刑法典》第 439 条是关于"在水或食物中投毒"，第 440 条是关于"造成食品变质或者掺假"，第 441 条

---

❶ ［德］德国刑法典［M］. 徐久生，庄敬华，译. 北京：中国方正出版社，2004：160.

❷ ［日］西田典之. 日本刑法各论［M］. 刘明祥，王昭武，译. 北京：中国人民大学出版社，2007：249.

❸ ［意］最新意大利刑法典［M］. 黄风，译注. 北京：法律出版社，2007：155 - 157.

❹ ［俄］俄罗斯联邦刑事法典［M］. 赵路，译. 北京：中国人民公安大学出版社，2009：173.

❺ 赵秉志. 澳门刑法典、澳门刑事诉讼法典［M］. 北京：中国人民公安大学出版社，1999：97 - 98.

是关于"造成其他物品变质或者掺假"，第 442 条是关于"销售变质的或掺假的食品"，第 443 条是关于"销售或提供变质药品"，第 444 条是关于"销售有毒食品"，第 445 条是关于"以对公众健康造成危险的方式提供药品"。以第 440 条为例，其规定："在为消费而汲取或者分发之前，使饮用水或食品腐坏变质，对公众健康造成危险的，处 3 至 10 年有期徒刑。以对公众健康造成危险的方式在用于销售的食品中掺假的，处以同样的刑罚。如果变质的或者掺假的是药品，刑罚予以增加。"而第 442 条规定："虽然没有参加前三条列举的犯罪，但以对公众健康造成危险的方式，为销售而持有、销售或者为消费而分发已被他人投毒的、已腐坏的、已变质的或者已掺假的食品或者物品的，分别处以以上各条规定的刑罚。"从中可以看出，意大利刑法对于食品类犯罪，一是规定了较重的法定刑，可见其惩治该类犯罪、保护民生法益的决心和力度；二是对于制造、掺假、销售等常见的危害行为都进行了规定，而且还将"为消费而分发"、"以对公众健康造成危险的方式"等作为行为类型的扩展，有较强的包容性；三是对药品犯罪的惩治要严厉于对食品的惩治。《俄罗斯联邦刑法》第 238 条规定："1. 以销售为目的，生产、存储或者运输不符合消费者生命或健康安全标准的商品或产品，或销售上述商品或产品的，或者从事不符合消费者生命或健康安全标准的工作，或者提供不符合消费者生命或健康安全标准的服务，或非法发放或使用认证上述商品、工作或服务符合安全标准要求的正式证明文件的，——应当判处数额为三十万卢布以下或者被判刑人两年以内工资或其他收入罚金刑，或为期两年以下限制自由刑，或为期两年以下剥夺自由刑。"此外，该条第二款还规定了"由事前同谋的犯罪团伙或有组织犯罪团伙实施的；针对专门用于六岁以下儿童的商品、工作或服务实施的；过失导致他人身体健康遭受严重伤害或者过失致人死亡的等情形作为升格法定刑的处罚情节来处理。我国澳门地区的《澳门刑法典》中，第269 条规定："一、作出下列行为，因而对他人生命造成危险，或对他人身体完整性造成严重危险者，处一年至八年徒刑：a) 在利用、生产、制作、制造、包装、运输或处理供他人作为食用、咀嚼或饮用而消费、或为内科或外科用而消费之物质之过程中，又或对上述物质所作之其他活动中，使该等物质腐败、伪造之、使之变坏、减低其营养或治疗价值，或加入某些成分；或 b) 将属上项所指活动之对象之物质，或在有效期过后将被使用之物质，又或因时间作用或受某些剂之作用而变坏、腐败或变质之物质，输入、隐藏、出售、为出售而展示、受寄托以供出售，或以任何方式交付予他人消费……"从中可以看出，其关于食品安全犯罪的规定中，对所包含的行为方式规定得很全面且相对细致，具体而言是将食品安全各环节的行为包含其中，但又未形成典型化、模式化的行为特征描述，留给司法判断的空间。此外，法定刑相对而言较重，就刑罚总体不严厉的刑法立法模式来看，这既体现了对保护食品安全工作的重视和关注，具有深刻的立法考量，又未突破刑罚配置量的基本水平。

其次，还有一些国家和地区的刑法是将关于食品安全的犯罪规定在附属刑法中。如，日本、德国就是以附属刑法为主要形式而规定相关食品犯罪的。日本的《食品安全法》将不符合标准和规格的添加剂、有毒器具等作为食品犯罪的调整对象；德国在《食品与日用品法》第51条中规定，过失违反本法第8条、第9条、第15条规定的，以足以危害健康的方式生产和加工食品，把对健康有害的物质当作食品投入流通的，应当处以1年以下监禁或者罚金。而在适用刑罚问题上，日本《食品安全法》第371条规定："对于违反相关条款构成犯罪者，判处3年以下有期徒刑和300万日元罚款。"

（四）关于侵犯劳动权益的犯罪

就侵犯劳动权益的犯罪和刑法规制而言，国外对此的研究和制度发展较我国的情况显示出一定的先进性。其实，劳动刑法作为刑法学中的一个类别，在一些国家已经有了一定的发展。如，"1994年的法国刑法典明确对奴役性劳动予以处罚。落实劳动就业方面的反歧视原则也是靠刑罚来制止"❶。从劳动参与和企业管理的角度来说，"雇主违反劳动法对企业委员会的组成、选举和运作进行干涉，或者在法定的事项上未征询该委员会意见，即构成妨碍企业委员会活动罪，雇主将受到1年的监禁和6 000欧元的罚金，如果是累犯，则是2年的监禁"。而在工会自由方面，法国的"劳动刑法保护雇员在入会和参加工会活动方面的平等权利以及保护各大工会组织在企业中设立工会分会并开展活动。雇主违反这方面的规定，也要受到上述刑罚。在保护雇员代表正当行使权利方面，也有类似的刑事制裁"。而我

---

❶ 郑爱青. 法国劳动刑法对劳动权利的保护 [N]. 工人日报, 2005 - 07 - 18 (7).

国学者也曾呼吁过专门就劳动刑法展开研究，有资料显示，"2005年在中国首届劳动刑法讨论会上，陈兴良教授等著名学者就提出应建立一门以'劳动犯罪'为研究对象的新学科——劳动刑法学，以促进劳资关系更健康地发展，使刑法发挥出更大的作用"❶。而劳动保护之所以呼唤劳动刑法，"除了理论研究的促动外，还在于它们本身不再是原来意义上的劳动权保护问题，而是劳动权保护—刑法问题或刑法—劳动权保护问题"，也就是说，"在现代商品社会，由于劳资关系冲突的激烈化，劳动领域的犯罪逐步趋于分类化和固定化"❷，为劳动者维护合法权益而构筑刑事法网是很有必要的。

国外保护劳动权益的刑法中，日本、法国和美国都有相应的立法例。例如，日本通过1946年《工会法》、1947年《劳动标准法》和1976年《劳动关系调整法》，法国通过1973年《劳动法典》，美国通过1963年《同工同酬法》和1964年《公民权利法》等附属刑法，分别都对侵犯劳动法益的犯罪或者劳动者的犯罪作了规定，其中涉及侵犯劳动者劳动过程中的安全保护规则、克扣工资、阻止工会活动和镇压工会抗议等诸多方面的内容，并规定了相应的法定刑。但从立法规模和立法体例来看，相关的刑法制度都见于专门规定关于劳动权益保护的法典或者附属刑法中，这种与刑法典相隔绝的特征，好处在于立法和修订具有一定的便利性，且能够与其他劳动权益保护的非刑事法律关系相协调，但不足在于散见于其他法律文件中的刑法规范不能在刑事法典的框架下与其他分则内容相衔接。此外，我国劳动刑法与外国所存在的差距在于保护内容的宽泛性和系统性存在不足，而更有学者呼吁就专门的劳动刑法进行立法而非仅满足于在刑法中新增加"恶意欠薪罪"等分则罪名。

三、小结：民生保护问题视野下的刑法立法之比较

域外关于民生权利保护的刑法立法，无论是在总则还是在分则上，与我国立法规定都既有相似之处，也存在差异，具体体现在以下方面：

1. 相同之处

在刑法总则方面，首先，关于特殊群体犯罪。世界各国普遍都规定了

---

❶ 陈兴良，等. 劳动刑法系列谈 [N]. 工人日报，2005－07－18 (7).

❷ 姜涛. 劳动刑法：学术领域与核心命题 [J]. 刑法论丛，2009 (3)：267.

未成年人犯罪的刑事责任能力问题，而标准有所不同。我国在刑事责任年龄规定方面与大多数国家相同，以常见的 14 周岁为无刑事责任年龄，低于该年龄的未成年人直接推定为无刑事责任能力。其次，关于死刑立法。规定死刑的国家都将死刑限定在最严重犯罪中，死刑适用的实质条件是相同的。再次，关于刑罚轻缓化问题。我国刑法与其他国家一样，也规定了缓刑、假释、非监禁刑等处罚措施，作为降低刑罚量投入的重要方面。

在刑法分则方面，首先，我国《刑法修正案（八）》将"危险驾驶行为"纳入犯罪圈，这与世界上其他国家的刑法处罚"危险驾驶行为"的考量是相似的。其次，在对环境犯罪的规制上，国外关于环境保护的刑法立法内容与我国处罚破坏环境的刑法立法有共同的出发点。再次，在对保障民生的金融交易安全犯罪、黑社会犯罪等的规制上，我国刑法与其他国家刑法有相似的规定。

2. 不同之处

在刑法总则方面，首先，关于死刑立法及其适用。我国死刑的立法规模、适用数量、适用人数等都呈现出非常大的差距，这也导致了我国关于死刑的司法解释、法制研究内容相当丰富，死刑在理论界、实务界所涉及的内容如此之广正是代表了我国刑罚体系对死刑的重视。其次，关于刑罚轻缓化。我国刑罚轻缓化的尝试刚刚起步，以社区矫正为例，我国的社区矫正制度从立法到实践都不够成熟，虽然《刑法修正案（八）》将社区矫正纳入刑法典中，对社区矫正的法律地位予以了确认，对社区矫正工作的开展有非常积极的意义，但这仅仅是开始。而在美国，1876 年马萨诸塞州就正式制定了社区矫正法，"凡是具有迁善可能的犯罪人，均可适用该项法案，交付社区进行矫正"。"之后，明尼苏达州、伊利诺伊州、密苏里州、内华达州、阿拉巴马州、俄勒冈州等都先后制定了社区矫正立法，建立了社区矫正制度。""1879 年，英国制定了略式裁判法，对轻犯适用社区矫正，这是英国最早的社区矫正法案。"20 世纪 60 年代末，美国的社区矫正赢得了民众的支持，"社区矫正成为刑罚适用的主导模式"。"根据司法部预防犯罪研究所的统计数据，2000 年，世界主要发达国家对罪犯适用缓刑和假释的比例达到全部被判处刑罚者 70% 以上，形成了以社区矫正为中心的刑罚适用和执行模式，其中加拿大为 79.76%，澳大利亚为 77.48%，法国为 72.63%，韩国和俄罗斯分别为 45.90% 和 44.48%。"❶ 对于上述这些国家适用社区矫正的比例而言，我国目前的社区矫正适用率和适用形势显然具有相当的差距。

在刑法分则方面，首先，就规制行为的规定来看，我国关于交通安全犯罪、环境类犯罪、食品安全犯罪以及其他有关民生权益保障内容尚存在不少不够细致的地方，如，我国对"危险驾驶罪"的规定与俄罗斯或者德国关于"危险驾驶"行为构成犯罪的内容相比，无论在行为类型、情节还是结果的规定上都存在差距。其次，就法定刑配置和立法技术来看，我国刑法在处罚的严厉程度、范围、效果上仍有可以讨论的内容。以"危险驾驶罪"为例，《刑法修正案（八）》所规定的最高自由刑为 6 个月拘役，与德国、俄罗斯等国关于危险驾驶行为的立法规制相比，其法定刑处罚仍然偏低。当然，单纯比较刑期长短并不科学，但是，从德国、俄罗斯等国法制实践的角度来看，其关于"危险驾驶"行为处罚的法定刑相比于其自由刑适用率、保安处分或社区矫正等非监禁措施的适用情况而言，已经是比较严重的；相反，我国关于"危险驾驶罪"的法定刑与我国其他犯罪的法定刑中关于死刑、无期徒刑、15 年有期徒刑等规定相比，显然是偏轻的。再以食品安全类犯罪为例，国外刑法对食品安全犯罪的处罚是比较重的，特别是与国外相对轻缓的刑罚相比；同时，罚金刑的处罚方式占据主导地位，而且罚金刑的规定有限额和比例，对金额的立法考虑比较充分。

因此，从域外刑法立法中，我们可以吸取两点经验：一是在适度犯罪化的问题上，既要实现偏向保护民生法益的犯罪化，又要不断加大对侵害民生法益犯罪的法定刑处罚；二是在总体刑罚趋轻的问题上，要以死刑为突破口，科学地重构我国的刑罚体系以及刑罚配置比重。

第四节　对我国刑法立法保护民生的建言

一、树立以民生保障为目标的立法思路

为确保刑法立法能够发挥保障民生的实际作用，应该在立法思路和政

---

❶ 姜祖桢. 社区矫正理论与实务 [M]. 北京：法律出版社，2010：43.

策上做更多的工作，厘清刑法所要保护的对象、范围、内容和措施，以为刑法立法内容的完善做好准备。

第一，树立刑法保障民生的立法观念。根据前文所述，保障民生涉及多个方面，但其根本目的在于实现公民或者说民生主体的自由、平等和人道的待遇，保障其基本的生存权利和生活水准，并向扩大公民基本权利和限制国家公权力的方向努力，保障民生的刑法内容是社会规范体系中极具意义的部分。刑法作为社会规范的最后防线，不能把保障民生的功能和宗旨都推给非刑法的社会规范，而是有必要在危害民生权益的内容上有所倾向。一是要坚持民本的理念，刑法立法不能仅限于为了维护社会治安的"刀把子"定位。过去，刑法作为公法中的重要内容，为我国社会管理所依仗，将为整顿社会治安、依法从重从快作为刑法立法的重要方针；我国刑法的重刑主义倾向也很严重，为了配合政治形势和刑事政策的需要，法律的公平正义要让位于政治和社会效果。如今，在"宽严相济"的刑事政策下，从刑罚的人道主义、理性主义出发，刑法在立法中应注重从维护保障社会秩序的本体——人民的民生权益角度出发思考立法定位，摒弃高压严打、依靠重刑的立场，还刑法保护于民，还刑法价值于民。

第二，规划刑法保障民生的立法布局。保障民生要明确两个方面的内容：一是哪些法益是需要刑法保护的民生法益；二是在何时、以何种方式对民生法益进行刑法保护。首先，虽然刑法要保护的民生法益随着时代和社会的发展会有所不同，但是，人基本的生存、就业、教育、医疗、环境卫生等需求始终是民生保护的重要内容，立法规划在研究论证时有必要向上述这些方面有所倾斜；同时，刑罚本身所具有的属性决定了刑罚适用过度对社会具有巨大伤害，有必要在保护社会法益的前提下，逐步减轻刑罚量投入，以行刑社会化、非刑罚化措施为方法，改革刑法中刑罚处罚的内容。其次，关于何时、以何种方式对民生法益进行刑法保护，应当区分紧急而必要、不紧急而必要、紧急而不必要、不紧急且不必要四种，对于紧急而必要的内容优先完成立法。针对老年人犯罪是否适用死刑问题，赵秉志教授在文中为了论述观点，曾经引用《2008 年世界卫生报告》中的数据称，中国男性的平均寿命是 70 周岁，中国女性的平均寿命是 74 周岁，中国人的整体平均寿命是 72 周岁。如果将老年人犯罪减轻刑事责任的年龄起点设为 75 周岁，老年人犯罪实际被减轻处罚的人群受益面会比较小，就不足以体现刑法的区别对待、体恤老年人的立法精神。从当前我国老年人的平均寿命、老年人的心理能力变化、国际上关于老年人从宽处罚的年龄标准等方面来看，我国都应当考虑将老年人犯罪从宽处罚的年龄标准规定为"已满70周岁"❶。梁根林教授也曾建议："考虑到我国已经开始进入老龄社会，人口老龄化趋势明显，老年人在人口结构中所占比例逐渐增大，我国刑事立法应当及时将老人排除在死刑适用范围之外。结合我国的人口年龄结构和平均预期寿命，我们主张将不适用死刑的老人的年龄确定在70岁以上。"❷ 根据2008年《中国统计年鉴》中提供的数据，中国当年总人口自然增长量为674.6万，出生人口数量为1 612.2万，人口年龄结构正在从2000年的类橄榄形向着2030年或2040年的圆柱形过渡，而65周岁以上人口比重在2050年将接近25%，即达到完全意义上的老龄化社会。❸ 这意味着刑法对于死刑适用主体的限制如果不从年龄上进一步降低，那么随着时代的发展，中国在进入老龄化社会以后，会有越来越多的老年人享受不到死刑适用主体限制所带来的"福利"。从这个意义上说，对75周岁以上老年人原则上不适用死刑的年龄标准的调整，就是将来需要亟待解决的刑法立法问题。

二、完善以权利实现为宗旨的立法内容

卢建平教授认为，在民生权利保障问题上，对于我国刑法立法的完善，可以从刑法总则和分则两方面入手。在刑法总则方面，可以从犯罪论、刑罚论两个角度进行考虑："在犯罪论部分，应进一步细化对特殊主体（主要为权利易受损群体，如老年人、儿童、妇女、少数民族）特殊保护的制度。在刑罚体系上，应该考虑进一步限制和废止死刑，尤其是废止非暴力犯罪的死刑；同时应限制长期刑；应大力推行非监禁刑，积极实施社区矫正；扩大非刑罚措施的适用面。"而在刑法分则上，"应该强调以人为本，将侵害人权的犯罪放在首位，设置为分则第一章；要修改、补充、

---

❶ 赵秉志. 刑法修正案（八）（草案）热点问题研讨［A］//赵秉志. 刑法论丛. 北京：法律出版社，2010.

❷ 梁根林. 刑事制裁：方式与选择［M］. 北京：法律出版社，2006：179.

❸ 陆学艺. 当代中国社会结构［M］. 北京：社会科学文献出版社，2010：66–69.

增加侵害民生的罪名，如危害食品安全的犯罪、非法人体试验的犯罪，同时考虑将法益保护由实害犯提前至危险犯、行为犯"❶。应该说，卢建平教授的看法是全面而深刻的，笔者深以为然。同时，笔者又认为，对完善民生权利保护的刑法立法内容而言，应该着重从以下四个方面入手：

第一，将"尊重和保障人权"写入刑法总则。在刑法立法中规定保障人权的基本价值取向是刑法立法的重要原则和基本保障，是其他保障民生的刑法内容的价值源泉。1979 年《刑法》侧重于刑法的社会保护功能，1997 年《刑法》则向注重社会保障机能与人权保障机能方向前进，规定了罪刑法定原则，明确了被告人的人权保障，强化了对被害人的保护等，体现出"人权入刑法"这一理念正在逐步受到重视。人权理念与民生思想密切相关，刑法作为惩治犯罪、保护人民的最后法，具有惩罚与威慑的双重功效，以往总是给人以"严峻"和"冷酷"的感觉。然而从本质来看，刑法也是犯罪人的大宪章，是公民的大宪章，对人权的保障是刑事法治发达与否的重要标志。当今社会，随着社会文明的进步与发展，对人权的重视和保障也已成为一个民主国家在处理各方面事务时都必须优先考虑和关注的问题。因此，从某种意义上说，对人权的关注和保障既是时代为当代刑法烙下的印记，也是现代刑法本身不可或缺的本质属性和重要功能。回顾我国刑法的修改历程，虽然早期的 1979 年刑法典以及随后的单行刑法或附属刑法在人权保障方面都存在一定的滞后性和局限性，但是我们也不难发现，对人权问题的重视和保障已经成为近年来我国刑法改革的重要方向。罪刑法定等刑法基本原则的确定，未成年人刑事责任的调整，正当防卫制度的强化，努力减少和限制死刑……这一个个刑事法治发展道路上的脚印，彰显了我国法律特别是刑法改革在人权保障方面迈出的坚定步伐。然而不可否认的是，刑法的步伐迈得还是稍微慢了一些。2004 年，"尊重和保护人权"被写进《宪法》，人权保障原则成为宪法原则；2012 年 3 月，新《中华人民共和国刑事诉讼法》（以下简称《刑事诉讼法》）第 2 条增加规定"尊重和保障人权"，把人权保障作为刑法的一项重要任务规定下来。从此，人权保障原则也成了刑事诉讼法的基本原则，成为刑事诉讼活动的重要指导原则。在这样的背景下，人权保障原则的刑法化或者说将对

---

❶ 卢建平. 加强对民生的刑法保护——民生刑法之提倡［J］. 法学杂志，2010（12）：13.

人权的保障更加深入地贯彻在刑法条文中，已经成为摆在立法者面前的一项紧迫任务。人权原则写入刑法不仅是宪法原则刑法化的要求，也是刑事实体法与刑事程序法和谐一致的必然要求。在罪刑法定等基本原则的具体化、特定群体处遇措施的完善、死刑的废止、刑罚制度的改革、刑法分则的调整、刑罚的执行等之后，我国刑法对人权保障的回应与互动还大有可为。因此，笔者认为，应当将"尊重和保障人权"写入刑法总则。

第二，严格限制死刑适用，直至从立法上废止死刑。首先，应当立法明确死刑适用的刚性标准。如果要实现控制死刑的目标，做到"有法可依"，则必须要有关于死刑适用的明确而刚性的标准。赵秉志教授曾说："对于死刑来说，当前中国的要务就是顺应国际趋势，以联合国一系列人权公约为参照，多角度、多渠道地严格限制和努力减少死刑的适用。"[1]《公民权利和政治权利国际公约》第 6（2）条规定了关于"最严重的犯罪"的要求："在未废除死刑的国家，判处死刑只能是作为对最严重的罪行的惩罚，判处应按照犯罪时有效并且不违反本公约规定和防止及惩治灭绝种族罪公约的法律。这种刑罚，非经合格法庭最后判决，不得执行。"我国刑法立法可以参照此标准，将死刑的刚性标准从"罪行极其严重"修改为"最严重的犯罪"。其次，我国有必要借鉴其他国家的经验，并从尊重我国现实情况的角度，降低死刑适用的年龄限制标准至 65 周岁至 70 周岁之间。再次，在死刑罪名的限制上，早日废除非暴力犯罪死刑的适用。这方面的立法可以以废止经济类犯罪死刑为先导，逐步过渡到职务类犯罪的死刑。而且，在废止死刑之前，可以考虑先扩大死刑缓期执行，通过扩大死刑转为死刑缓期执行、自由刑的适用范围，为非暴力犯罪死刑的废止做好准备。

第三，改革刑罚体系，完成刑罚体系整体趋轻的改造。首先，应当减少长期自由刑在我国刑罚体系中的配置和适用。刘宪权教授在一篇论文中曾详细列举数据进行论证，结论是，我国司法实践中实际判处的 3 年以上有期徒刑和无期徒刑罪犯总数比例多年以来始终高于外国。根据最高法院公报，2009 年全国法院审理刑事案件被告人判决生效的有 997 872 人，共判处罪犯 996 666 人，其中判处 5 年以上有期徒刑、无期徒刑以及死刑的

---

[1]　赵秉志. 当代中国刑罚制度改革论纲［J］. 中国法学，2008（3）：179.

有 162 675 人, 占判处罪犯总数的 16.32%; 2010 年全国法院审理的刑事案件中, 共判处罪犯 1 007 419 人, 其中判处 5 年以上有期徒刑、无期徒刑以及死刑的有 159 261 人, 占判处罪犯总数的 15.81%。然而日本在 2005 年判处的自由刑适用中, 3 年以下的自由刑占到 91.7%, 3 年以上的刑罚才不足 9%。❶ 对比德国的情况, "所有判决中只有 5% 是无条件立即执行的监禁刑, 居主导地位的是罚款 (82%) 和缓刑 (12%)" ❷。可见, 我国重刑比例总体偏高, 立法应当进一步降低长期自由刑的配置。其次, 应当扩大非监禁刑、非刑罚措施的适用, 提高财产刑、资格刑在我国法制实践中的适用比例。同时, 根据《刑法修正案 (八)》中有关社区矫正制度的规定, 扩大并完善缓刑、假释的适用。

第四, 在刑法分则方面, 做好保护民生法益刑法分则的立法及修改, 通过 "适度犯罪化" 完成严密刑事法网的改造, 而非将刑法规范的内容无限扩充或者无限增加严厉程度作为努力方向。首先, 适度犯罪化的对象以保障民生权益为依据, 对食品安全、交通安全、劳动教育、环境安全等方面的刑法分则进行完善, 重在细化罪状表述和入罪标准; 适度犯罪化的目的, 是要使应当规制和值得刑法评价的行为恰当地获得刑法评价, 通过刑法的惩罚作用、指引作用规范社会秩序、保障基本民生权利; 适度犯罪化的技术, 要通过加强立法论证、配置适宜的法定刑得以实现, 进一步严密刑事法网。其次, 刑法的分则立法有必要考虑采取 "刑法典 + 附属刑法" 的模式, 自然犯的行为方式相对固定, 而法定犯的行为方式则会层出不穷。附属刑法这种立法模式的好处在于, "能使刑法典相对稳定 (刑法的稳定对社会的稳定有重要作用), 也有利于在刑罚设计上有所区分 (对法定犯的处刑一般要比自然犯轻, 至少其他法治比较发达的国家和地区的法定犯没有死刑), 更有利于法定犯的司法适用 (把法定犯从其所附属的法律中剥离出来, 单独放入刑法中, 难免产生 '皮之不存, 毛将焉附' 的结果), 以及更好地发挥刑法预防犯罪的作用" ❸。再次, 对于分则配置法定刑不应强化重刑主义倾向, 而要坚持罚当其罪和刑罚有限性的认识。罚当

---

❶ 刘宪权. 废除死刑与提高生刑期限关系比较探析 [J]. 法学, 2011 (10): 70.

❷ [南非] 德克·凡·齐尔·斯米特, [德] 弗里德·邓克尔. 监禁的现状和未来 [M]. 张青, 译. 北京: 法律出版社, 2010: 219.

❸ 刘仁文. 中国食品安全的刑法规制 [J]. 吉林大学学报: 社会科学版, 2012 (4): 48.

其罪是指法定刑配置要与犯罪所侵犯的法益和造成的损害成比例，而非越重越好；坚持刑罚有限性的认识是指要树立惩罚并非最终目的，且非最有效手段，而应依靠包括刑法在内的全部社会规范体系的建设实现保障民生的目的，刑法只是这一体系建设中的一部分内容而已，着力建设这一规范体系的任务远非完善刑法本身甚至仅仅完善刑法分则、简单入刑就能够完成的。例如，2012 年 10 月在浙江出现的幼儿园虐童案件中，公安机关以"寻衅滋事"的名义将涉嫌违法的教师移送到检察机关，这引起了广泛的争议。虽然虐待儿童行为可以被认为是保护民生所不能容忍的行为，但在"理应入刑"这一政策和大众舆论的引导下，这种无法被确定为何种犯罪的行为被概括性地以"寻衅滋事罪"纳入其中，用刑事处罚的手段予以规制，这不得不说是政策、舆论影响刑事法律关系判定的典型案例。刑法的构建和完善实则不应以此为主要途径，否则刑事法网的扩张和刑事制裁的严厉将无从限制。

三、探索以人文关怀为归属的立法创新

对法学研究者而言，刑法立法或许是学术研究的成果体现，是学术研究的目的之一。然而对普通百姓而言，刑法的立法却非最终目的，而是更好地实现社会公正，刑法立法只是实现这一目标的途径和手段。因此，在以人为本、以民为本的民生刑法观念的指引下，刑法立法活动不再是枯燥的内容调整，也不仅仅是修改完善，而是蕴含巨大的创新空间。

以人文关怀为前提，民生刑法可以探索更广阔和富有挑战性的内容。当然，需要澄清的是，对于犯罪圈的划定以及犯罪的认定，必须坚持法制统一的原则，实现罪刑法定，所谓的立法创新并非指这一方面。相反，立法创新可以体现在刑罚制度的设计和运用上，特别是在新刑种的设立、新的刑罚制度的创设等问题上。例如，笔者认为，我国当前的财产刑、资格刑的内容相对单一，不足以发挥上述两种非监禁刑的优势，因此有必要对其加以重构。以国外立法例为参照，资格刑的内容除了剥夺政治权利，可以设置不允许从事某些行业、不允许针对特定国家的非批准出入境活动、剥夺某种已有职务或称号等。又如，笔者认为，对于刑罚配置问题，可以拟定更详细的规则作为立法配置工作的准则性文件，这是因为刑罚的设置

关乎所有公民的安全和个人权利，不容得有任何不公平的因素，因此刑罚的具体配置规则需要得到法律的明确，尽量减少立法机关非正常履行立法职务之外的其他权力，即建立体系成熟的配刑制度作为刑罚制度中的重要内容。再如，增加刑罚转换规则，在确定刑罚和适用刑罚过程中允许置换，这种置换并非出于司法主动的判断而进行的刑罚易科，而是在犯罪人的刑罚被执行到一定阶段之后，允许犯罪人作为选择主体，提出对剩余刑罚的执行方式和执行内容的调整，以更利于其适应社会生活，弥补犯罪对社会造成的损失，体现刑罚的人文关怀。

总之，在保障民生的问题上，刑法立法的完善需要从原则、措施、内容和理念等诸多方面去努力，而非简单通过"入刑"或者加大处罚力度就能够实现的。即便在短期内将危害民生的行为"从严处理"，从长远来看也将不利于刑法规范体系的建立。此外，立法过程中，我国刑法可以借鉴国外关于民生保护的刑法内容，重在扩展保护的范围而非处罚严厉，努力将我国刑事法网从"厉而不严"转变为"严而不厉"。

第四章 民生刑法观的司法实现

随着社会主义法治建设的不断深入，民众权利意识不断强化，权利需求日趋强烈。法治的核心价值在于：公民确信能够通过法律手段保障其自由合法地行使权利。如果权利难以得到及时、有效的实现及救济，再完美的权利设置也是空中楼阁、纸上谈兵。徒法不足以自行，仅有刑事立法上的修改和完善尚不能完全实现民生刑事保障，与刑事立法相比，刑事司法对民生权利的保护有更大的空间。司法是调整社会关系的重要机制，从某种意义上说，司法既是权利保障系统的最后防线，也是民众衡量法律公正性的重要标尺。

在刑事司法活动中体现并贯彻"民生"的理念，是民生问题的理性价值作用于刑事司法活动的必然要求，民生问题与大到国家、社会的长治久安，小到刑事司法活动的每个细节都有着密切关系。从民生的角度审视刑事司法，刑事诉讼参与人，特别是受害人、犯罪嫌疑人或被告人的权利问题，都是民生问题应有的题中之义。❶

当前，我国正处于经济体制、社会结构、利益格局深刻调整、变革时期，社会矛盾也日趋复杂和多样化，关注民生已经成为新时期各界对司法的突出需求。倡导司法对民生的保护，深刻体现了司法机关对自身功能认识的不断深化，是司法实践贯彻落实科学发展观的重要着力点和切入点。

具体来说，国家司法机关及其工作人员应当科学运用人民赋予的司法权，按照法律规定，公正高效权威地打击犯罪，解决各类社会矛盾，依法保障人民的合法权益，以及开展其他亲民、爱民、便民、利民的司法活动；换言之，即以让人民群众看得见、听得懂、信得了的方式保障司法公

---

❶ 戴涛. 论现代刑事司法基本理念的民生导向 [J]. 国家行政学院学报, 2011 (5)：68.

平与正义，维护人民切身利益。❶

近年来，最高人民法院和最高人民检察院向全国人大提交的年度工作报告都非常关注民生问题，一系列旨在保障民生的规范文件与规章制度相继出台。如，最高人民法院 2009 年 3 月 25 日公布的《人民法院第三个五年改革纲要（2009—2013）》特别提出要"妥善解决司法工作中涉及民生的热点问题"。时任最高人民检察院检察长曹建明提出，要"始终注重保障和改善民生，切实解决好人民群众最关心、最直接、最现实的利益问题；各级检察机关要充分认识改善民生问题的重要性，始终把它作为检察机关的一个重大职责来看待、来抓紧。要增强尊重和保障人权的意识，依法坚决打击危害人民群众生命财产安全和侵犯公民人身权利、民主权利的犯罪活动，突出查办教育、就业、食品安全、医疗卫生、社会保障、征地拆迁、抢险救灾、移民补偿等领域发生的职务犯罪案件。同时，也要有针对性地加大法律监督的力度，从办理的每一起案件、受理的每一项诉求入手来促进解决人民群众最关心、最直接、最现实的利益问题，真正体现司法为民、司法护民"❷。

按照著名社会学家艾森斯塔特分析多元现代性的观念，民生问题是成型于古代文明轴心时期人类社会秩序安排的两种主要取向——超越秩序与世俗秩序之间斗争的结果。由此，民生问题源于社会秩序，社会秩序是法律的基本价值之一。❸ 作为涉及公民生命与自由的刑事司法活动，其最根本依据就是法律。换言之，刑事司法活动必须要充分体现与贯彻"民生"的理念精神，这不仅是法律自身的要求，也是国家实现刑罚权的重要目的和必要限制。

第一节　司法保护民生的基本框架

一、社会主义司法的本质

司法权从一定意义上讲，是基于解决民众诉求表达的现实需求，以体

---

❶ 杨志泉. 健全民生司法促进社会和谐 [J]. 法制与社会，2010（3）（下）：122.
❷ 曹建明. 检察工作必须做到"五个始终" [J]. 人民检察，2008（9）：1.
❸ 戴涛. 试析行政执法理念的民生导向 [J]. 法制与社会，2009（7）：190.

现国家意志、维护国家利益为目的逐渐发展起来的。而国家之所以为国家，"是许多人基于法的一致和利益的共同而结合起来的集合体"❶。上帝与公民，谁是司法权的主宰？洛克提出并回答了这个问题，他认为司法权是人的最基本权利，是人民对它的转化和委托构成了政治权力的诞生。❷因此，司法权与其他权力一样，在本质上都来源于人民。

我国《宪法》规定："国家行政机关、审判机关、检察机关都由人民代表大会产生，对它负责，受它监督。"我国实行人民民主专政的国体，人民当家做主是人民民主专政的本质和核心。人民当家做主是通过选举代表参加人民代表大会来表达自己的意志，人民代表大会是司法机关的权力授予机关，因此，由此产生的司法机关是人民的公仆，是人民主权的守护者和执行者，应当按照人民的意志活动。

由此，人民性自然就是中国特色社会主义司法制度最本质的属性。司法人民性的基本内涵是指司法权源于人民，服务人民，受人民监督。人民性的基本要求是坚持以人为本，忠实人民意志，维护人民权益，增进人民感情，救助弱势群体，方便人民群众。❸

坚持司法权的人民性就是牢固树立人民群众主体地位的意识，通过履行司法职能解决人民群众最关心、最直接、最现实的利益问题，保障人民群众各项权益，把人民的利益作为一切工作的出发点和落脚点，在司法工作中相信人民、依靠人民，使司法工作充分体现人民的愿望，适应人民的需求，维护人民的利益。

但是，作为一种具有很强专业性的行为，司法活动又有其自身特有的方法和规则，也就是说，专业或职业的司法官在充分考虑司法人民性的同时又必须遵照特定的规则处事，必须有自己坚定的职业立场，此为司法职业化或专业化，核心在于司法的独立性。由此，有人认为司法权的人民性与独立性有可能在某种意义上产生冲突，这实际上是一种错觉。

司法权的人民性与独立性是两个不同范畴的概念，前者重在强调司法

❶ ［古罗马］西塞罗. 国家篇·法律篇 ［M］. 沈叔萍，苏力，译. 北京：商务印书馆，1989：68.
❷ 廖奕. 司法均衡论：法理本体与中国实践的双重建构 ［M］. 武汉：武汉大学出版社，2008：49.
❸ 江必新. 司法理念的辩证思考 ［J］. 法学，2011（1）：24.

权的来源与本质属性，后者重在强调司法权的运行机制，以确保司法权不受行政权等其他权力的干涉。在西方，司法权的独立性旨在排除对法律思维的外部纷扰以保证法律判断的公正性，要求使司法过程具有独立性并建立相关的配套制度，既包括法院对司法资源占有的充分性和自主性等确保组织独立的内容，也包括法官的高薪制、终身制、不可撤换性等保证法官个体独立的内容。❶ 从本质来看，司法权的人民性和独立性是相辅相成的，独立性根源于人民性，人民性又需要独立性的保障。强调司法权的人民性并不会妨害司法独立，作为受人民委托、为人民服务的公仆，专业或职业的司法官只要能够秉持公平和正义的基本理念，牢记手中的权力来源于人民的委托，就能更好地为人民服务。就此而言，司法职业化、司法独立与司法权的人民性从根本上并不矛盾。

二、司法保护民生的基本理念

刑事司法活动本身就是国家机器的强有力手段，因此，刑事司法理念的重要意义之一就在于通过理念的贯彻与保持，实现理性的刑事司法运行。❷

（一）人文主义司法理念

人文主义精神，与以人为本、人文关怀、人道主义、人权保障等意思相近的词汇一起，已成为社会文明与进步的重要标志。它不仅涵盖社会个体生活的方方面面，而且在一些人类活动的基础领域内化为人们的自觉追求与行动。当下，从理论上对人的尊重、关怀和理解已经达到空前的普遍和深刻。然而现实情况却并非如此，人文主义精神的实现却远未与时代发展的需求实现同步。

现行的刑事司法活动存在两个偏向：一是由于对国家和社会本位思想的过度强化所导致的对个人权利的忽视，二是由于对严格执法来完成诉讼任务存在路径依赖而人文关注不够。刑事司法中人文精神的缺失不仅导致司法实践中被害人的边缘化和被告人的客体化，也导致司法行为的教条和

❶ 汪习根. 司法权论——当代中国司法权运行的目标模式、方法与技巧 [M]. 武汉：武汉大学出版社，2006：154.

❷ 戴涛. 论现代刑事司法基本理念的民生导向 [J]. 国家行政学院学报，2011 (5)：70.

单一，司法人员按照立法给定的线路，机械地去实现公平正义，未能将被告人、被害人参与刑事诉讼的积极性调动起来。在刑事案件中，司法人员在严格依法的法条主义与灵活处理的自由裁量主义之间往往不知所措。面对一些特殊或者社会影响大的案件，司法人员常常不敢依循人文主义精神，以更好地体现法律精神的方法作出适当的决断。

在社会转型期，刑事司法活动处在众多矛盾和冲突的聚集地，如何在众多的价值观念中作出合理取舍？如何在自由与秩序、个人与社会的矛盾张力中取得平衡？这需要有以人为本的思维高度，从而使刑事司法在方法上作出理智选择，在结果上得到检校。❶

从目前的情况来看，刑事司法实践可以说是民生问题暴露得最集中的领域，整个社会的矛盾以及各个群体之间的利益冲突都非常敏感地体现在刑事司法领域。刑事司法的人文关怀不足等问题也因此一直处于社会舆论的聚焦下。为了更好地回应社会需求，在刑事司法领域，必须从理念、方法等方面作进一步的梳理，将人文精神真正地落实在司法活动中，使刑事司法活动在社会文明进步的方向上，以更加符合社会发展需求和公众期待的方式实现公平正义。

（二）恢复性司法理念

20 世纪 70 年代以来，恢复性司法（或译修复性司法）在世界范围内得到了空前的发展，很多人认为它代表了 21 世纪刑事司法的发展方向。不少国家和地区已经开始将修复性司法付诸实践，这自然也引起了理论界的极大关注。❷ 作为与传统刑事司法理念相径庭的全新的司法理念，不同国家对其内涵的界定各有不同，但归纳而言，恢复性司法主要是在刑事诉讼中，犯罪人与被害人双方通过沟通最大限度地化解矛盾，并辅之以社区矫正等措施，最大程度地修复受损的社会关系。

恢复性司法能够最大限度地满足被害人需求，其优势是传统刑事司法所无法比拟的。在以犯罪人为中心的刑事诉讼中，被害人处于边缘位置，被害人的声音没有机会被倾听，除犯罪人受到刑罚处罚部分满足了被害人的报复情感外，其他几乎和被害人无关。而在恢复性司法实践中，被害人

❶ 吴学艇. 刑事司法人文精神导论 ［J］. 中国刑事法杂志，2010（5）：3.
❷ 戴涛. 论现代刑事司法基本理念的民生导向 ［J］. 国家行政学院学报，2011（5）：70.

享有与犯罪人探讨承担责任的机会，而且通过被害人对恢复性司法过程的积极参与，也可以更为直观地了解犯罪人的犯罪经历，了解案件真相，并可直接要求犯罪人对其进行道歉与赔偿。通过上述参与活动，可以安抚被害人各种不安或者怨恨心理，减少其心理阴影。此外，被害人还可以得到心理治疗以及其他一些被害救济服务。

恢复性司法弥补了传统刑事司法的缺陷，将注意力从如何惩罚或矫正犯罪人转移到如何更好地补偿被害人和修复社会关系，这是一种超越传统刑事司法的新的纠纷解决方式。被害人在恢复性司法程序中处于独立的、不可取代的主体地位。刑事司法的关系也从国家与犯罪人两极对抗的直线型联系，转为国家、犯罪人、被害人三者之间相互依托的三角形关系。恢复性司法是被害人权利保护运动蓬勃发展的产物。

在我国经济社会快速发展的战略机遇期和社会矛盾凸显期，引入恢复性司法理念一方面有利于减少对抗因素，提高悔罪改造的成功率；另一方面有利于增强受害人的法益保护，快速修复受损的社会秩序。构建和谐社会的过程是一个最大限度地增加和谐因素、最大限度地减少不和谐因素的过程。恢复性司法实际上是在以被害人为中心的基础上对犯罪作出的一种反应，是一个针对特定的犯罪行为造成的后果，召集行为人与受害人共同以一种积极的态度来处理解决有关民事赔偿、精神安抚、悔过以及对犯罪人未来影响的过程，恢复性司法理念的核心思想是"修复"。从保护民生的角度来看，刑事司法活动要尽可能地帮助修复加害人给受害人所造成的创伤，解决受害人民生问题，从这个意义上讲，司法工作应当坚持恢复性司法理念，积极构建恢复受损秩序、维护社会稳定的工作机制。

"过去几百年以来，人类对于犯罪人所应付出的代价，均锁定在如何通过监狱功能以达到报应、隔离、吓阻与矫治等目的。但是，这样的刑罚思潮，似乎难以弥补或顾虑到被害人的损失或是创伤。"❶ 随着社会的发展，建立在目的刑、报应刑基础上的传统司法模式，在矫正犯罪、弥补被害人损失、修复被破坏的社会关系等问题上已逐渐显得力不从心。在传统刑事司法制度理论和实践频繁遭遇现实挫折的基础上，恢复性司法理念应

---

❶ 小龙. 犯罪矫正发展趋势新探——从刑罚本质角度出发（下）[J]. 江苏警视, 2005 (10)：13.

运而生。恢复性司法理念认为，刑事司法要使被犯罪行为破坏的社会关系尽可能地得到修复，特别是犯罪人和被害人之间的矛盾能够依托法定程序得到一定程度的化解，减少对立、对抗，重新建立一种和谐的关系。

（三）柔性司法理念

作为以社会和谐为终极价值追求的司法模式，柔性司法以"和"这种中国传统文化理念为根基，在保证律令、程序、执行等基本"硬件"刚性的前提下，有利于国家的稳定与长治久安。柔性司法同和谐的社会管理一样，遵循两大原则：司法客观体系建设方面的刚性原则以及人的主观情感塑造方面的柔性原则。❶

柔性司法作为一种司法理念的提出，是对传统刚性司法思维的超越。在刑事司法中践行柔性司法的理念，具有以下几个方面的优势：第一，柔性司法克服了刚性司法理念的机械、单一、僵化的特征，体现了信任、宽容的精神，是以人为本科学发展观在刑事司法领域的重要体现。第二，柔性司法具有柔和、亲切、非强制等特征，注重发挥被管理对象主体积极性，能让诉讼参与人感受到人格被尊重，使诉讼结果容易被接受，有助于降低司法成本、提高司法效率。第三，柔性司法的方式包含建议、说理、教育等，与刚性司法相比具有较高的灵活性。对于刑事司法而言，过分强调司法的逻辑自洽和形式推理容易造成情、理、法之间的脱节。因此，在刑事司法领域树立柔性司法的理念，有利于有效发挥司法的作用。

复杂的社会现状决定了中国必须建立一个具有强大张力的，能够使中国司法系统在众多矛盾对立中达到动态平衡，并使之向良性循环的方向发展的柔性司法体系。当然，柔性司法并不只是一件简单的外套，它还必须拥有包容矛盾、生化变通的智慧。柔性司法追求"令行律动，定纷止争，胜败皆服"的司法结果，是一种将矛盾转化为和谐的境界。这种境界源自中国传统文化与现代司法文明有机结合后形成的制度张力和自我创新能力。❷

因此，柔性司法必然是司法相融性、辩证性、和谐性的统一。对柔性司法具体运用的思考可以从以下思路展开：司法的基本要素包括诉讼主

---

❶ 姬文清. 柔性司法："和则"启示以及中国司法机制建构 [J]. 法律适用, 2008 (1~2): 169.
❷ 姬文清. 柔性司法："和则"启示以及中国司法机制建构 [J]. 法律适用, 2008 (1~2): 169.

体、诉讼参与人、诉讼程序等，从司法运行中这些要素之间的逻辑关系中寻找对应、相容、和谐等可以构建的柔性司法策略；从诉讼当事人诉讼目的利益的共同性入手，赋予当事人及诉讼参与人理性协商的工具，运用衡平的司法技术，在法律允许的范围内选择有效变通途径，实现人本诉讼，从而有效解决转型时期的复杂纠纷。基于当今现实国情和文化传统的柔性司法，对其理论与实践的探索任重而道远。

三、司法中的民意考量与实现

（一）民意的内涵

民意本属于政治学概念，法学视野中的民意概念有其特殊的解读。本书认为，民意是各个阶层的社会群体对与其相关的公共事务所持有的各种情感、意见、诉求及认识倾向的总称。虽然社会群体对于具体事务的判断差距较大，民众发表的意见在一开始可能是杂乱无序的，但在公开表达之后，经过相互沟通、碰撞和激励，最终可能达成某种共识，形成某种共性的规范与价值判断，表现为社会群体的共同情感、意见和行为倾向，这是民意对司法产生影响的关键所在。

首先，民意的主体具有非官方性。民意并非仅指社会的多数人，可能仅是群体、组织甚至个体的复数所表达的意见或态度；并且在人员组成上，与政府主体相对应，是与政府机关的观点存在分野的、非官方主体的意愿表达。

其次，民意具有主观性、非理性和易变性的特点。民意在较大程度上仍是主观的态度、情感和内心倾向。它极易受外界的影响，"往往一个孤立的突发的恶性犯罪案件就能在很大程度上改变公众对待死刑的态度"[1]，只是在趋向性上具有基本的一致性。

最后，民意具有非制度化的特点。民意表达者是非政府的社会群体，在"言论自由"这一原则下，可以发表任何意见而不用承担法律责任[2]。但是，在司法领域相对封闭的专业化环境下，由于社会公众对其缺乏了

---

[1] ［日］大谷实. 刑事政策学［M］. 黎宏，译. 北京：法律出版社，2000：113.
[2] 许发明，徐光华. 刑法解释中的民意考量——以死刑案件为视角［A］//赵秉志. 刑法论丛（第16卷）. 北京：法律出版社，2009：11.

解，其形成一种神秘化色彩，这样一来，"言论自由"下的民意缺乏合理、规范的渠道，表现为非制度化的状态，其正当性也难以保障。

（二）民意对司法的价值需求

司法机关代表国家就社会公益领域所进行的司法活动，是国家与市民社会作出的共同选择。因此，民意应当成为司法权运行方向的诉求之一，这也是社会管理中社会群体对司法权的现实需求。民意反映了社会群体的一种朴素的价值需求，是一定时期公众情感的需要和道德的选择。这种价值要求，一方面指向了社会的客观规律性，民意主体的需求并非由人主观随意决定的；另一方面，民意本身具有主观性，不同的民意主体对司法权的价值要求是不同的，不同的社会管理条件下同一民意主体的价值要求也是不尽相同的。但是，民意对司法权的价值要求总体上具有趋同性。

1. 尊重保障人权

"在权利本位的范式结构内，人权被作为权利的一般形式，但凡与人的尊严、生存、社会活动有关的权利，均可纳入人权的范畴，人权概念也因而被广泛使用。"❶ 2004 年，"国家尊重和保障人权"被写入我国《宪法》，这代表人权从道德权利上升为被国家根本法确认的法定权利。司法机关的作用就是保障这种"纸上的权利"变成"现实的权利"，具体而言，就是通过保障法律的统一正确实施，打击侵犯公民权利的犯罪活动，促进和保障宪法及法律规定的公民权利的实现。

人权保障应当以犯罪嫌疑人、被告人的人权保障为重心，同时兼顾被害人。追究和打击犯罪、维护社会的安宁与秩序是刑事司法机关的重要职责之一，但这并不意味着在追诉犯罪的同时可以忽视犯罪嫌疑人、被告人和被害人，对当事人的关注是对法治秩序的一种尊重。在行使刑事司法权的过程中，必须关注被追诉人的利益，既收集有罪证据，也收集无罪和罪轻的证据；必须关注被害人的利益，征询其对被告人处理的要求，听取对诉讼结果的期望。司法权同时也面对兼顾保障人权与打击犯罪的现实困境，打击犯罪虽然是国家统治的需要，但更是全体成员社会生活幸福的保障，这是符合民意的；保障人权虽是维护社会个体权益，但也是民主法治

---

❶ 张文显. 法哲学范畴研究 [M]. 北京：中国政法大学出版社，2001：399.

国家的内涵所在，是民意的选择。笔者认为，要平衡两者之间的关系，司法机关应当以符合民意的社会整体利益为平台，在控制犯罪的过程中尊重和保障人权，以最小限度剥夺权利的代价获得最大的犯罪控制的效果。

2. 平衡利益冲突

利益来源于需求，现代社会中，人的发展是全方位的，因此需求也是多层次的，不仅包括物质层面，也包括精神层面。从法律角度来看，每一个法律意义上的主体都有在法律规范限度内追求利益最大化的权利，也有维护既得利益的权利。由于价值观的差异性，从而形成了利益追求的多样性。同时，由于利益追求的类同性，又形成了利益追求上的趋同性。在一定条件下，为了追求自身利益的最大化，往往会不可避免地带来纠纷和利益冲突。

司法的价值就在于通过法律手段在其权力范围内对各种利益进行取舍、协调、确认和保障，平衡相互冲突的利益，这是民意对司法权的内在需求。

3. 维护公平正义

民意体现着特定时期社会的基本情理和价值，是社会历史文化、社会习俗、道德观念等价值要求的反映，是公平正义的原生态表达。所谓民众的声音乃是国民的声音，国民个人的欲求中含有直观上的正确成分。❶ 同样，实现公平正义也是民意对司法权的终极需求，司法保障社会主体通过正当的法律程序寻求合理的裁决，虽然这种裁决结果"不能保证正义理想得到彻底的实现，而只能减少和克服一些明显的不正义情况，并提供一些旨在消除人们不公平感的程序和制度保障"❷。它通常体现为人们对司法权的认可度、满意度与支持度。

4. 参与社会治理

"不管产生法律的近因是个人还是众人，产生法律的有效的远因则是人民的同意。这种同意或者是实际的同意，或是默许的同意，其对法律的合法性与效力来说是绝对必要的先决条件。"❸ 作为公众意见的集合体，民

---

❶ ［日］西原春夫. 刑法的根基与哲学［M］. 顾肖荣，等，译. 北京：三联书社，1991：36.

❷ 陈瑞华. 刑事审判原理［M］. 北京：北京大学出版社，1997：59.

❸ 水木清华. 柏克伦"法律与立法"［M/OL］. http：//philosophyol. com/bbs/redirect. php? fid = 51&tid = 5367&goto = nextnewset，2012 - 01 - 26.

意是在沟通的基础上逐渐达成的共识性意见，这种意见不是自上而下的权威性决定，而是在不同社会群体中沟通后形成的默契与承诺的过程。这种参与的过程满足了民众的心理需求，增强了人们的参与感、影响感和尊严感，自然就会提高人们对司法活动的认同感，因为"一切社会得到民众最大的支持，必须拥有为全社会所接受的、行使社会权威的道德正当性"❶。

（三）民意的规范化运作

"将民众的意见导入理想的程序装置，让民众在交涉过程中形成共鸣，是一种较为理想的选择。如果没有一个制度通道应对，民众的不满就会从非正式的渠道去宣泄。"❷ 这就引出了什么是民意、民意如何应对等一系列问题。在刑事司法过程中，司法权如何发现民意、归纳民意和引导民意，需要不同阶段的各种规范化的处置措施，以减少民意的易变性和非理性部分的消极作用。

1. 民意的发现

"目前的争论其实不在是否要吸纳民意，而在于如何吸纳民意，由谁来吸纳民意，以及通过什么渠道。"❸ 司法权及其运行当然可以通过绝对权力强制实现，但终究难以达成社会大众对其应然状态的共识，难以实现司法权的良性运作。

毋庸置疑，民意可以在一定程度上帮助司法机关迅速、准确地发现问题。民主社会中，法律应当积极回应公众的法制需求，给人们的权利要求提供法律制度上的满足，法律不能也不应和民主绝缘。20 世纪 80 年代初，中央文件专门提到了对于"重大、恶性案件的首要分子"打击不力，使得"目前群众意见最大"，要求司法机关针对社会治安严峻形势、重特大恶性案件上升的特点，坚持从重从快、快审快诉，严厉打击各类刑事犯罪分子，由此开始了第一次"严打"。虽然对于严打的利与弊随后也进行了一系列的反思，但是这毕竟反映了司法对于民众需求的回应。2011 年，媒体曝光的"健美猪"、"瘦肉精"事件让老百姓谈肉色变，食品安全问题成为

---

❶ ［美］丹尼尔·贝尔. 资本主义文化矛盾［M］. 赵一凡，译. 北京：三联书社，1989：125.

❷ 孙笑侠，熊静波. 判决与民意——兼比较考察中美法官如何对待民意［J］. 政法论坛，2005（5）：55.

❸ 苏力. 法条主义、民意与难办案件［J］. 中外法学，2009（1）：105.

民生关注的焦点，因此，全国司法机关开展了食品安全领域的专项斗争，旗帜鲜明地把打击危害食品安全犯罪摆在突出位置，从快查处了一批危害食品安全的犯罪。事实上，这些专项行动的出台，背后都有强烈的民意推动。一方面，民意能够在一定程度上反映出同时期的犯罪态势；另一方面，民意的表露也能够让司法机关作出适时的调整，对涉及民生的犯罪行为予以重点打击，从而增强司法机关参与社会管理的针对性。

发现民意的过程，就是民意通过各种方式进入司法机关视野的过程。对我国而言，首先，受制于社会资源平台的匮乏，司法机关应当加强信息工作，畅通民意采集渠道，可以尝试与行政机关建立信息资源共享机制。其次，逐渐形成人大代表、政协委员等民意代表群体的专业化、专职化，增强他们与民众之间的联系，提升民意反映的质量；再次，重视人民监督员、特约监督员等内部性民意人士，逐渐向选拔公开化、作用实质化方向发展，让这些制度设计真正起到反映民意并理性表达的作用。最后，重视网络民意。目前，网络已成为一种不可忽视的民意表达方式，网络民意调查具有代表性和经济性等特性，应将之作为一种反映民意的快速、便捷的渠道，有效地融入规范的民意采集程序中。

2. 民意的归纳

从目前民意对司法的作用来看，有成功影响法律适用的个案，却缺乏健康的制度化机制。构建规范的归纳民意的制度，是司法机关有效吸纳民意的保障。

归纳民意要求充分体现社会公众对司法活动的态度与情感，不仅要解决针对性问题，达到预期目的，还要考虑目标群体，实现公众的认可与接受，这有助于司法机关维护司法独立，免受民意的不当影响。

归纳民意就是对民意进行审查，过滤其中的不合法、不合理因素，提炼可作为非正式法源参考适用的民意内容。就我国目前的实际情况而言，"目前应逐步完善国家、公众二元主体的权利型决策机制"❶。具体来说，一方面，要不断畅通公众参与的渠道，提高民意在司法环节的专业性、规范性与互动性，如，以人民代表大会制度为基础，赋予公众参与权利，建

---

❶ 王志强.试论民意的刑事政策化——刑事政策的利益和效益双本位［J］.学术论坛，2007（9）：151.

立规范的"提案"制度与"民读"制度；另一方面，要继续提高公众参与司法的积极性，提高公众对司法机关的权力归属感和参与义务感。

第一，完善信息公开制度。"司法判决的任务是向整个社会解释、说明该判决是根据原则作出的好的判决，并说服整个社会，使公众满意。"❶司法实践中，这种"社会解释"不仅是审判机关的任务，也是检察机关和侦查机关的具体要求之一。例如，检察机关在不批准犯罪嫌疑人的时候要进行不捕说理，这不仅是对公安机关职责的说明，也是对犯罪嫌疑人权益的保障以及对被害人的解释。

另外，司法机关应当建立常态化的信息发布制度，及时传递社会公众所关心的信息，在诉讼的各个环节，司法机关适时公开进程，回应公众的疑问，为刑事裁判赢得公众认可奠定信任基础。2010年，最高人民检察院下发的《检察机关新闻发布制度》是对信息公开的自我完善之举，规定检察机关应当实行定期新闻发布和日常性新闻发布相结合的社会发布制度。

第二，完善人民监督员、特约监督员制度。"人民监督员制度实质上是一种社情民意反映制度，通过规范化的民意反映方式，从制度上提高检察机关在查办职务犯罪的过程中决策机制的民主化程度，这是当代法治文明的应有之义。"❷ 人民监督员、特约监督员制度是目前公众参与司法活动的规范渠道，最高人民法院、最高人民检察院先后制定了《最高人民法院特约监督员工作条例（试行）》、《最高人民检察院关于实行人民监督员制度的规定（试行）》、《关于适用〈最高人民检察院关于实行人民监督员制度的规定（试行）〉若干问题的意见》等。但是，这两项制度在实践中存在诸多不足，出现了或走过场、流于形式，或干扰司法等不良现象，亟待进一步完善。

首先，要完善民意代表的选任。作为民意代表的关键是该代表是否具有广泛的代表性、是否能够真正反映社情民意和对司法机关的社会评价，即是否能够真正代表民意。从实践来看，特约监督员、人民监督员多是具有一定社会地位的人士，两者多数情况下是由"社会精英"组成，程序上经民主推荐后征得本人同意，由司法机关根据工作需要确定。由此种选任

---

❶ 宋冰. 程序、正义与现代化［M］. 北京：中国政法大学出版社，1998：307.
❷ 张智辉. 中国检察（第14卷）［M］. 北京：北京大学出版社，2007：205.

方式产生的"精英代表"的意见是否能够真正代表民意有待商榷。

其次，要保障充分表达民意。目前并非司法机关的所有案件都能纳入人民监督员与特约监督员表达民意的范畴，主要还是集中于特定案件类型，这虽然是一种现实的选择，但从更长远角度来看，应当不断拓宽案件范围，扩大民意表达的范围，这有利于更好地归纳民意。

最后，确保真正实现民意。人民监督员制度与特约监督员制度对司法机关的约束作用主要体现为引起审查、讨论、研究甚至复查等程序，是一种"建议性"的意见。但是，作为一种规范化渠道，这种程序性效力缺乏立法依据，缺乏程序保障，缺乏实体性的强制力。因此，应当将此程序纳入立法规范，赋予监督员意见强制效力，以保障此种规范民意的有效实现。

3. 民意的引导

引导民意是静态的司法权向动态的司法权转化过程中的关键步骤，它对实现社会管理决策实效化、科学化具有至关重要的作用。

引导民意既是司法权运行的作用之一，引导公众依法行为，实现对社会的有效管理；又是司法权运行的立足点，司法权的良性运行不仅要拥有政治上的合法地位，更要获得社会群体的共识性认可。

引导民意的内在意蕴即平衡好控制犯罪和犯罪者处遇人道化，化解社会公众对犯罪的激愤，满足其报应情感。司法机关要对与社会现实需要差距较大的民意进行合理引导，营造司法权运行过程中的民意氛围，提高司法机关与公众之间的和谐程度。个体对犯罪的愤恨自然会直接影响整个社会对犯罪所作的反应。这种愤恨在一定程度上对于社会正义的实现是不可或缺的，因此，引导民意针对犯罪行为形成正常的、理性的、健康的愤恨情感，既是赋予了对犯罪者进行恰当处遇的正当性，也是为社会生活的种种行为给出了行为指南。

"大量司法解释的存在对于我国的刑事司法以及对刑法典的正确适用都不啻为一种灾难，而绝非正常现象，其消极作用远远多于积极功效，实际上它们都超越了一般的法律解释的意义，而是实质上的刑事立法。"❶ 目前存在大量的司法机关单独或与其他国家行政机关联合发布的解释、规

---

❶ 刘艳红. 观念误区与适用障碍 [J]. 中外法学，2002 (5)：20.

定、意见、答复等，事实上以法律解释代替了立法。然而司法机关面对的不仅仅是刑法的规范应用，还要面对民众的司法需求与正义期待。因此，在坚持法律权威的前提下，还应从民意考量的角度理性认识民意，科学对待民意，积极回应民意，这也是社会管理创新对司法权的必然要求。

综上所述，司法与民意之间实际上是一种辩证的关系。民意应当得到重视，但是又必须以尊重司法规律为底线。"胜败皆服"不可能是司法的常态，这是由司法的"最后性"、"被动性"决定的。那种案结事了、各方欢喜的结果固然是我们所希望的，但将司法活动是否达到息诉罢访、舆论赞扬声一片作为衡量司法质量和司法公正的标准是走入了误区。正因为矛盾不能够通过低层级的纠纷解决方式化解，当事人才最终选择了司法程序。

理性的民意应当得到吸纳，但司法机关又必须坚守司法职责，坚持司法的基本职守与原则，坚持依法办案，人民尊重、理解、信仰法律的过程是司法与民意不断博弈、沟通、融合的过程。同时，通过加大司法公开力度，在司法活动的各个环节充分发挥服务作用，注重对公众的释法说理，以群众听得进、能理解的方式把法理告诉群众，把法律告诉群众，把程序告诉群众，这样才能构建一个司法与民意互动的良性运转机制。

第二节 司法保护民生的内在运行

一、刑法适用

"刑法适用在通常意义上的理解就是根据已经确定的刑事法律事实和刑法规范，以确定被告人是否有罪、何种罪名、罪行大小以及什么刑种与刑度的结论，整个过程就是刑法适用的过程。"❶

在成文法国家，刑法适用的核心是如何将抽象的刑法规定适用于具体个案以及如何弥合、消解刑法规定的一般性与刑事个案的特别性之间的差异和冲突。刑法适用的过程实际上就是刑法被解释的过程，司法人员对刑

---

❶ 韩哲. 刑事判决合理性研究 [M]. 北京：中国人民公安大学出版社，2008（5）：161.

法进行解释是适用刑法的必经阶段。刑法适用的实质是在罪刑法定原则的前提下，司法人员进行自由裁量权的法律活动。

目前刑法理论界关于"刑法解释"的探讨，基本上是围绕如何正确理解刑法规范，而不是围绕怎样说明、运用刑法规范而进行的。事实上，无论从刑法解释的本身含义还是从司法实践的需求来看，刑法解释都不应该只是静态的说明，它必须立足于社会发展的现实，作出动态的符合现实状况的阐述、理解，不断赋予刑法表义语言新的时代内容。因为立法面对社会生活始终会显得苍白，立法始终不能包含社会生活的全部，立法始终会落后于现实。质言之，对"刑法的解释"问题进行研究的目的，不只是为了探究刑法规范的本身含义，更是为了保证实现刑法规范的正确适用。由此，保证刑法规范的正确适用既是解释刑法的目的，也是指导刑法解释、选择刑法解释的原则，还是决定刑法规范应有含义的根本标准。

（一）刑法适用的逻辑过程

从刑法适用的过程来看，刑法适用的内容主要包括以下三个方面：对刑法规定的理解；对法律事实的阐释；刑法规定及法律事实耦合过程的论证说理。

首先是对刑法规定的理解。刑法规定作为"静态"的法律，对民众的行为具有引导、指示的功能，但是当它作为评价的依据和标准时，必须经过适用者的理解和解释，未经司法人员能动的理解和解释，不能直接适用于刑事案件的办理。必须说明的是，作为静态的刑法规定与作为动态的待阐释的法律不是同一事物。司法人员在对案件进行处理之前存在对刑法规定的"前理解"。这种理解包含两个内容：一是对刑法规范内在逻辑的分析；二是通过司法经验的积累产生的具有个人化的理解。司法人员办理刑事案件的法律依据实际上是其对刑法规定"个人化"的理解。

其次是对法律事实的阐释。对刑法规定的阐释离不开具体的法律事实，只有与法律事实密切结合，对刑法规定的解释才有实质意义。单纯地对刑法规范进行抽象解释缺乏实践价值，因为法律规范不是法律事实的模具，尤其对于刑事疑难案件来说，它无法从繁杂、抽象的法律规范中找到确定的答案。刑法适用的过程也是刑法解释合理化的过程，所以不仅包括对刑法规定的解释，同时也必然包括对刑事法律事实的阐释。如，足球全国甲级联赛中，裁判因接受俱乐部的贿赂枉法行使裁判权，关于该行为是否构成犯罪以及构成何种犯罪的问题，曾在刑法学界引发激烈争论。如果脱离对上述具体案件的法律事实的分析，单纯对《刑法》第 385 条受贿罪和第 163 条公司、企业人员受贿罪进行抽象的解释，则难以确定"黑哨"行为的性质。若想对这一行为准确定性，不仅需要对刑法的相关规定进行解释分析，而且还需要对裁判受贿行为的相关法律事实，如裁判的身份、受贿行为的性质、赛场上裁判行为的性质等进行解释，看刑法规定能否与具体案件的法律事实相对应。

最后是刑法规定和法律事实耦合过程的论证。上文所述的对刑法规定的解释和法律事实的阐释，是为了研究的方便而进行的区分。事实上，刑事案件办理中的法律适用过程并非上述两种活动单独依次进行，而是一种辩证的循环，是一个复杂的互动过程。刑法适用的过程就是刑法规定和法律事实解释相互博弈、融合的过程，这实际就是刑法规定和法律事实能否耦合的过程，在此过程中，刑法规定和法律事实均被赋予新的含义，继而成为解决新的刑事个案的起点和"前理解"。由此可见，刑法适用确是刑法规定和个案法律事实解释的统一体。

（二）刑法解释的原则

第一，罪刑法定原则。罪刑法定原则是刑法的基本原则，笔者认为，罪刑法定原则在刑法解释问题上可以具体为要坚持法律文本主义，也就是说，刑法解释必须以法律条文为基础。强调罪刑法定的意义在于，如果某种行为不符合刑法规定，它就不能被解释为犯罪，也就不能追究行为人的刑事责任，进而保障公民的基本权利不受司法侵犯。

第二，谦抑性原则。刑法的"最后性"、"不得已性"决定了刑法解释和其他法律解释相比更倾向于严格解释，这是由刑法调整对象的特殊性决定的，刑法的调整对象涉及人的财产、自由甚至生命，这些权利一旦被剥夺将难以弥补，所以，要尽可能限制刑法的处罚范围。"最好的社会政策就是最好的刑事政策"，在公民的权利受侵害时，如果能够以其他途径与手段发挥控制与补救作用，刑法就没有必要越俎代庖。如果无视刑法最后法的特性，一味迎合民众的"要求处罚"的过度刑法诉求，就会违背刑法本身的被动性和最后性，国家与个人都将深受其害。因此，不仅在进行刑事立法时要综合考量、合理划定犯罪圈，在适用过程中更要对刑法解释予以必要的严格限制，使之具有"保障性"和"不得已性"。

第三，应用性原则。刑法解释的最大作用就是在刑法与刑事案件之间建立起联系。通过在实际案件中的应用，可以直观地发现刑法所规定条款的内涵与外延是否恰当。在疑难案件中，刑法解释容易出现歧义。此时，解释的目的不在于探寻立法者在立法之时对该条文设计的初衷，而是为刑法在刑事案件中的适用寻找合法、合理、合情的解释，以解决实际应用中的难点。刑法只有在适用时才会发现歧义，而歧义在司法实践中的妥善解决才是刑法解释的主要目的。即使刑事立法再完善，但能否经过实践的检验而应用于司法个案才是其价值得以体现的关键。

（三）刑法适用应努力寻求公众认同

1. 刑法解释的立场

只要有刑法的存在，就有解释存在的理由，刑法的历史也伴随着刑法解释的历史。然而目前理论界对于刑法解释仍存争议，主要有以下几种观点：

第一种是主观主义的刑法解释论。主观主义的刑法解释论认为，法律解释的目的在于探求立法原意，即立法者在制定法律时的初衷和目的。探寻立法原意的方法又可以分为三种：一是从法律所运用的词语本身寻找法律原意；二是通过对立法材料的研究，探究立法当时的规范目的；三是基于立法者是以追求合理目的的理性立法者的假设，以重构立法者意图的方式解释法律。❶

第二种是客观主义的刑法解释论。持此种观点的人认为，立法原意并不存在，因为立法原意无法探寻和检验，刑法一经颁布，刑法内容即脱离立法者的原有意志，立法者的认识及预见能力受所处历史条件的限制，立法总结必然会偏离社会实然存在，刑法解释的任务就是使刑法规范与社会发展同步，让刑法适应社会发展需要。❷

笔者认为，这两种学说都过于强调问题的一个方面而忽视了另一方面。主观主义过于强调立法原意，立法意图是一个极为概括、模糊的概

---

❶ 向朝阳，李平. 法治探索与法律实践［M］. 成都：四川大学出版社，2009：485－486.

❷ 向朝阳，李平. 法治探索与法律实践［M］. 成都：四川大学出版社，2009：486.

念，就我国而言，立法机关是全国人大及其常委会，法律的出台经过了多次修改，聚集了众多立法委员的意见，立法意图难以探明，立法意图的标准也难以确定。就刑法而言，面对新型犯罪行为的不断出现、蔓延、异化，执著于尊崇立法原意的解释观只会留给犯罪者更多挑衅社会的机会，刑法不但不能保护社会，反而会为犯罪大开方便之门，社会的普遍安全感将随之受到威胁。

客观主义在强调社会需求的同时又忽略了刑法的特殊性，漠视了刑法特有的"最后性"原则。其后果是法官的自由裁量权将不断扩张，社会一般个体必然担心客观主义者借口社会需要随意解释刑法而冲击刑法宝贵的安定性，使人们丧失对其行为的预见可能性，最终导致法律虚无主义的泛滥，公民权利可能被随意侵害。

笔者认为，无论何种主义，社会公众的认可或者同意才是问题的关键。如果解释结论不被社会公众接受，无论坚持哪个主义都无法得到认同。易言之，只有以公众的理性判断与认知能力为出发点，刑法解释才能被认可。

"认同，是人们在社会生活中产生的一种情感和意识上的归属感，它是人们在一定的社会生活和社会联系中确定自己的身份，并自觉地以其组织并规范自己行为的社会认知活动。"❶ 公众认同是一种重要的凝聚力量，在社会活动中具有十分重要的作用。人们通过认同，建构自我在社会上的主体地位，并从中获得归属感和信仰支持，从而保障了社会架构的稳定牢固和良性发展。

在刑事司法领域，公众认同与刑法适用之间的关系更为紧密和重要。现代刑法已从国权主义转变为民权主义❷，其首要宗旨是保障人权，强调以人权限制刑罚权，而公众认同体现了社会对刑法的接受程度。因为法律"就其效力来说，依赖于广大人民对其基本先决条件的接受。人民的接受，而不是形式上的法律机构，是法律得以贯彻的决定性力量"❸。公众认同体现了一种潜藏于集体意识中的正义情感，意味着民众对犯罪与刑罚之间必

---

❶ 王成兵. 当代认同危机的人学解读 [M]. 北京：中国社会科学出版社，2004：16.

❷ 李海东. 刑法原理入门 [M]. 北京：法律出版社，1998：4 - 5.

❸ [美] 伯尔曼. 法律与宗教 [M]. 梁治平，译. 北京：三联书店，1991：59.

然的、适当的对应关系的认可和对依据刑法而作出的解决社会矛盾冲突的结论的服从与尊重，并能反过来为刑事裁判提供正当性及合法性资源。

2. 公众认同在刑事司法中的价值

第一，公众认同有利于培养刑事法治观念。当下中国，随着刑法规范的逐渐增多，对犯罪行为的判定活动越来越精细化，并且随着刑法理论的体系化、系统化研究的深入，对犯罪的解释活动也越来越精密化，其结果直接导致了刑法理论的"抽象化"与刑事司法活动的"专业化"，成为普通受众仅可仰望的"神器"。但问题是，实施犯罪的人是社会民众整体中的个体，对他的惩罚如果完全将公众的价值认同排除在外，只是惩罚与威慑的简单运作，那么刑法将再次沦为暴力专政的工具而无丝毫法治可言，或者徒有法治之形但绝无法治之实。毕竟，法律规定源于生活情理，而法律效力的最终实现有赖于人们的普遍认同。现代刑法之所以能够普遍为公众所遵循，很大程度上并不是因为行为人了解刑法的具体规定，而是因为行为人总是以生活积淀的文化规范作为自己行为的观念性指导形象——良好的刑法恰恰紧扣了这一点。❶ 正如考夫曼所言："社会共同生活的规则，并不是透过法律来告诉国家的人民。人民学会这些规则，是在日常生活的沟通里，并且在相互间操作。市民对于合法与不法的想象并不是在法律语言的范畴内进行，它是透过日常语言而被给定的。"❷

因此，在刑法的适用过程中，适当肯定人们通过生活经验、经由文化传承形成的最朴素的法意识和价值观，可以在一定程度上软化刑法的僵硬性，使刑事司法建立在情理的基础上，体现刑法温情的一面，改变民众心目中刑法刻板冰冷的印象，拉近两者之间的心理距离，进而增强刑事司法的权威性和可接纳性。但同时，我们也必须意识到，刑法适用应当考虑公众认同绝非等同于刑法的适用必须事事顺应"民意"。法的适用毕竟有其自身的规律性，也有其前瞻性——在民众尚没有认识到所关注的个案真正的法律内涵时，司法者有责任通过职业行为引导民众——在对个案的处理中释法说理，将法律的规定和法律适用以司法文书的形式传递给民众，使人们能够深入全面地理解法律在个案中的适用过程，从而对法形成真正的

❶ 冯亚东. 违法性认识与刑法认同 [J]. 法学研究, 2006 (3): 114.
❷ [德] 考夫曼. 法理哲学 [M]. 刘幸义, 等, 译. 北京: 法律出版社, 2004: 178.

认同和信服。

第二，公众认同有利于保证公平正义。正义是刑事司法活动最重要的价值目标，也是一切刑事司法行为的生命线，同时还是社会大众对刑事司法最根本的期盼。但在关于正义的诸多定义中，人们往往只注重形式正义的张扬——刑法适用的法律效果，而忽略了实质正义的实现——刑法适用的社会效果。诚然，现代法治的核心在于法律适用的精确性与稳定性，追求严格依法而治及相同情况同等对待，以实现法的一般正义，这在以罪刑法定原则为圭臬的刑事司法领域尤为重要；而且，在立法过程中，任何社会的立法者都会将实质正义的最大化当作立法考量的首要因素，因此，从应然层面来讲，在刑法的适用领域实践了形式正义，也就同时满足了实质正义的需求。然而"理论是灰色的，生活是彩色的"，当对形式正义的片面追求和过度强调会阻碍罪刑法定原则的终极价值——保障人权和自由的实现时，就必须用实质正义进行矫正。与传统的罪刑法定原则强调"出罪与保障人权"的表述相对应，我国罪刑法定原则更多强调的是"入罪与社会保护"功能。而所谓"禁止出罪"的积极的罪刑法定原则❶，与现代刑事法治理念格格不入，因此，必须提倡实质的犯罪论，强化该原则的出罪功能，以推进刑事司法中人权保障机能的实现。尤其为了防止立法者利用其推行"恶法亦法"，或者因所谓"实质上不合理"而处罚不应当处罚的行为，或者从重处罚应当从轻、减轻、免除处罚的行为，实质正义的倡导就更显必要！

而实质正义如何实现？尽管由于种种原因导致"前见"的存在，人们的价值理念和需求是千差万别的，对刑法公正意义的判断也有着各自的认识，但是在一个社会的一定时期内，据以规范、评价行为的法律是确定的，道德、礼俗等社会规范也具有相对的稳定性，而这一具体社会所提供的普适教育使人们的价值观念与思维方式在总体上具有谐同性，从而使人们对具体事务的评价在总体上具有趋同性。正是这种评价上的趋同性，使公正成为人们可以预期的东西，而这也正是人们信赖司法裁判的基础。公众对实质正义的认识和判断，某种意义上就是公众对社会价值尺度和运行方向的内在要求，是社会整体价值观的体现。因此，在法的适用过程中树

---

❶ 刘艳红. 刑法的目的与犯罪论的实质化 [J]. 环球法律评论，2008（1）：44.

立考量公众认同的价值理念，是实现实质正义的重要路径。

第三，公众认同有利于树立刑事司法权威。没有权威，司法就难以发挥作用，再公正公平的判决也不过是一张白纸。因此，刑事司法权威是国家通过刑事司法活动实现对社会有效控制的重要途径。从表面来看，刑事司法的权威、法官的权威源自刑事法律的权威，也即根源于国家的强制力。然而"国家强制力仅是外在的，而来自人们内心的确信，才是最深刻、最有力量、最久远的保证"❶。但是，在司法高度专业化、职业化的今天，经常出现"法官越专业就越自以为是，民众越不懂就越不信任"❷ 的怪圈，单纯依靠司法的理性已不足以支撑司法裁判的认同度。"现代的法官不得不日复一日地说服公众相信其人格的高尚和正直。因此，借助一切可能的手段维护司法机能的尊严首先是当代政府的任务。"❸ 而寻求个案司法判决的公众认同，无疑是其中一条重要的路径。民众心目中都存在因道德情感和伦理传承而广为接受的价值标尺，假如法律的适用一次又一次地践踏了他们内心的公平正义，那么他们怎么会信仰连道德情感都无法理解和接受的刑法，又怎么可能去支持会给他们带来不公的司法机关呢？相反，如果在刑法适用过程中尊重民众情感，特别在一些与公民生活紧密相关的基本领域尊重民众朴实稳定的法律情感，则能获得民众对司法过程的认同和对司法权威的认可。在政治犯、法定犯等其他刑事犯罪领域，即使刑法的适用与民众的判断有所出入（这是法律科学的专业化与司法独立的必然体现），民众也能基于对刑事司法的认同而理解打击这些犯罪的必要性。所以，只有公众认同，刑事司法的权威才能得到保障，刑事法治的秩序才能形成！

3. 刑法适用寻求公众认同的途径：刑法适用解释的常识、常理与常情化

实际上，在大多数情况下，坚守法律和寻求公众认同之间并不矛盾。

---

❶ 卓泽渊. 论司法改革的整体性 [A] //信春鹰，李林. 依法治国与司法改革. 北京：中国法制出版社，1999：35 - 42.

❷ 苏永钦. 漂移在两种司法理念间的司法改革——台湾司法改革的社经背景与法制基础 [J]. 环球法律评论，2002（春季号）：58.

❸ [日] 小岛武司，等. 司法制度的历史与未来 [M]. 汪祖兴，译. 北京：法律出版社，2000：207.

刑法适用寻求公众认同，实际上就是寻求公平、正义的同一过程。但是，司法者必须深刻领悟法律条文背后所蕴含的法律精神，而不能将思维局限在有限的法律规则中。在法律适用中，积极促进与社会公众的沟通，并搭建共信的关系框架，既需要在个案中释法说理，也需要鼓励民众积极参与法的适用过程，只有这样，民众才能真正信任司法。刑法适用解释的常识、常理、常情化的意义和价值可以概括为三个方面：第一，它是实现法律认识统一性的基础。第二，它是实现刑法公正与效率有机结合的重要条件。第三，它是实现刑法目的的重要手段。❶ 刑法适用解释的常识、常理与常情化不仅是法律适用的前提，也是法律实现的基础。

首先，刑法适用解释的常识、常理与常情化是法律适用的前提。

立法者无论多么睿智和理性，都不可能预知立法所要解决的一切问题，也不可能基于语言文字的确定性和形式逻辑的完备性而使法律文本的表述完美无缺、逻辑自足。❷ 所以，立法活动所产生的法律规范不可避免地具有抽象性、静态性等诸多特点及模糊性、滞后性等诸多局限，因而不能自动地与具有具象性、动态性、复杂性特征的个案事实形成直接的对应关系。司法者在适用法律处理个案时，也不可能如电脑程序般地输入法条和案件事实，径直获得法律判决。法律的意蕴只有通过法官对法律的理解、解释和适用才能表现出来。❸ 在具体案件适用法律的问题中，刑法适用解释的常识、常理、常情化要求结合生活经验与常识、常理、常情等来自民间的经验知识，阐释和说明体现官方知识的刑法文本的抽象规则，以弥补这一规则的不足。❹ 既然法律解释不可避免，问题的关键就在于如何认识法律解释以及如何进行法律解释。

罪刑法定的基本原则决定了对刑法的解释必须坚持"严格解释"。"严格解释"的首选方法当推文义解释，如果不能根据文义解释合理界定刑法含义的，才有必要进行论理解释。然而由于前述法律文本的特点，文义解释方法并非在所有的情况下都能够合理地解释法律文本，因此，在文义解释力不从心的情况下，论理解释的适用也是法律解释的必要手段。论理解

---

❶　王钧. 刑法解释的常识化 [J]. 法学研究，2006 (6)：106.
❷　张志铭. 法律解释操作分析 [M]. 北京：中国政法大学出版社，1999：1-2.
❸　梁根林. 罪刑法定视域中的刑法适用解释 [J]. 中国法学，2004 (3)：120.
❹　向朝阳，李平. 法治探索与法律实践 [M]. 成都：四川大学出版社，2009：474.

释的方法包括扩张解释、限制解释、体系解释、历史解释、当然解释、目的解释等。其中,"解释方法之桂冠当属于目的论之解释方法,因为只有目的论的解释方法直接追求所有解释之本来目的,寻找出目的观点和价值观点,从中最终得出有约束力的重要的法律思想;而从根本上讲,其他解释方法只不过是人们接近法律意思的特殊途径"●。但是,刑法目的往往是一种抽象的观念存在,刑法文本的一般目的往往取决于解释者的价值判断。要想保证这种价值判断不偏离保障人权这一刑法的基本价值,必须力求解释的常识、常理与常情化。● 常识、常理、常情并不等同于民意。民意是一个错综复杂的集合体,既可能是承袭久远、深入人心的常识、常理与常情的反映,是一种"社会价值";也可能只是一时一地的非理性的集体性情绪。法的解释只能回应前者,而无关后者。常识、常理、常情是数千年来人们在长期生活中积累下来的用以稳定社会架构以及维持每个人自身存在的共同价值和道德意识,是人性、人心最本源的形态,是社会需要的最低要求和人民利益的最大共识,因而也是建立现代法治的最基本的价值基础和社会伦理基础。● 因此,常识、常理、常情是任何一种解释的方法、价值和结果都不应违背的。正如有研究者所言,法最终来自情理,来自善良百姓的公序良俗;法应当回到生活中去,消融在具体的个案中而被当事人心悦诚服地接受,从而维护社区秩序并推动生活的前进。这便是刑法解释的最大根据、最终目的,也是所谓"公平正义"的所在。● 根据这一原则,司法者在适用解释刑法并将之运用于个案处理时,不仅应当对抽象的刑法规则进行一般化的解构,而且应当根据生活逻辑、良俗常理对刑法规则进行解释,以弥补刑法一般规则的不足。

其次,刑法适用解释的常识、常理与常情化是法律实现的必然之义。

只有从公众常识出发去认识刑法,才能使刑法结论为社会公众所接受。如果解释以社会常识为出发点,那么解释结论容易得到社会认同;如

● [德] 汉斯·海因里希·耶塞克,等. 德国刑法教科书 [M]. 徐久生,译. 北京:中国法制出版社,2001:193.
● [澳] 约翰·布罗思韦特. 社会价值与澳大利亚法理学 [A] //许章润,徐平. 法律:理性与历史——澳大利亚的理念、制度和实践. 北京:中国法制出版社,2000:75.
● 陈忠林. 刑法散得集 [M]. 北京:法律出版社,2003:37-38.
● 冯亚东. 刑法解释应体现法的精神 [J]. 法商研究,2003 (3):25.

果刑法解释符合常情，那么其必然容易为社会公众所接受。

第一，立法的过程就是社会常识的法定化过程。在现代民主制度的设计中，立法总是以"人"为核心，立法者是公民意志的代表。任何法的产生及实现都是通过人的实践活动来实现的，作为民众的行为规范及司法者的适用规范，法应当以普通公民能够理解为守法的前提，以司法者能够合理适用为司法公正的保障。立法者只有以常识为基础，遵循人与人相处的基本规律、基本情感，才可能制定出为普通公民所遵守、符合人民意志的"良法"，才能体现立法的"人民性"。

第二，公民守法意识的基础是与立法者共同拥有的社会常识。那种认为公民守法的前提是基于法律的普及以及民众对法律的理解的认识是不切实际的神话。人们在现实生活中处理各种事项几乎都是依照常识，因为对大多数普通民众来讲，让其了解浩如烟海的法律是不可能完成的任务，公民的守法行为不过是基于对公序良俗的自然遵守。如果法律的解释不符合常识，人为地制造社会常识与刑法神话的沟壑，将会扭曲人们的常规生活习惯，使人们不知所措，长此以往，法律难以得到认同，也必将遭到唾弃。刑法解释既然是涉及刑法适用的活动，而刑法的适用与公民权利息息相关，涉及财产、自由甚至生命，则更要求我们以公众常识作为解释的标准和立场。

第三，刑法解释常识化是刑法生命力的保障。以人们一贯理解与认识为出发点和标准的常识化解释必然得到普遍接受，因为它反映了大众的普遍观念。对于任何法律而言，只有得到人们的普遍接受和遵守才能实现，否则就是一纸空文。对刑法解释而言，在法律条文可以包含的范围内作出符合常识的解释才能为人们所普遍接受或赞同，以此作出的裁判才能实现法律的指引功能。这样才能不仅使具有抽象性和普遍性的刑法规范具体化，而且使大众的生活逻辑参与官方的理性规则的解读，立法规则才能获得其生命力，司法者的司法判断才能具有社会亲和力。❶ 也只有如此，刑法才具有旺盛的生命力。反之，如果依靠国家强制力强行推行背离民众的规定或作出违背民众常识理解的刑法解释，则必然引起民众的抵制，即使

---

❶ 梁根林.刑法适用解释的难题——以最高人民法院对奸淫幼女的"批复"为视角［J］.吉林大学社会科学学报，2004（1）：42.

通过强制实施在短期内实现功利化效果，长此以往也会丧失民意基础，刑法的实现将会寸步难行。

第四，刑法解释的常识化是法律面前人人平等的应然之义。刑法是具有普适性的行为规范，而不是供人顶礼膜拜的神册。作为一门实践性、应用性的学科，刑法不应当只关注理论的逻辑、术语的精深，更应当面向社会实践。法律面前人人平等当然包括刑法解释上的平等。坚持刑法解释的常识化就是让法律专业人士以及社会公众在理解法律时平等且无差别，即使专业人士也很难得到"高人一等"或"胜人一筹"的学术权威。法律为法律专业人士所垄断，过分追求法律的"精英之治"最终会导致理法分离，让法律与社会公众渐行渐远。

最后，对法律解释常识常理与常情化要进行辩证审视。

司法是一种特殊的认知活动，司法推理不同于生活中的经验判断，法律真实也不等于客观真实，司法判决理所当然不应屈从于公众情感，这是法治国家的理念之一。所以，我们在提倡法律适用公众认同的同时，不能过分夸大刑法适用解释常识、常理、常情化的意义。正如恩格斯所言："常识在日常活动范围内虽然是极可尊敬的东西，但是一跨入广阔的研究领域，就会遇到惊人的变故……一旦超过这个界限，它就会变成片面的、狭隘的，并陷入不可解决的矛盾。"❶ 刑法解释的常识化绝对不能简单地等同于民众的感性化认识。民众的感性认识有时难免带有情绪化色彩。我们强调的"常识"，是经过较长时间的积淀所形成的较为稳定的为绝大多数人所接受的认识，它受个人利害和偏好的影响较小。这种认识较为稳定，具有很高的接受度。法律裁决应当服从的是通过人民代表所表现的一般意志，而不是个别意志。刑法学既是一门科学理论，又是一种职业技能，所以，对刑法的适用解释既有常识化、经验性和可操作性的一面，同时又具有概念性、科学性和专业性的一面。这就提醒我们，在注重解释的常识、常理、常情化的同时，应当特别防止两个倾向：一是将生活常识等同于专业知识，二是以感性经验替代科学理论。❷ 否则，解释的常识、常理、常

---

❶ ［德］马克思，恩格斯. 马克思恩格斯选集（第3卷）［M］. 北京：人民出版社，1995：61.

❷ 王钧. 刑法解释的常识化［J］. 法学研究，2006（6）：110.

情化不仅不能为司法与公众之间搭起沟通的桥梁，反而会将刑法的规范性与科学性消失殆尽，使刑法彻底沦为缺乏理论思辨根基的经验知识体系。

民意不同于舆论，因为"舆论"这个词带有附随性和不确定性。人们可能借助习惯和联想教会自己去怀疑那些在他们不动脑筋的情况下莫名其妙地钻进他们头脑里的倾向和信念，而只要这些倾向和信念的来源未被追究，任何一个被雇用来制造的聪明的组织者都能制造。❶ 而对于民意也需要辩证地看待，苏格拉底之死时刻提醒我们，民意有时也会成为高扬的屠刀，着眼于当今中国为例，尤其具体到刑事司法中，泛滥的民意往往成为导致审判脱轨的洪流。不可否认的是，民意、舆论对重大案件处理产生的影响，以及民意与司法在个案中的冲突，使得民意与司法的关系成为一个必须面对的课题。

笔者认为，刑法的适用应努力寻求公众认同，这是司法社会化的体现，其价值毋庸置疑。然而刑法的适用毕竟自有其需要遵循的理论支撑、推演方式和解释规则，尤其在定罪方面。虽然引入公众认同感可以解决一些争议问题，如因果关系、不作为犯作为义务的判断等问题❷，但其在刑法适用过程中只能居于辅助地位，这一特点决定了其永远不可能成为刑法适用合法化手段的主流。正如 E. 博登海默所言："一个具有这种性质的理论论证和判断，从逻辑的角度来看，可能既不是演绎的也不是归纳的，严格来讲也不是使人非相信不可的。不过它却可能具有高度的说服力，因它所依赖的乃是积累的理性的力量，而这些力量则是从不同的却通常是相互联系的人类经验的领域中获得的……这种论证具有独立和不偏不倚的精神——人们正是本着这种精神寻求解决方法的……"❸ 因此，当定性问题的司法判断与人们的情感发生错位时，我们更应该做的是切中案件要害作出符合法治理念的评述与阐释，在法的适用过程中将刑法的专业知识转化为一般公众能够理解的常识观念。而在量刑问题上，刑法适用不妨多听听来自公众的呼声，尤其是在"重刑主义"根深蒂固的法律文化下，如果民

---

❶ ［英］格雷厄姆·沃拉斯. 政治中的人性［M］. 朱曾汉，译. 北京：商务印书馆，1995：126.

❷ 周光权. 论刑法的公众认同［J］. 中国法学，2003（1）：116.

❸ ［美］E. 博登海默. 法理学、法律哲学与法律方法［M］. 邓正来，译. 北京：中国政法大学出版社，1999：260.

众都要求从轻判处，则法官需要慎重处理，不能以抽象的"司法独立"作为简单化处理的理由。毕竟，在常识性判断问题上，国民集体出错的概率微乎其微，法官所能作出的正确选择即是在法律允许的范围内吸纳民意，作出合情合理的裁判！

二、刑罚裁量

刑罚裁量，简称量刑，是指人民法院对被告人依照刑法规定裁量刑罚的审判活动。对此，马克昌先生在《刑罚通论》中的定义是："所谓刑罚裁量或量刑，是指人民法院在定罪的基础上，权衡刑事责任的轻重，依法决定对犯罪分子是否判处刑罚或适用某种非刑罚处理方法、判处何种刑种和刑度以及是否现实执行某种刑罚的审判活动。"❶ 事实上，与定罪相比，量刑问题是犯罪人、被害人以及社会公众更关心的问题，刑罚裁量是民生权利保障的重要内容。

（一）刑罚裁量的逻辑过程

审判机关的刑罚裁量活动虽然最后表现为一种确定的结果，但事实上是一个复杂的推演过程，依次包括以下几个阶段。

首先，对处刑必要性的确认。对处刑必要性的确认即指对已经构成犯罪的被告人是否需要判处刑罚的确认。犯罪行为的多样性决定了不仅不同性质的犯罪之间具有明显的区别，即使是同种犯罪，也会有犯罪事实、犯罪情节、犯罪后果等不同方面的差异，这些差异使得人民法院要根据刑罚个别化的原则在对犯罪人裁量刑罚时有所区别。刑罚的必然性从某种意义上说甚至等同于刑法的威慑力。但是，"应当受到刑罚惩罚"是指犯罪行为与刑罚处罚应然层面的对应，并不是实然层面的严格限制，在刑法规定的某些特殊情况下，对犯罪人可以只认定构成犯罪而不科处刑罚。例如，刑法中对又聋又哑的人或者盲人犯罪，对防卫过当，对犯罪预备，对没有造成损害的犯罪中止，对共同犯罪中的胁从犯等，都规定在构成犯罪的前提下可以或者应当免除处罚，这是人民法院在裁量刑罚时必须考虑的重要问题。

---

❶ 马克昌. 刑罚通论［M］. 2 版. 武汉：武汉大学出版社，1999：251.

其次，对刑种刑度的确认。在确定需要对犯罪人科处刑罚之后，应当对犯罪人适用的刑种和刑度予以确认，根据其犯罪的具体情况分别适用刑罚。对犯罪人适用刑罚要考虑两方面的因素：第一，对犯罪人适用刑罚种类的选择，即刑种选择。在我国刑法分则条文中，多数罪名都规定了不同的刑种供量刑时选择适用，在对刑种进行选择适用时，要对具体刑法条文对刑种的排列顺序予以特别关注。通常情况下，刑法分则条文对刑种的排列是由轻到重，如有期徒刑、无期徒刑、死刑。但有少数条文对刑种的排列是由重到轻，如《刑法》第232条规定，犯本罪的，处死刑、无期徒刑或者10年以上有期徒刑；情节较轻的，处3年以上10年以下有期徒刑。这种排列并不是随意设置的，而是立法者要求司法者在选择适用具体刑罚时的先后顺序，体现了对刑种选择的倾向性。第二，选择对犯罪人适用的刑罚幅度，即刑度选择。仍以故意杀人罪为例，如果属于"情节较轻的"，应当在3年以上10年以下有期徒刑这样的幅度内量刑，法官在对犯罪人适用刑罚方面拥有很大的自由裁量空间，可以在这个法定幅度内确定对犯罪人适用的刑度。即使某一刑法条文只有一个刑种，如有期徒刑，也有较大的幅度供选择（有期徒刑6个月至15年）。所以，只有做到对犯罪人判处的刑罚与其所犯之罪相适应，才能达到准确量刑的目的。

最后，对刑罚方式的确认。在对犯罪人刑罚必要性及应当适用的刑种和刑度予以确定之后，对犯罪人应当以哪种方式执行刑罚也是必须考虑的问题。一般情况下，对犯罪人判处刑罚后，按照该种刑罚的刑法规定执行刑罚即可。但是，犯罪的情节千差万别，犯罪人的情况各有不同，刑罚的执行方式也需要贯彻刑罚个别化原则，体现刑法的慈父主义和人文关怀。如，我国《刑法》、《刑事诉讼法》中分别规定有缓刑、死缓、暂予监外执行等刑罚执行制度，如果犯罪人符合某种制度规定的条件，就应当适用相应的制度对犯罪人判处刑罚。

（二）刑罚裁量的意义

只"审"不"判"的活动是没有意义的，刑罚裁量是刑事司法活动的重要组成部分。刑罚裁量的意义表现在以下两个方面。

首先，刑罚裁量是案件质量的重要标志。准确定性、适当量刑是刑事司法不懈追求的两大目标。衡量司法机关的办案质量有以下几个考量标准：第一，对行为人的行为定性是否准确，既不能混淆罪与非罪，也不能错定此罪彼罪；第二，要在定性准确的基础上，保证对犯罪人的量刑适当，既不能罪轻罚重，也不能罪重罚轻，而应当罚当其罪，否则就属于刑罚裁量错误。由此可见，刑罚裁量是刑事审判活动中的重要一环，是关系到司法机关办案质量的大问题，在督促司法机关提高办案质量方面具有重要意义。

其次，刑罚裁量是犯罪人认罪伏法的必要前提。刑罚的目的不仅在于惩罚，更在于预防，对犯罪人适用刑罚是一种特殊预防措施，而这种特殊预防发挥作用的前提是犯罪人所适用的刑罚与其所犯之罪相适应，换句话说，只有做到罪刑相适应才能达到特殊预防的目的，正所谓"轻罪重判不足以服人，重罪轻判不足以诫人"。刑事司法活动不仅要使犯罪人"认罪"，更要使其"服法"，只有既认罪又服法，才能使犯罪人真诚悔罪，坚定改造的决心和信心，也才能使特殊预防成为现实。

（三）刑罚裁量中法律效果与社会效果的辩证关系

近年来，"法律效果与社会效果的统一"越来越受到司法机关的重视。所谓法律效果，"在西方法社会学中，是指法律或判决对社会生活的作用、影响，衡量法律效果如何在于法律作用的结果能否达到法律的预期目标"❶。法律效果就是法在实践运作中产生的现实效应，也是法律期待和要求社会达到的一种预期状态。而社会效果则是指通过法律适用，实现法的自由、正义、秩序、效益等基本价值，从而使法律适用的结果得到社会公众的认同。

维护社会秩序，整合社会利益，法律是社会关系的调节器，法律的社会学属性决定了在司法活动中必须高度重视法律效果与社会效果的统一。法律效果是社会效果的前提和基础，没有法律效果就根本谈不上社会效果；而社会效果则是法律效果的社会现实反映，是检验法律效果的基本标准。在刑罚裁量过程中，既不能只强调法律效果而无视社会效果，也不能片面追求社会效果而罔顾法律规范。❷

---

❶ 朱景文. 现代西方法社会学 ［M］. 北京：法律出版社，1994：204.
❷ 阴建峰. 刑事裁判的刑法社会学解读——以许霆案为视角 ［J］//赵秉志. 刑法论丛. 北京：北京大学出版社，2008.

"许霆案"在法律效果与社会效果的持久博弈中升级为喧嚣一时的法制事件，它所引起的硝烟至今尚未完全熄灭。面对如潮的公众舆论，有人主张："对审判许霆案的法官来说，其他案件的审判与他无关，公众的舆论也与他无关。公众对整个司法环境的不满，不是许霆案这一个案的法官应当和能够承担的。如果出于为司法界争取公众好感的考虑，不顾事实而作出迎合舆论的判决，是饮鸩止渴之举，不但不能维护整个司法界的形象，反而会造成更大的负面效应。在法庭里，法官只需是一个纯粹的法律人，只要有一颗公正的心。"❶ 不过，也有人认为，面对社会的急剧变化，如果我们死死地坚守法律条文的字面意义，而不考虑社会的发展变化需求，显然就会犯刻舟求剑的错误。在中国所处的特定历史时期，如果司法机关没有适度的应变能力，法官没有高超的法律效果与社会效果的整合能力，司法就会与时代格格不入，法官就可能是一个不受这个时代欢迎的法官。❷

（四）刑罚裁量的本质要求——刑罚公平

1. 刑法意义上公平的含义

公平是现代社会文明最基本的要素，但公平从一种社会行为标准上升到法律高度，则是在欧洲资产阶级革命胜利以后。随着现代社会文明的发展，"公平"的内涵日趋丰富，其外延也日趋广泛。关于刑法的公平问题，学者们有不少论述，但对其含义的解读主要侧重于罪刑法定和罪刑均衡。如，田宏杰教授在《中国刑法现代化的关键问题》一文中指出："所谓刑法公平，就是要求刑法规范和司法适用对罪与非罪、重罪与轻罪的界限划分以及罪刑关系、刑刑关系的确立与适用应当做到公平、合理、协调，其关键就在于坚持罪刑均衡原则。"❸ 从整体来看，刑法公平应当包括立法公平和司法公平两个方面，立法公平是司法公平的前提和基础，司法公平是立法公平的保证和延伸。❹

正如美国法学家 E. 博登海默所言："相同的人和相同的情形必须得到

❶ 李勇. 法官之心不可随风幡而动 [N]. 法制日报，2008－02－27（8）.
❷ 江必新. 法律效果与社会效果统一 [N]. 人民日报，2006－05－10（14）.
❸ 赵秉志. 刑法基础理论探索 [M]. 北京：法律出版社，2003：182.
❹ 周华，蒲少良. 论刑罚裁量之公平 [J]. 甘肃社会科学，2005（1）：78.

相同的或者至少是相似的对待，只要这些人和这些情形按照普遍的正义标准在实质上是相同的或相似的。"❶

2. 刑罚裁量公平的含义

只有刑罚裁量做到了公平，刑法意义上的公平才能够最终得到实现。人类文明的进步是随着刑罚公平观念的进步而进步的。公平的时代性和阶级性也决定了刑罚裁量公平的含义是不断发展的。现代刑罚裁量公平的含义至少可以包括以下四个方面：（1）刑罚裁量的主体法定并保持中立性。刑罚裁量的唯一合法主体是法院，这已为世界各国的立法所肯定。（2）法官被相对人知晓和认可。现代刑事诉讼制度中有关法官的公示制度和回避制度，就体现了保证法官中立的制度约束。（3）刑罚裁量程序法定。（4）相同或相似的案件量刑均衡。即使个案量刑适当，如果无法保证类案的量刑均衡，也不能实现量刑公平。前三点均属于刑罚裁量的程序问题，第四点则属于实体问题。实体公平是刑罚裁量公平的核心，程序公平则是实体公平的保证。❷

在我国刑法规范中，关于如何进行"刑罚裁量"的规定只有刑法典的第 5 条和第 61 条。第 5 条规定："刑罚的轻重，应当与犯罪分子所犯罪行和承担的刑事责任相适应。"这就是"罪刑相适应原则"的规定，简单地说，就是罪重刑重、罪轻刑轻。然而罪行轻重无法量化，即便是同样的一次诈骗 5 万元，到底应判处几年有期徒刑才算"罪刑相适应"，法律及司法解释均未作出任何规定，不同的法官有不同的理解。而且，在我国司法实践中只强调裁判结果的合法性，即只强调在法定幅度内判处刑罚，并不要求同罪异案横向平衡以最大限度地实现量刑均衡。因此，类案不同判的现象比比皆是，即使在同一法院，不同法官对相同或相似的犯罪行为所作出的刑罚裁量大相径庭的案例也非常常见。这显然严重违背了现代法治的公平原则。而《刑法》第 61 条规定："对于犯罪分子决定刑罚的时候，应当根据犯罪的事实、犯罪的性质、情节和对于社会的危害程度，依照本法的有关规定判处。"此为关于如何量刑的唯一规定，与第 5 条"罪刑相适

---

❶ ［美］E. 博登海默. 法理学——法哲学及其方法［M］. 邓正来，等，译. 北京：华夏出版社，1987：282.

❷ 周华，蒲少良. 论刑罚裁量之公平［J］. 甘肃社会科学，2005（1）：78－79.

应"原则在适用上如出一辙。

量刑的公正不仅体现在每个个案中，更重要的是体现在类似个案的衡平中，抛开横向对比，抽象地谈论量刑公正与否是难以得出令人信服的结论的。正如英国刑法学者所说："法庭的职责是维护公正，而只有在一个判决与另一个判决之间维持某种程度的平衡，才能在一个犯罪者与另一个犯罪者之间做到公正。"❶

3. 我国刑罚裁量的公平状况

公平是通过横向比较实现的。虽然我国法律对法官在量刑时对相同罪名的案件进行横向比较未作规定，但在社会民众、被害人和被告人之间，这种比较无处不在，无时不在。

随着法制的完善和法制观念的进步，人们已经从20世纪八九十年代处罚犯罪分子越快越好、越重越好的"严打"观念中转变过来，开始审视刑事审判的实体公正和程序公正，开始关注类似的不同个案量刑均衡的问题，对于同案不同判的情况引发的舆论争议屡见报端。

笔者认为，制约我国刑罚裁量公平实现的根本原因在于，我国刑事法律制度和刑事政策过多强调刑罚裁量的合法性，忽视个案间刑罚裁量的横向比较，由此，法官在刑罚裁量时自然不把个案间刑罚裁量的平衡作为重要的考虑因素。

4. 实现公平的有效途径——判例化

随着我国刑事审判中量刑失衡问题的日益突出，要求解决量刑失衡问题的呼声越来越高，如何才能最大限度地实现我国刑罚裁量的公平，避免量刑失衡，是理论和实务界需要认真研究的课题。笔者认为，建立判例制度是解决同类案件量刑失衡问题的有效途径。

关于判例制度的基本内涵、历史渊源及价值意义等，学界已多有论述，笔者不多赘言。关于判例制度是否适合中国，学术界主要有三种意见：支持、反对和折中。折中的观点认为，中国不应采用判例法制度，但应加强判例的作用。

笔者认为，判例法系国家也好，成文法系国家也罢，判例的法律约束

---

❶　[英] J. C. 史密斯，B. 霍根. 英国刑法 [M]. 马清升，等，译. 北京：法律出版社，2000：5.

力都客观存在，不以人的意志为转移，实行判例法制度只是对判例本已客观存在的法律效力的认可。判例客观存在的法律效力主要体现在以下两个方面：一是个案裁判对于公众对法律的预判的影响。个案裁判生效后，此判例在被告人的亲友、邻居等知道该判例的社会公众中将不可抗拒地产生法律约束力，大家会得出结论，一旦实施这种行为就要被判此种刑罚，判例的这一作用绝不亚于刑法条文的作用。不承认判例具有法律约束力的危害是显而易见的。例如，李某诈骗 4 万元，被判处有期徒刑 5 年，而后来王某同样诈骗价值 4 万元的财物，却被判有期徒刑 7 年，量刑的不均衡损害了法律的权威和判决的公信力，进而导致公众对法律适用的不知所措，不知应该认可哪份判决。二是上级法院的生效判决，特别是二审法院改判的生效判决，对下级法院具有很强的参考作用。事实上，上级法院或本院的先前判例对审判人员都具有潜在的影响力。因此，判例的"准"法约束力在司法实践中客观存在。既然判例的法律约束力在判例的接受者——被告人和社会公众及裁判的作出者——法官中都客观存在，我们为何不能承认呢？

刑法适用解释的常识、常理、常情化无疑是对实质正义的追寻。然而在中国这样一个法治后发型国家，在现代法治精神尚未广泛树立的情况下，如何将刑法适用制度化并保证其在刑事法治的框架内运行，意义非常重大。而且，我国地域辽阔，地区发展不平衡，法律的普遍规定与特殊调整需求之间冲突剧烈。如果仅仅依赖司法者凭借"良心"适用刑法，其结果可能非但没有实现刑罚公正，使刑事裁判得到公众认同，刑事法治的规范性也将被销蚀殆尽，法国的"马格劳德现象"即为适例。1889～1904 年间，法国沙托—蒂埃里的一审法院在其院长马格劳德的倡导下发起了一个对现存法律秩序的造反。该法院以成员均为"令人满意的法官"而知名，他们在每个案件的办理中都自我发问——一个善良之人面临这样的情况会怎样做，并据此提交他们的判决。而这样做的结果是，裁判有时在外观上就与制定法不一致，那么效果究竟如何自然可想而知。❶

刑法适用及刑罚裁量的判例化为此提供了解决路径。众所周知，立法

---

❶ ［美］本杰明·卡多佐. 司法过程的性质［M］. 苏力，译. 北京：商务印书馆，2003：86－87.

源意义上的判例法在中国现阶段难以生根。然而这并不妨碍我们吸取判例法在技术意义上所释放的优点和价值。❶ 具体而言，刑事判例对于刑事司法实践具有以下几个方面的意义和作用。

首先，有助于释明刑法规范的含义，以利于法律的遵守。把判例作为一种解释，有着先天的优势，既清晰又便于遵守。"事先所颁布的成文刑法只是对原则所作的一种极不完善的表述，而法院在其判决中对这些原则的严格遵循更甚于用文字对它们的表达；公民对以成文刑法为依据的活生生的判决的解读，比单纯对成文刑法的解读更具有效性；经过司法判决确证后的法律，比没有经过司法确证的法律具有更高的权威性；法律经过司法判决的确证后，才会使公民更加确信法律，从而取得实质的预测可能性。在此意义上说，'法的构成来源便是法律与司法判决'；成文刑法本身只是'表面的'法律，经过了法院判决确证后的成文刑法，才是真正的法律。"❷

其次，有利于提升司法公信力，强化民众对刑事法治的信仰。判例作为一种先例判决，在大多数情况下就是已经经过实践证明相对合理的、能为大众所易于接受的。"'如果有一组案件所涉及的要点相同，那么各方当事人就会期望有同样的决定。如果依据相互对立的原则交替决定这些案件，那么这就是一种很大的不公。如果在昨天的一个案件中，判决不利于作为被告的我；那么如果今天我是原告，我就会期待对此案的判决相同。如果不同，我胸中就会升起一种愤怒和不公的感觉：那将是对我的实质性权利和道德权利的侵犯。'如果两个案件都一样，每个人就都会感受到这种感情的力量。因此，如果要想让诉讼人确信法院司法活动是公平的，那么坚持先例必须是一个规则而不是一个例外。这样一种感情，尽管程度会有所不同，但其根子就在于先例有沿着逻辑发展路线自我延伸的倾向。"❸

最后，有利于弥补刑事制定法的局限性，确保个别公正的实现。刑事判例充分展示了刑事个案的千差万别，具有个别性强的特征，这种显著特征就决定了刑事判例的可比照性。一方面，其为法官对类似案件相似处理

---

❶ 向朝阳，李平. 法治探索与法律实践 [M]. 成都：四川大学出版社，2009：475.

❷ 张明楷. 法治、罪刑法定与刑事判例法 [J]. 法学，2000（6）：38.

❸ [美] 本杰明·卡多佐. 司法过程的性质 [M]. 苏力，译. 北京：商务印书馆，2003：18.

提供了可供借鉴的样本，保持了刑法适用的稳定性；另一方面，在特殊的个案中，法官可以在刑事法律条款的语义范围之内，将各种事实条件重新整理，以调整刑事判例所确立的法律原则的适用范围，从而在无形之中修改不合时宜的判例，以实现刑事法律适用的个别公正。实际上，在判例的发源地——英国，人们正是凭借对传统的尊重且依靠学说和规则保卫着法律的稳定性和一致性。同时，通过援引先例、宣示判决的技巧，他们又不动声色地改变着法律，使之适应社会生活的变化。❶

可见，判例化在确保刑事法治实现的同时，能够最大限度地保证刑罚公正，获得公众的刑法认同。然而在中国当前的司法制度下，法官办案则更多地依赖抽象化的司法解释。中国刑事司法界具有"标杆"意义的许霆案其实并不复杂：2006 年 4 月，许霆与朋友郭安山在 ATM 机取款过程中，发现机器出现故障，他们利用故障取款，许、郭二人分别取出 17.5 万元及 1.8 万元。案发后，郭安山主动自首，被判有期徒刑 1 年；而许霆潜逃 1 年后被查获归案，一审被判处无期徒刑，发回重审后改判有期徒刑 5 年。在对许霆案的热议中，一些学者和民众强烈地要求立法机关修改刑法的相关规定或者最高法院为此作出专门的司法解释。从这种强烈的"求助声"中，看到的分明是刑法适用的乱象，听到的分明是司法者"无奈的叹息"，感到的分明是民众对刑法适用的迷茫。

因此，笔者认为应转换视角，改变传统做法，实现刑事司法的适度改革——刑法适用和刑罚裁量判例化。严格意义上的刑法适用解释本来包括刑法适用的具体解释和各级法院的法官结合个案审理的司法裁判，但考虑到我国法官素质参差不齐的现状，通过适用解释刑法创制刑事判例的权力尚不可能向所有法官敞开，因此，仍应当以最高人民法院对刑法适用的解释为基准。最高人民法院通过对个案的司法裁判，就刑法规定如何适用于具体个案进行权威解释，形成能够对全国各级法院处理类似案件予以指导、参考和约束的适用理由和规则，以实现类似案件相似处理的目标。当然，由于最高人民法院的刑事判例毕竟有限，亦可将下级人民法院请示最高人民法院的、存在刑法适用解释研究价值的疑难案件作为补充，精心挑选出适用解释精准、法律推理严谨和论证说理透彻的裁判，经过严格的程

---

❶ 梁治平. 英国判例法 [J]. 法律科学，1991 (1)：17.

序选定，使之成为具有司法效力的刑事判例。通过具体刑事判例形成的刑法解释，较之于传统的抽象司法解释更加丰富、具体地反映了法官作为司法实务者对法律的诚挚理解，更多地结合了经验常识和生活逻辑，更贴近个案事实地解释了刑法规定的含义，更好地体现了个案处理的个别正义以及类似案件相似处理的法治统一目标，因而必然更能赢得广大民众的价值认同。

第三节　司法保护民生的民间支持

犯罪是复杂的社会现象，刑法是通过立法过程将复杂的社会现象提炼为明确的行为规范的结果，民生刑法观强调刑事立法、司法和执行过程中对民生权利的保障。刑事司法是实现民生保障的关键环节，而司法是运用法律的过程，也就是将抽象的刑法规范还原为社会现实的过程。司法权的主体是享有法定职权的国家机关，但民生刑法观在刑事司法环节的实现不能仅依赖官方的"依律行事"，民间社会（civil society）的参与支持也是必不可少的。

一、民间社会的内涵外延

从字面理解，民间社会是"民间"与"社会"的叠加，民间是对社会的限定，即社会中的一部分因具有"民间"特性而被选择出来单独定义。因此，研究民间社会应以理解"社会"为逻辑起点。在社会科学的知识体系中，对"社会"一词有不同的理解，但笔者认为，不同学科的界定在认定社会的本质上是相同的，而只存在外延范围的差别。社会的本质内涵包括以下三点：第一，社会是人们共同生活的结合体，社会是人的社会。第二，社会是有意志的个体通过互动形成的，社会是一个互动的体系，共同的兴趣和结合在一起带来的利益是人们结成社会的深层原因。第三，社会是由相关的社会关系积累、连接而成的，社会是社会关系的体系，这些社会关系是在具体情况下人们共同生活的规范。❶ 社会学的内涵有两个特征：

---

❶ 王思斌. 社会学教程［M］. 北京：北京大学出版社，2003：31 − 32.

其一，社会是一个整合概念，是诸多社会要素的整体，任何将构成社会的元素一一穷尽的想法都是徒劳无功的；其二，社会是一个类型化概念，虽然构成社会的要素是无穷尽的，但这些要素呈现一定的类型特征，能够通过对这些要素的大致分类描绘出社会的概貌。关于社会外延上的差别，可能就是某一类社会构成要素的加入或排除。

社会学中"社会"的外延是范围最广泛的、最完整的。马克思指出"生产关系总合起来就构成所谓社会关系，构成所谓社会"❶，由此可知，社会是一个综合范畴，是经济、政治、文化总合的整体。可见，社会学中的"社会"包括国家（政府）在内，如，当我们提及"社会进步"时，当然包括国家政治发展在内。政治学和法学中的"社会"的外延是"部分"的，不包括以强制力量为基础的国家（政府），仅指与国家相对应的人类生活存在形式的整体，即人们生活的共同体或以自由契约关系为基础的人类生活形式。可见，这里的"社会"是与官方相对应的那部分外延的整体，可以用"民间"来限定，民间社会的内涵与外延与政治学、法学中"社会"的内涵与外延相符。事实上，我国历史上对社会的理解也多限定在民间范畴，在我国的古籍中，较多使用的是"社"或"会"，其中"社"是指祭祀土地神的地方，"会"是指集会、聚会，而将"社会"作为一个概念使用的情况则较少，指的是有一定联系的乡民形成的社会生活形式，可见，社会在我国历史上也有民间的意思。❷

那么社会有哪些构成要素呢？从微观角度考察，具有特定身份或地位（status）、扮演特定角色（role）的个体、群体和组织是社会结构的单位。❸（1）特定个体。身份或地位，是指在某一群体或社会中某一确定的社会位置。身份主要分为两类：一类是自致身份（achieved status），是指个人通过自身努力能够获得的身份，大多数职业属于自致身份；另一类是先赋身份（ascribed status），是指某人所拥有的被指定的并且通常不能被改变的社会身份地位，如种族、民族和年龄等。角色是对群体或社会中具有某一特定身份的人的行为期待。特定个体，就是指具备特定身份，并且须根据

---

❶ 马克思，恩格斯. 马克思恩格斯选集（第1卷）［M］. 北京：人民出版社，1995：345.

❷ 王思斌. 社会学教程［M］. 北京：北京大学出版社，2003：29 - 30.

❸ ［美］波普诺. 社会学［M］. 李强，等，译. 北京，中国人民大学出版社，2007：109.

基于身份的期待而扮演相应角色的普通民众。（2）群体和组织。社会群体（social group）是指由两个或以上的人组成的彼此认同和互动的人群。❶ 有学者将社会群体的本质特征概括为以下五点：①共同的目标和兴趣；②基于一定角色分工的组织性；③制约成员行动和关系的规范；④统一的感情；⑤互动的持续性。❷ 由社会群体的概念和特征可以看出，其外延是非常广泛的，家庭、学校、公司和公益性组织等都是群体。根据成员间关系的亲密程度，可以将群体分为初级群体和次级群体：初级群体如家庭、邻里和朋友圈等；次级群体最典型的就是组织，各种各样的组织是现代社会结构的基础。

非具有官方身份的个体和非官方的群体组织是构成民间社会的要素。综上，民间社会是与官方（国家）相对应而客观存在的，由普通民众或民众组织为主体的，具有自身的思维方式、逻辑体系、行为模式、调整规则和知识谱系的，与官方（国家）存在相异性，但又能与官方（国家）形成合作关系的存在系统。

二、民间支持的具体实现

民间社会参与司法过程是对国家司法过程的支持，对司法保障民生功能的发挥将起到不可忽视的促进作用。事实上，由于我国正处于社会转型期，各种社会矛盾激烈，司法资源远不能满足民众对法治的需求，民间社会参与支持司法过程对于及时惩治犯罪人、修复社会关系均具有重要意义。那么民间社会支持民生司法如何具体实现呢？由民间社会的概念可知，其应包括普通民众的参与支持和民众组织的参与支持，但民众组织的参与具体是通过在组织中扮演特定角色的个体实现的，与普通民众的参与并无本质区别，只不过代表了特定的组织关系与利益，但这一点就具体实现方式而言并无实质影响。因此，本书着重探讨公民个体对司法的参与支持。同时，被害人虽然是案件当事人，但就目前刑事立法而言并不是享有独立诉讼权利的诉讼主体，相对于"官方"而言，具

---

❶ ［美］约翰·J. 麦休尼斯. 社会学［M］. 风笑天，译. 北京：中国人民大学出版社，2009：106.

❷ ［日］青井和夫. 社会学原理［M］. 刘振英，译. 北京：华夏出版社，2002：85.

有"民间"的性质，并且从民生权利保护的角度，被害人就是权利受到侵害的人，保护被害人的参与权利是民生保障的当然之义。

（一）被害人的支持

笔者采用狭义的被害人概念，是指因犯罪行为而使人身或财产遭受损害的人，是相对于犯罪人（加害人）而言的。❶

1. 被害人的控告权利

对权利受到侵害的"被害人"来说，要充分保障其控告权利，畅通其维权渠道。被害人控告权利的保障既是国家治理惩罚犯罪的需要，也是积极行使司法权保障公民利益诉求的重要途径。其一，控告犯罪是刑事诉讼的起点，被害人在其中扮演重要的角色。被害人作为犯罪行为后果的直接承受者，是犯罪行为的亲历者或犯罪的第一见证人，对犯罪的时间、地点、情形、环境及犯罪人的特征、作案手法等有较为清晰明确的认识。对于某些案件来说，被害人控告以及他们提供的证据材料成为发现犯罪、迅速查明案件事实、追究犯罪的唯一途径，因此，与其他阶段被害人权利行使的状况比较，侦查阶段被害人权利的行使应当受到司法机关的重视。尤其在当前犯罪"黑数"居高不下的情况下，被害人控告应当愈加受到重视。其二，控告权是被害人的基本权利。其不仅具有能够使刑事诉讼得以启动的工具价值，也关系到被害人的人权保障。从权利保护的角度来看，被害人的权利遭受侵害后，如果不能保障被害人充分享有控告权，使被侵害的权利得以伸张，使犯罪人受到应有的制裁，则刑法公平、公正根本无从谈起，国家"尊重和保障人权"的承诺也会变成一纸空谈。

我国新修订的《刑事诉讼法》第108条第2款规定：被害人对侵犯其人身、财产权利的犯罪事实或者犯罪嫌疑人，有权向公安机关、人民检察院或者人民法院报案或者控告。❷ 这里的"报案"是指被害人向司法机关报告发现有犯罪事实或者犯罪嫌疑人的行为；"控告"是指被害人及其近亲属或其诉讼代理人，就侵犯被害人合法权益的犯罪行为向司法机关告

---

❶ 康树华. 犯罪学通论［M］. 北京：北京大学出版社，1995：547.

❷ 本书所指的"控告权利"并非专指《刑事诉讼法》第108条规定的"控告"，而是指包括报案、控告和自诉在内的可以启动诉讼程序的一切权利。

诉，要求追究侵害人的法律责任的行为。❶ 第 111 条规定：被害人认为公安机关对应当立案侦查的案件而不立案侦查，向人民检察院提出的，人民检察院应当要求公安机关说明不立案的理由。人民检察院认为公安机关不立案理由不能成立的，应当通知公安机关立案，公安机关接到通知后应当立案。第 112 条规定：对于自诉案件，被害人有权向人民法院直接起诉。人民法院应当依法受理。可见，我国法律明确赋予了被害人在侦查阶段的控告权利。然而上述规定仍然存在以下两方面的问题：一是该规定针对的是公安机关的立案监督，而没有将检察机关的立案纳入监督体系；二是对公安机关在司法实践中拒不立案的情形缺乏行之有效的制约机制。❷ 有论者针对我国目前关于被害人控告权利运行的现状与缺陷，提出了一系列完善措施❸，具体包括：（1）在检察机关内部设立立案监督机构，该机构不仅可以对公安机关进行立案监督，也可以对检察机关进行立案监督，立案监督机构与行使立案职能的机构一定要分开，以保证其公正性；（2）侦查机关不立案的，被害人有权向其上级机关申诉，请求其予以审查并责令下级机关立案；（3）设立控告人申请复议的程序，可以以听证的方式进行，控告人可以当场陈述意见，侦查机关应当进行记录，以避免书面复议所容易造成的公信力差的效果，增强程序的交涉性，能够体现程序正义的要求；等等。这些建议具有一定的合理之处，对加强被害人控告权利的保障具有积极的借鉴意义。

2. 被害人的诉讼主体地位

现代刑事诉讼研究的通行观点认为，刑事诉讼的主体有三方：控诉机关、审判机关和被告人。而刑事被害人在刑事诉讼中到底应该如何定位一直是争论不休的问题。回顾刑事诉讼制度的发展史，笔者认为，被害人的主体地位经历了一个由高到低再逐渐提高的过程。

（1）私力救济阶段：形式主导，实质微弱。现代意义上的犯罪与民事侵权在古代是合二为一的，刑法是从侵权法中分离出来的法律，最原始的犯罪也就是一种严重的侵权。因此，在古代法中，国家没有专门的追诉犯

---

❶ 汪祖兴，江燕. 公民诉讼权利 [M]. 北京：中国社会科学出版社，1999：88.

❷ 杨正万. 刑事被害人问题研究——从诉讼角度的考察 [M]. 北京：中国人民公安大学出版社，2002：257.

❸ 吴启铮. 论我国刑事被害人的控告犯罪权之完善 [J]. 汕头大学学报，2009（2）：58-59.

罪的机关,对犯罪的控诉由公民个人承担。通常,被害人或其代理人作为原告向法院直接提起控诉,只有当原告起诉后,法院才受理并进行审判。按古罗马时期的表述,"无原告即无法官",即实行"不告不理"原则。传唤被告及证人的义务由原告承担。在此阶段,被害人居于原告的地位,是整个刑事诉讼程序的发动者和主导者,享有极高的诉讼地位。但是,被害人的这种主体地位在当时并不是非常牢固的。因为没有国家公权力的介入,被害人只能通过自己的力量来保障自己的权利不受侵害。如果被害人没有意识到自己的权利受到侵害或被害人的能力微弱,那么虽然其还是刑事诉讼的原告方,但也只是名义上的诉讼主导者,其主体权利无法得到有效的保障,这样的主体地位是非常微弱的。

(2)公力救济阶段。早期被害人经常在刑事诉讼中处于十分弱势的地位,主体地位和权利实现日渐受到威胁,从而也在根源上放纵了犯罪,威胁到国家和社会秩序的稳定。因此,国家此时必须出面对刑事纠纷进行干预,采用国家力量来追诉犯罪,保障被害人权利。这种情形后来得到立法确认,形成了国家追诉主义。国家追诉主义诞生之初,是为了保障被害人的权利实现,由国家代表被害人追究犯罪人的行为责任。公诉机关被认为是国家和公共利益的代表,不仅站在国家的立场,而且站在被害人的立场,对犯罪提起公诉并支持公诉。然而在实践中,结果却偏离了制度设计的初衷,在国家追诉模式下,被害人对刑事案件的诉权受到了严格限制,被害人的诉讼主张被忽视,罪犯是否受到追诉和惩罚几乎完全取决于公诉机关的意志,而与被害人无关。

20世纪50年代以来,被害人在诉讼中所遭受的不公平待遇逐渐得到关注,被害人的诉讼主体地位再度受到重视,人权运动的发展也要求在诉讼中不能只强调对罪犯的人权保障,也要充分肯定和保护被害人的人权。于是,被害人在刑事诉讼中的地位又开始回升。我国也有明显的体现,我国1979年通过的《刑事诉讼法》规定被害人为其他诉讼参与人的一种,没有将被害人列为当事人。而1996年修改后的《刑事诉讼法》第82条明确赋予了被害人当事人的地位。受国家本位思想和国家追诉主义根深蒂固的影响,被害人诉讼主体地位呈现出天然的弱势,如,刑事被害人在法庭上没有独立的座位,没有上诉权,被害人对于刑事诉讼的进程缺乏足够的影响力。这也带来了诸多问题,据有关部门统计,自2001年以来,我国每年刑事立案数在400万件以上，被害人群体庞大。其中，上访者中大约1/3是刑事被害人。❶ 笔者认为，刑事被害人上访的根源在于其诉讼地位的边缘化。刑事被害人在我国刑事诉讼活动中缺乏话语权、参与权与表决权。由于权利的缺失，程序参与不足导致刑事被害人的诉求无法得到满足，情绪缺乏发泄的途径。

因此，笔者认为在目前的司法境遇下，在坚持国家追诉主义的立场的同时，应保障被害人的诉讼主体地位，具体表现为一系列赋权。有论者❷提出：刑事诉讼中涉及被害人利益的权利非常多，须尤其强调三项被害人的实质性权利：隐私权、对于刑事审判结果的影响权和上诉权。我国目前的刑事诉讼法没有对被害人的这三项权利作出明文规定，其诉讼主体地位也就因此没有保障。在司法领域，保障被害人实现诉讼权利对于保障被害人权利具有至关重要的作用。

3. 被害人的和解权利

20世纪70年代以来，刑事司法制度在世界范围内出现了一股强有力的改革趋势，在传统的刑事司法制度内外，关于调解、和解的争端解决机制获得了广泛的尝试和实验，并在一些国家被纳入正式的刑事司法制度。如法国的刑事调解、刑事和解，德国的犯罪人—被害人和解制度，以及英美法系国家的恢复性司法实践。我国关于刑事和解的实践虽较西方法治文明发达国家起步较晚，却是实践先行的成功一例。2002年，北京市朝阳区检察院率先在轻伤害案件的办理中引入刑事和解制度。这种柔性解决方式充分尊重当事人意愿，并公平兼顾各方利益，从而能够在有效化解积怨的同时，及时修复被犯罪破坏的社会关系，是对传统刑事诉讼模式的一种有益补充和积极探索，因此很快在全国得以广泛推广，并在适用范围、内容上不断拓展、创新，得到司法实践的积极回应。在刑事和解制度实行的整整10年之际，我国刚刚完成的《刑事诉讼法》修订将其明确规定在刑事基本法中。

刑事和解，是指在刑事诉讼程序的运行过程中，加害人（即被告人或犯罪嫌疑人）和被害人以认罪、赔偿、道歉等方式达成谅解协议之后，国

---

❶ 刘金林. 救助刑事被害人：一枝一叶总关情［N］. 检察日报，2010 - 03 - 05（2）.
❷ 徐天红. 论被害人在刑事诉讼中的主体地位保障［J］. 公安学刊，2006（1）：54 - 57.

家专门机关不再追究加害人的刑事责任或者对其从轻处罚的一种案件处理方式或诉讼制度。❶ 刑事和解作为一种新型的刑事解纷模式，主要采取经济赔偿的方式，因此也给人以"以钱买刑"的主观印象，并饱受大众争议，在推行中遭到极大阻力，但终因刑事和解制度所具有的重大积极价值而得以不断发展并最终法典化。刑事和解制度表现出对国家、社会、被告人和被害人等多元利益价值体系的整合。笔者尤其强调该制度在被害人层面的价值体现，因为对被害人进行经济赔偿直接关系到被害人的切身利益和生活境况，同时被害人得以主张刑事公诉案件的和解权利本身也是民生权利保障的重要途径。首先，刑事和解能够补偿被害人的物质损害。被害人的经济补偿需求在刑事诉讼中通常是通过刑事附带民事诉讼程序实现的，但在实践中，被告人被定罪处罚后往往不愿对被害人进行民事赔偿，通过执行来实现经济补偿更是困难重重。在刑事和解程序中，被害人对加害人的谅解减弱甚至消除了双方当事人的对立情绪，有助于加害人及时向被害人支付民事赔偿。同时，若加害人及时向被害人支付民事赔偿，司法机关可依法酌情对加害人从宽处罚。此种"利益"的诱惑可提高加害人进行民事赔偿的积极性。因此，刑事和解制度无疑更能保障被害人获得民事赔偿。其次，刑事和解能够弥补被害人的心理创伤。刑事和解中，被害人的意见被切实尊重，其表达自身意愿的权利得到了保障。在和解协议的达成与履行过程中，被害人的实际参与使其具体权利得以充分实现。在此基础上，双方达成谅解，平息加害人和受害者之间的怨恨，可以增加被害人的参与感、影响感和尊严感。

我国新《刑事诉讼法》在第五编"特别程序"中设专章规定了"当事人和解的公诉案件诉讼程序"，此章共 3 条，弥补了刑事和解法律规定上的空白，但其只是奠立了刑事和解的法律地位，而未能明确刑事和解的具体操作，不能完全实现刑事和解的价值。有论者更直接指出了我国《刑事诉讼法》关于刑事和解制度规定的三点不足❷：其一，刑事和解法律规定过于简单、笼统，难以形成一致的适用标准，不利于刑事和解的推行。

❶ 陈光中. 刑事和解的理论基础和司法适用 [J]. 人民检察, 2006 (10)：34.

❷ 徐伟, 童春荣. 中国特色刑事和解之制度构建 [J]. 乐山师范学院学报, 2012 (9)：101 – 103.

由于新《刑事诉讼法》的规定过于宽泛，在适用上只能遵从各权力部门制定的相关法律文件，但不同公权力机关之间的相关规定相互冲突，给自由裁量权的滥用留下了空间。其二，刑事和解方式过于单一，不仅不能满足当事人的需求，还极易导致新的不平等。刑事和解调停机关一般采用一次性经济赔偿的方式，这种方式虽能有效地提高履行率，但也极易导致不平等，使刑事和解沦为"刑罚交易"的工具，如导致加害人之间因赔偿能力的差异而造成的获刑不平等。对于那些有强烈和解愿望且主观恶性不深但较为贫困的加害人来说，一次性的经济赔偿无疑是其获得刑事和解机会的巨大障碍。而相对富裕的加害人却可凭借其雄厚的经济实力在同类案件中通过赔偿而得以刑事和解，以避免遭受刑罚的痛苦。其三，刑事和解调停机关与中立性质相悖，难以使公众信服。根据新《刑事诉讼法》，刑事和解的调停机关为公安机关、人民检察院和人民法院，如此一来，出现了侦查者、起诉者、正式司法决定做出者"三者合一"的局面，违背了调解人应当中立、无偏私的正义要求。为了切实保障民生权利，畅通民生保障机制，立法和司法都应该正视我国刑事和解制度中存在的上述不足，积极完备制度规范，为刑事和解的适用提供科学全面的法律指导，理性解决和解方式多元化和调停机关科学化等问题。

（二）公民的支持

公民参与司法的过程对于权利保障具有十分重要的价值和意义。一方面，对公民参与权的保障程度是衡量一个国家民主程度的重要标尺，如果公民有作为公民而积极行动的实际权利，也就是说，当公民享有一系列允许他们要求民主参与并把民主参与视作一种权利的时候，民主才是名副其实的民主。❶ 民生权利的充分实现与保障只能在真正民主的环境中实现。另一方面，从司法运行过程来看，公民的参与支持也是司法公正性的内在要求，有助于司法工作者了解事实状况，增加公民与执法者之间的互信，减少损害公民权益的权力滥用现象的出现，增加司法公信力，从而降低司法风险和成本。笔者认为，公民参与司法以实现权利保护及公平正义的过程，具体体现在不同的诉讼阶段。

---

❶ ［英］赫尔德. 民主的模式［M］. 燕继荣，译. 北京：中央编译出版社，2004：145.

1. 侦查阶段的参与支持

在刑事诉讼的四个主要阶段中，侦查程序历来是最封闭、最排斥外来参与和监督的一个诉讼阶段。公民参与司法所体现的民主、公开、权力监督等一系列现代刑事司法制度改革的基本理念能否在侦查程序中适用，确实是一个需要思考与探究的重大问题。纵观西方法治文明发达国家，侦查阶段的公开程度较低、公民参与较少是受侦查秘密原则所限。侦查秘密原则强调侦查活动的内容不对外公开，除当事人以及相关关系人外，任何人均不得介入侦查活动，避免侦查保密事项的泄露，以保障被追诉人的无罪推定原则所涵盖的相关权益和侦查效能。❶ 因此，两大法系的主要代表国家均秉持侦查秘密原则，侦查公开为例外情形。笔者认为，侦查秘密原则是应该坚持的，但在此限度之内，应尽量扩大侦查过程的公众参与，这既发扬了民主、公开、权力监督等刑事司法制度改革的基本价值理念，也符合我国刑事诉讼法中"依靠群众"的基本原则。

从我国的法律规定和司法实践来看，侦查阶段的公民参与支持主要分为两类。

（1）侦查启动中的参与支持。此类主要体现在犯罪消息的来源上，如公民报案举报义务、扭送制度和悬赏通告等制度。以扭送制度为例，我国刑事诉讼法明确授权任何公民对于现行犯、通缉犯、越狱者以及正在被追捕人可以扭送至公安司法机关。这一制度旨在鼓励社会公众见义勇为、勇于与犯罪分子作斗争，本质上是对犯罪嫌疑人人身自由的短暂控制与剥夺，由公民个人在法定的紧急情形下暂时代为行使原本仅由法定执法主体享有的侦查权或采取强制措施的权力。

（2）侦查过程中的参与支持。事实上，公民参与侦查更多地被定位为有助于扩大犯罪消息的来源，而获得犯罪消息是侦查开始的前提，即侦查启动中的参与支持，侦查过程中的公民参与涉及较少，主要体现为见证人制度和人民监督员制度。

①见证人制度。我国《刑事诉讼法》及相关司法解释中规定，对于搜查、扣押、勘验、检查、辨认五种侦查行为，应当有见证人在场旁观整个侦查行为并在相应的笔录中签字。见证人制度是在提取物证过程中的公民

---

❶ 程雷. 公民参与侦查：制度、实践与法理 [J]. 江西警察学院学报，2011（9）：39－41.

监督参与。有论者指出，我国在相关司法实践中存在两大突出问题❶：第一，侦查人员邀请见证人见证具有很大的随意性。《公安机关刑事案件现场勘查规则》中要求见证人须"与案件无关、为人公正"；而《人民检察院刑事诉讼规则》中要求"与案件无关"。这两个规范缺乏配套的可操作性细则，也没有规定未邀请见证人见证的法律后果，从而导致司法实践中选择见证人随意性太大，也由此造成许多侦查机关在执行刑事见证人制度时非常随意、各行其是。由于法律、法规和规章没有规定未邀请见证人见证的法律后果，因此，侦查人员在侦查过程中对于应该由见证人参与的侦查行为一般都很少或根本就不通知或邀请见证人在场见证，从而致使刑事见证制度成为一种可有可无的摆设。第二，以情况说明来代替相关证据。大多数侦查机关对见证人是否具有见证能力和见证资格、是否需要回避等情况没有认真审查，也没有对见证人的情况单独做基本情况笔录，只在一般询问或讯问笔录中简单注明，对见证人姓名、年龄、文化程度、精神健康状况、住址、职业、联系方式等基本要素经常出现记载不完整的情况。因此，大多数侦查机关通常以情况说明来代替相关证据，从而导致证据的合法性受到质疑甚至被排除证明力。司法实践中，对见证人制度的变相执行和流于形式会使其与制度设计所追求的公开、公正、监督等价值目标渐行渐远。在刑事案件中，应切实调动公民充当见证人的积极性，严格执法主体，落实见证人制度，完善立法，增加违反规定后的惩处措施等。

②人民监督员制度。人民监督员制度是中国特色社会主义检察制度的创新和发展，是指为了加强对人民检察院查办职务犯罪案件工作的监督，提高执法水平和办案质量，确保依法公正履行检察职责，维护社会公平和正义，依照相关规定，将人民检察院查办的职务犯罪案件过程中存在的"七种情形"❷，交由依民主推荐程序产生的人民监督员进行监督的一种新

---

❶　杨可中. 完善我国刑事诉讼见证人制度的法律思考［A］//刘宪权. 华政法律评论（第3卷）. 上海：上海人民出版社，2010：176.

❷　人民监督员制度于2003年9月在天津、河北和内蒙古等10个省、自治区、直辖市检察机关试点，最初的监督范围包括"三类案件"、"五种情形"。2010年10月29日，最高人民检察院发布了《关于实行人民监督员制度的规定》，人民监督员制度在全国检察系统全面试用，根据该规定，监督的内容变为七项，较之于试点阶段，取消了对"犯罪嫌疑人不服逮捕"情形的监督。

型的社会监督制度。❶ 根据《最高人民检察院关于实行人民监督员制度的规定》，"七种情形"包括："应当立案而不立案或者不应当立案而立案的；超期羁押或者检察机关延长羁押期限决定不正确的；违法搜查、扣押、冻结或者违法处理扣押、冻结款物的；拟撤销案件的；拟不起诉的；应当给予刑事赔偿而不依法予以赔偿的；检察人员在办案中有徇私舞弊、贪赃枉法、刑讯逼供、暴力取证等违法违纪情况的。"人民监督员参与侦查的制度设计目标被直接定位为监督自侦案件办理，其参与侦查的作用形式主要为建议、建言功能，其监督作用并不具有刚性的诉讼效力。当然，这项全新制度的实施状况尚须进一步科学的实证方法加以验证、考察，才可以对其承载的公民参与支持侦查的功能作出全面、客观的评价。

2. 公诉阶段的参与支持

相对于侦查和审判阶段，公民参与审查起诉过程的理论和实践均较少，上文提到的人民监督员制度部分涉及公诉阶段的监督职能，如对"拟不起诉"这种情形的监督，考虑到内容的完整性，统一在上文讨论。事实上，审查起诉是承上启下的一环，对案件能否最终进入审判程序具有决定性意义，在此阶段保障公民参与权也是权利保护的应有之义。因此，检察机关应注重相关工作中的制度创新。值得肯定的是，公民参与在未成年人审查起诉工作中展现出广阔的应用空间，具体如附条件不起诉、检察工作中的未成年人帮教等。笔者以北京市海淀区检察院少年检察处在办理未成年人公诉案件中引入社会工作者为例展开论述。海淀区人民检察院在审查起诉阶段，对所有涉罪未成年人引入社工帮教，这些社会工作者通过交谈、辅导和背景调查等方式对未成年人进行帮教，挖掘其犯罪的社会原因，对涉罪未成年人进行风险评估，并会形成一份社会调查报告。检察院会参考社会调查报告来确定是否对其提起公诉；即使提起公诉，法庭审判时也会考虑该社会调查报告的意见。社会调查员均为社会工作专业人员，在保障未成年人合法权益的同时也能够提升少年检察工作的科学性。社工介入少年司法工作仅限于几个发达城市的尝试与探索，尚未形成成熟经验。社会工作与少年司法制度的衔接既不是二者的偶然相遇，也不是少部

---

❶ 周永年. 人民监督员制度概论［M］. 北京：中国检察出版社，2008：3.

分人的先知先觉，而是历史的必然选择。● 上海市在检察机关引入社工帮教涉罪未成年人上起步最早，并且在实践中获得了丰富的成功经验，有论者介绍了上海市的相关新实践，即由矫正社工提前介入涉罪未成年人社会调查，此举一方面有助于提高社工的权威性，容易加强对青少年矫正对象的管理，有助于社工更好、更多地掌握青少年矫正对象的实际情况，比起以前单一地看宣判书来得更直观；另一方面也有助于保持矫正教育的连贯性。●

3. 审判阶段的参与支持

刑事审判作为法律系统的一个重要组成部分，是实现国家公平正义的重要屏障。刑事审判也是民生权利保护的重要实现渠道。因此，在审判阶段强调公民的参与支持是司法保障民生的必然要求。事实上，我国立法与实践中存在大量相关的制度设计与实践，同时，审判是一个尽量将法律事实还原到案件事实的过程，这一过程的实现也必然需要公民的参与。具体如旁听制度（案件的审理公开进行，允许群众旁听），又如陪审员制度（基层人民法院、中级人民法院审判第一审案件，应当由审判员三人或者审判员和人民陪审员共三人组成合议庭进行。人民陪审员在人民法院执行职务，与审判员有同等的权利），再如证人制度（凡是知道案件情况的人，都有作证的义务），等等。本书选取人民陪审员制度为例展开论述。

陪审制度是一种由普通公民和职业法官共同审理案件的司法制度。人民陪审员不同于职业法官，其为公民参与纠纷解决的重要角色，是司法参与权的享有者。2005 年，我国第一部独立的关于人民陪审员制度的规范文件——《关于完善人民陪审员制度的决定》出台。2008 年 5 月，据最高人民法院公布的统计数字，自该决定实施以来的 3 年间，全国各地法院经过第一批、第二批选任，共选任人民陪审员 55 681 人，参与陪审各类案件644 723 件，参与陪审次数为 944 424 人次。人民陪审员人均参与陪审案件13.82 件，参与陪审次数为 20.25 次。人民陪审员参审案件占一审普通程

● 席小华. 论社工介入未成年人犯罪审前社会调查制度的必要性［J］. 社会工作, 2012(12)：43.

● 姚慧. 矫正社工提前介入涉罪未成年人社会调查的尝试［J］. 社会工作：实务版, 2011(1)：59.

序案件的 20.09%。与该决定出台前相比，人民陪审员的人数和参与陪审案件的数量都比过去有所增加。❶ 陪审制度的设置符合人民主权及司法民主的理念。它首先是一种政治制度，应当把它看作人民主权的一种形式。当人民主权被推翻时，就要把陪审制度丢到九霄云外；而当人民主权存在时，就使得陪审制度与建立这个主权的各项法律协调一致。陪审制度对自由主义和民主主义精神的阐发，对于社会公众了解和认识司法精神、树立民众对司法的信心以及完善司法制度皆具有重要作用。人民陪审员由此也成为司法参与权的享有者。

提到审判阶段的公民参与，笔者认为有必要对司法实践中的新尝试作一简要评述，即河南省的人民陪审团改革。所谓人民陪审团，是借鉴马锡五审判方式，对现行的人民陪审员制度进行改革。具体做法为：在庭审结束后、合议庭合议前，陪审团就事实认定和法律适用发表意见，供法院裁判参考。这与马锡五裁判前征求群众意见并将群众意见纳入判决内容的方式如出一辙。根据相关试行文件，制度在设计上对陪审团成员条件规定得比较宽松，23～70 周岁的未受过刑事处罚的人员都可以成为陪审团成员，同时要求每个基层法院必须配备不低于 500 人的人民陪审团成员库。对于此种改革，学界关注热情较高，并在观点上众说不一。有学者批评河南陪审团改革"非驴非马"，因为其无论在模式选择上还是功能定位上，都既不是英美法系的陪审团制，也不是大陆法系的参审制，因而对改革的正当性基础和可能产生的影响表示担忧。❷ 有学者则充分肯定了陪审团改革中的公民参与公共事务元素，认为完善陪审团组成等相关制度、提高陪审团参与审判的水平、加强法官对民意的理性判断与裁判说理能力既是陪审团制度走向成熟之路，也必将对培养和造就具有公民意识和参与能力的合格公民起积极作用；陪审团制度可能成为培育中国式公民社会的切入点，我们有理由以积极乐观的态度鼓励之、推动之。❸ 笔者认为，双方观点都具有合理性。对于河南的陪审团改革，我们应该充分吸纳双方观点的合理之处进行理性审视：一方面，凡是有利于司法民主参与和民生权利保障的改

---

❶ 居茜. 浅议我国人民陪审员制度的完善 [J]. 福建法学, 2010 (2): 94.
❷ 王建成. 非驴非马的"河南陪审团"改革当慎行 [J]. 法学, 2009 (5): 23.
❸ 吴英姿, 王筱文. 陪审制、民意与公民社会——从河南人民陪审团实验展开 [J]. 政治与法律, 2011 (3): 18.

革尝试，我们都应该报以宽容的态度，赋予其成熟发展空间，精心地呵护其不断完善，切不可轻易彻底否定；另一方面，陪审团改革虽然定位为"辅助审判"，但仍与刑事司法决策直接相关，运用不当可能适得其反，反而有碍司法公正和民生保护，因而应持格外谨慎的态度。

第四节　司法保护民生的建言——期待可能性理论的引入

"期待可能性"是指在行为时存在的具体情况下，期待行为人不作出违法行为而能够实施合法行为。在无法期待行为人实施合法行为时，就不能非难该行为。具体而言，如果行为人实施行为时具有选择合法行为的可能性，为有期待可能性；如果行为人实施行为时没有选择合法行为的可能性，则为无期待可能性。法律不强迫行为人作出绝对不可能的事，只有当一个人具有期待可能性时，才有可能对行为人非难。如果不具有这样的期待可能性，那么就不存在非难的可能性。

期待可能性理论是大陆法系刑法理论中规范责任论的核心内容。期待可能性在责任的认定上以有期待的可能性为标准，在强调相对意志自由的同时也体现了刑法的谦抑性，直观地蕴含了保护民生的价值理念。因此，在刑事司法活动中，如果能够引入期待可能性理论作为一个基本的判断标准，那么必将大大强化我国刑事司法的民生保护功能。

一、期待可能性理论引入方式的主要争议

对于期待可能性理论的地位和作用，无论是国内还是国外，都存在很多不同的观点和看法。我国刑法学界 20 世纪 90 年代开始研究期待可能性问题，此后，对于期待可能性的地位、我国刑法中是否包括期待可能性、如何借鉴期待可能性等问题展开了争论，使这一问题在刑法学界成为一个热门的话题。[1] 对于期待可能性理论的引入问题，我国理论界主要有以下一些主张。

---

❶ 江平总，曲新久. 共和国六十年法学论争实录刑法卷 [M]. 厦门：厦门大学出版社，2010：176.

1. 借鉴但不移植

该学说一方面认为期待可能性理论在我国犯罪构成理论中找不到契合点，引进期待可能性理论对我国刑法理论的实际价值不大；另一方面又强调期待可能性理论重视人性的价值以及所提出的一些涉及法律与文化冲突及其解决的内容，有值得我国刑法理论借鉴的地方，不过，须根据我国犯罪构成理论的特点，将其思想内核和精神实质融入相关理论区域以完善我国刑事立法和司法，而不宜机械地将整块理论移植过来。❶

2. 不在刑事立法中规定，但在刑事司法中应用

该学说认为，期待可能性理论滥觞于"法律不能强人所难"的古老名言，它是否经得起实践的检验，至少在目前还没有获得肯定的答案。期待可能性理论蕴含仁和宽容的精神品质，从法律理论和司法实践的角度承认了人性中普遍存在脆弱的一面，并认为法律如果不能对人性脆弱的成分表现出应有的尊重，便会丧失人类应有的怜悯之心。因此，在今天的中国，研究期待可能性理论对于丰富中国刑法学的内容、提高中国刑法学的研究品位并且能够与世界特别是大陆法系的刑法文化进行对话具有一定的积极意义。❷ 同时，该学说又强调，由于期待可能性理论的地位与价值没有得到最终的确认，现阶段只能作为价值观念在刑事司法领域加以引导和推广，并受到一定限制。在缺乏必要的技术支持的情况下，也没有必要将之直接规定在刑事立法中。

3. 直接在刑事立法中规定

该学说认为，鉴于期待可能性理论具有普遍的合理性，为了使我国刑事政策、法律更加完善，从刑法的谦抑性和维护法制的严肃性相统一的观点出发，可以在《刑法》总则中的正当防卫（第 20 条）、紧急避险（第 21 条）条款后增加期待可能性条款，即"行为人依其行为当时的具体情况，如果不能或者难以期待其作出适法行为的，可以免除或者减轻处罚"，并进行如下限制性规定，即"对国家安全、公共安全、公民人身权利及国防利益、国家廉政制度等有重大损害的除外"。同时，在《刑法》第六章第二节"妨害司法罪"中增加说明性条款；进一步完善自首制度，科学制

---

❶ 刘秀，李小华. 论期待可能性理论和我国刑法 [J]. 广西公安管理干部学院学报，2003 (3).
❷ 杨兴培. 期待可能性的刑法实践批评 [J]. 东方法学，2008 (4).

定刑事政策；针对"两高"的司法解释存在矛盾分歧，建议在加大对立法解释进行统一协调的同时，适当将期待可能性理论思想寓于其中。❶

二、以期待可能性理论加强对民生的司法保护

对于以上观点，笔者认为第二种观点较适合我国当前的刑事法治状况。一方面，由于我国的刑法基础理论以犯罪构成的四要件为根基，如果在刑法中全面规定"期待可能性"，势必会对整个刑法体系的理解与适用造成一定的混乱和冲击。因此，在目前的情况下，"期待可能性"的全盘刑法化可能不太适宜。

另一方面，期待可能性理论又具有重要的理论意义和实践价值，其最大价值就是在特定的案件中，以对人性的合理关怀和重视来抵消成文法的固化与社会现实之间的冲突和矛盾，维持各方面利益的平衡，填补国家法律强力性和民众人性脆弱性之间的空隙，重在对处于无可奈何情况下的行为人进行适当的公力救济。

众所周知，立法是一个不断完善的过程，一旦司法者在适用刑事法律的过程中发现立法的不合理，如果没有恰当的理论为其提供判断标准，那么僵硬的纯文本主义将彻底占据上风，这样的代价对于刑事法治来说将会是惨重的。

因此，加强对民生的刑法保护，需要在司法实践中引入期待可能性理论，在作为刑事司法活动指导思想的同时，通过司法解释或者其他规范性文件将之转化为具体的操作过程和程序，赋予司法人员一定程度的司法能动性，建立起理性、规范的司法"出罪"机制，将一些行为合理地排除在"犯罪圈"之外，实现实体理性与形式理性的统一。

就具体应用而言，期待可能性理论可以用于解决很多棘手的刑法问题，如家庭内部的盗窃、为家庭成员掩饰犯罪行为、执行上级命令中的犯罪行为等。此外，在一些地方的司法裁判中，期待可能性理论也被应用于审理一些所谓的"穷人犯罪"案件，用以说明行为人为何不应承担责任或者责任应当减轻。

---

❶ 周恩深. 关于期待可能性几个问题的思考［J］. 中国刑事法杂志，2003（6）.

第五章 民生刑法观在刑罚执行中的体现

第一节 刑罚执行在刑事法治中的地位和作用

"执行乃法律之终局及果实。如果执行不得其道,那么侦查、审判的效果都等于零,国家论罪科刑之意义尽失。执行在整个刑事案件的处理上是画龙点睛之笔,是非妄语。"❶ 刑罚权是国家权力的重要组成部分,刑罚执行❷在整个刑事法治活动中占有不可取代的重要地位。以实体法、程序法和执行法为三大组成部分的刑事法律体系具体规范着刑罚执行活动,通过对犯罪人的惩罚、教育、改造,促进犯罪人重返社会,修复被犯罪破坏的社会关系,实现对民生权利的保护。

一、刑罚执行是刑罚目的实现的最重要途径

刑罚执行在国家刑罚权的实现中具有特殊的地位。"刑罚目的——预防犯罪,只通过制刑和量刑是不够的,刑罚预防犯罪的目的,最主要或者说最根本的是通过刑罚执行活动才得以最终实现。"❸ 刑罚的执行以立法机关制定的刑罚为根据,并以侦查机关、检察机关和审判机关对刑罚的追诉、裁量为前提。刑罚执行使刑罚由立法机关创制的规范形态和审判机关适用的宣告形态,变成刑罚执行实践中的现实形态。刑罚执行的目标是通

---

❶ 林纪东. 监狱学 [M]. 台北:三民书局,1997:17;袁登明. 行刑社会化研究 [M]. 北京:中国人民公安大学出版社,2005:1.

❷ 有观点认为,刑罚执行是并列于立法、司法的独立程序;也有观点认为,从大司法的角度来说,刑罚执行是刑事司法的一部分。由于刑罚执行在民生刑法观的实现中具有重要的地位,本书将之单独成章进行讨论。

❸ 马克昌. 刑罚通论 [M]. 武汉:武汉大学出版社,2002:67.

过对罪犯的惩罚和教育矫正，实现特殊预防和一般预防，从而维护社会和谐安宁，实现社会公平正义。❶

二、刑罚执行效果是衡量法治水平的重要因素

完善的立法、公正的司法尚不足以使犯罪人得到有效矫正。如果没有刑罚执行机关的准确执行，刑罚的目的就难以实现。刑罚执行绝非被动执行法院生效裁判，从刑事一体化的角度来说，刑罚执行既是对侦查、起诉、审判环节司法效果的总体评价和有力制约，又是对整个刑事司法活动目的的最终落实。对刑罚执行效果的跟踪反馈，又可以促进刑事立法部门和刑事司法部门对刑罚的科学制定与司法的准确适用，形成刑事司法的良性互动。

第二节　刑罚执行保护民生的价值理念

刑罚执行的基本原则也即行刑原则，是指贯穿于整个刑事司法执行过程中的对行刑机构具有指导性意义的准则。现代刑事执行政策的核心是行刑人道化、行刑法制化、行刑个别化。所谓行刑人道化，是指要求尊重犯罪人的人格，尊重与保障所有罪犯包括死刑犯的未经宪法、法律剥夺或限制的权利。所谓行刑法制化，则是指行刑工作要依法进行，它是我国刑事执行工作最迫切的期盼，也是保障犯罪人权的前提条件，是对国家行刑权滥用或失职的基本约束。所谓行刑个别化，是指根据犯罪人的个人情况有针对性地规定和适用相应的刑罚，以期有效地教育改造罪犯，预防犯罪的再次发生。

一、行刑人道化

尽管遏制犯罪的刑事司法反应远不只刑罚一种，但不可否认，刑罚始终都是抗制犯罪最直接、最有力的手段。事实上，刑罚手段的直接和有力来源于刑罚的严厉性和及时性，对于犯罪人而言就意味着最严重的权利剥夺，因此，对世界各国来讲，刑事司法的人道性都是需要关切的问题。

---

❶ 郝赤勇．论我国刑罚执行制度的改革与完善［J］．法学杂志，2011（10）：25.

（一）行刑人道化的含义

罪犯处遇的人道性也可以说是人道主义在刑法中的重要标志之一。[1] 行刑人道化思想在刑罚执行中的体现就是要人道地对待罪犯，充分尊重其人格尊严，保证其享有各项法定权利。

当刑罚告别赤裸裸的暴力工具形象而与人道主义结缘，作为刑罚重要组成部分的刑罚执行也迈入了人道时代。"剖析社会政治、经济生活的伦理意义，刑罚人道化是其中必不可少的价值体现，其中，刑罚执行人道主义是有机组成部分及其实施状态。"[2] 在刑罚人道主义日渐深入人心而成为当代主流刑罚思想的时候，刑罚执行的人道化理应纳入我们的视野，以改变刑罚执行的暴戾形象，使其充满人文精神。

（二）行刑人道化的流变

在刑罚发展的早期，刑罚执行以给罪犯带来摧残、羞辱为主要特征，监狱只是简单地被看作惩罚罪犯的场所，成为暴君酷吏滥施淫威、张扬暴力的工具。当时的民众尚没有意识到罪犯的处遇问题，人道和宽容的光辉还没有照到冰冷阴森的高墙深处。

资产阶级启蒙运动的兴起，使其所倡导的人道主义精神得到广泛的传播，这必然导致人民开始关注罪犯的生存状况。贝卡里亚从人道主义出发，对深受酷刑之苦的无辜者表示了深切的怜悯，开始重新理性地审视国家与罪犯之间的关系。其基于社会契约理论的观点提出，国家刑罚权源于公民对自身权利的自觉转让，因此，这种刑罚权应该是有限度的，即在维护公共福利的同时，也要保障公民个人的权利和尊严。在此之后，康德强调"人是目的"的基本理念，提出要充分尊重、关爱罪犯的人格。黑格尔抨击了封建酷刑，倡导刑罚人道主义。在黑格尔看来，犯罪行为是基于犯罪人的自由意志，其实施犯罪行为正是自觉地体现了自己的人格。那么实施刑罚的前提便是承认犯罪人的这种人格的自由意志，刑罚措施应满足犯罪人的意志要求。罪犯应被当作人来对待，而不是司法的奴隶。[3]

---

[1] 湖北省监狱局课题组. 监狱刑罚执行制度的完善与创新——以构建和谐社会为视角 [J]. 河南司法警察职业学院学报, 2008 (9): 20.

[2] 邱兴隆，许章润. 刑罚学 [M]. 北京：中国政法大学出版社, 1999: 316.

[3] 朱永超. 对我国刑罚执行人道主义缺失的思考 [J]. 法制与社会, 2009 (3) (下): 61.

"人道主义思潮推动了欧美乃至世界各国监狱的改革和进步，使监狱从长久以来弥漫的残酷野蛮的黑暗阴影中走出来，不断走向现代文明。人道原则已经成为现代行刑活动的基本观念和现代世界各国监狱发展的趋势，并体现为惩罚目的的人道化、惩罚种类的人道化以及惩罚时空的人道化。"❶ 概言之，刑罚执行的人道性不能被强制性和惩罚性掩盖，事实上，刑罚执行的人道化已成为监狱改革的一种全球性趋势，是国家走入法治化社会的重要标准。

（三）行刑人道化的价值

其一，刑罚人道化是社会文明的标志。纵观历史，我们可以总结出这样一个规律：社会文明程度越低的社会，刑罚越是残酷。古今中外，概莫能外。新中国成立之后提出的"少杀慎杀"的死刑政策标志着更高层次的文明即将到来，仅此一条就使绵延数千年的封建社会的统治者望尘莫及。社会主义文明在实现了人民当家做主的政治文明之后，最需要发展的就是法治文明，而法治文明的标志之一就是刑罚的人道化。因此，刑罚的人道化不仅属于重要的公共政策，也是法治文明的重要标志。

其二，刑罚的人道化关乎刑事司法的品格。从刑事司法的历史角度来说，刑罚人道主义在整体上表现为对生命刑的严格限制，身体刑、耻辱刑的取消，自由刑的开放化、社会化等。从人类文明进化的角度来说，刑罚人道主义的发展伴随着酷刑不断被废止、行刑越来越宽缓的历史，说到底还是人类文明的转化。酷刑的伦理是施虐的伦理，要是施虐的伦理抑或情感也能被某个社会接受，且不说这个社会必将陷入以邻为壑的状态，人的存在和实现更将无从谈起。对酷刑的防范可以通过罪刑法定和无罪推定的落实而得以实现，而罪刑法定和无罪推定原则的水平又正是一国刑事司法品格的标志。从这个意义上说，刑罚的人道化是一国刑事司法品格的标志。❷

（四）行刑人道化的实现

英国哲学家温奇博士（Peter Winch）指出："只有包含行动者观念的

---

❶　袁登明. 行刑社会化研究 ［M］. 北京：中国人民公安大学出版社，2005：89 - 90.
❷　周建军. 刑事司法政策原理 ［M］. 北京：清华大学出版社，2006：116.

研究，具体指人的意志、态度、期待、欣慰、关系等都体现了基本社会文化的一些观念，才称得上研究人类的社会关系与社会行为，否则对这种行为与关系的解读必定是晦涩难懂的。"❶ 中国具有几千年的封建专制传统，监狱的典型特征便是专制、残酷，这些特征也为公众所普遍认可，认为这是对罪犯的报复，对于报复情怀的坚信也不断衍生出对重刑的偏爱。上述种种导致中国古代社会不可能自动催生出对犯罪人的人道主义关怀，并且对现代社会也产生了深远的影响。社会长期形成的非人道观念支配着我国的刑罚执行领域，我国现代刑罚人道主义的缺失并非偶然，所以，必须从观念入手来引导、弘扬刑罚执行中的人道主义因素，营造刑罚执行人道主义的环境氛围。

刑罚执行人道主义是无法阻挡的世界潮流，其对推进刑罚文明进程、改善罪犯处遇状况、尊重保障人权等方面至关重要。我国刑罚执行状况表明了人道主义的缺失，这对法制文明建设的负面作用是不言而喻的，为了全面建设社会主义和谐社会，必须加快刑罚执行的人道化进程，关注罪犯个人价值和尊严，着眼于罪犯社会价值的复归，实现刑法的终极人文关怀。传统观念的形成绝非一朝一夕，是习惯长期积淀的结果，具有深刻的社会历史文化原因，因此，企图一次性彻底根除传统观念中的负面影响的念头也是天方夜谭。受其影响，推进我国刑罚执行人道化的进程难以一帆风顺，但只要抱定信心，刑罚执行人道主义的实现必将指日可待。

二、行刑法制化

（一）行刑法制化的含义

行刑法制化是指刑罚执行的全部工作都纳入法制化轨道，一切工作都严谨遵循法律这个权威的准则，切实做到依法行刑，推进刑罚执行工作、教育改造工作和监督工作的法制化，使刑罚执行的一切执法环节、执法行为都于法有据，都依法办事。行刑法制化建设是刑罚执行适应依法治国、建设社会主义法治国家方略的重要举措。因此，刑罚执行法制化建设一方面不能满足于现阶段的理论阐述——目前我国对行刑法制化建设的研究仍

---

❶ 黄瑞祺. 社会理论与社会世界 [M]. 北京：北京大学出版社，2005：18.

然处于起步阶段，难以满足现实需要，必须进行发展和完善；另一方面，在实践中更不能盲目进行改革和推进，行刑法制化建设需要在统一、完整、可操作性的推进思路的指引下进行，只有这样才能真正体现法制统一原则，才能更有效地解决刑罚执行中存在的实际问题。

（二）行刑法制化的价值

行刑是刑事活动的重要组成部分，以法制规范国家的行刑活动是现代法治社会的必然要求。行刑法制化是适应依法治国、建设社会主义法治国家方略的重要举措。建设社会主义法治国家已被我国宪法确认。而如何落实刑事司法裁判，直接体现刑事法律的强制性、惩罚性的刑事执行程序，体现社会的民主、文明、进步，既最大限度地坚持法律的严肃性，又最大限度地保障人权，是我们必须要面对的问题。行刑法制化程度不但取决于法律制度的完备，而且深受传统、习惯、文化、社会、观念、经济、权力诸方面因素的制约，是我们迫切需要认识和解决的重大课题。

（三）行刑法制化的现状

法律的完备是实现行刑法制化的前提。然而综合审视我国关于刑罚执行的法律规范，很难说形成了一定的体系，具体表现在以下三方面：其一，从现行《刑法》和《刑事诉讼法》的规定来看，关于刑事执行的实体内容和程序过程的规范都流于简单、抽象，可操作性不强。如，我国《刑法》虽明文规定了死刑由人民法院执行，但对执行地点、执行方式和执行后的尸体处理等方面都没有详细规范。其二，我国关于刑事执行的立法存在很多盲点，刑事执行的许多环节存在无法可依的情况。我国 1994 年颁布的《中华人民共和国监狱法》（以下简称《监狱法》）专门规范了监禁刑的执行，但对于管制、缓刑、假释等非监禁刑的执行并没有专门的程序规定。这里需要指出，《监狱法》虽然是关于刑罚执行的专门立法，但年代久远，且相关规定已与实践严重脱节，难以满足规范监禁刑执行的立法需要。其三，除刑事法律规范外，缺乏特殊行政法律规范和民事法律规范。

（四）行刑法制化的实现

目前，首先应在现有立法的基础上积极完善《监狱法》，结合我国的《刑法》、《刑事诉讼法》修订工作，不断推进社区矫正的理论准备，做到与实践相衔接。其次，应抓紧改变部分领域无法可依的状态，在必要情况下加大单行立法，如缓刑、管制等非监禁刑的执行。最后，在上述立法完善和创设的基础上，借鉴1997年《刑法》修订的经验，制定推行完备统一的刑事执行法律规范，即《中华人民共和国刑事执行法典》。

三、行刑个别化

刑罚执行科学化依赖行刑个别化。行刑个别化得以提出的理论前提是犯罪人是具有自由意志和人格个性的个体，每个受刑人的成长环境、个人处境、身份地位和受教育程度等均有所不同，这些也直接或间接影响了受刑人的犯罪动机、人身危险性程度、主观恶性程度以及所犯罪行性质的差别。受刑人的这些差异要求刑罚执行个别化，行刑主体要在正确认识上述差异的基础上，区分不同情况，科学地观察和评估罪犯，再根据评估的结果制定符合个体差异性的矫正方案，体现为不同的改造目标、改造过程、改造方式等，保证刑罚矫正的有效性。

（一）刑罚执行个别化的含义

刑罚个别化是指根据犯罪人的个人情况有针对性地规定和适用相应的刑罚，以期有效地教育改造罪犯，预防犯罪的再次发生。[1] 刑罚执行个别化是刑罚个别化得以实现的重要环节。从过程上看，完整的刑罚个别化过程包括刑罚裁量个别化和刑罚执行个别化，行刑个别化是刑罚裁量个别化的自然延伸，受宣判刑罚的限制，是在刑事司法定罪量刑基础上对受刑人的个别处遇。从内容上看，刑罚内容的具体实现正是通过刑罚执行个别化实现的。"行刑不仅仅是消极地执行刑罚，而具有其积极的内容"。[2] 从结果上看，刑罚的目的在刑罚执行中的最终实现离不开刑罚执行的个别化。

（二）刑罚执行个别化的价值

其一，惩罚犯罪人，通过对犯罪人适用刑罚实现正义。适当惩罚犯罪是刑罚的首要职能，该职能的实现必然通过刑罚执行的过程。而刑罚执行个别化力争做到罪责刑相适应，因而成为刑罚惩戒犯罪、恢复正义的最佳执行方式。

---

[1] 曲新久. 刑法的精神与范畴 [M]. 北京：中国政法大学出版社，2000：274.
[2] 陈兴良. 本体刑法学 [M]. 北京：商务印书馆，2001：818.

其二，矫正罪犯，取得最佳执行效果。在个别化的刑罚执行方式下，充分考虑受刑人的不同情况，对受刑人进行有所区别的劳动分工、教育、监管、奖励，针对其个人情况，制定适合的监管措施，最大限度地发挥刑罚的教育改造功能，通过多种方式开展对罪犯的矫正活动，使其感受到法律的人道主义精神，树立信念，自力更生，从被迫服刑转向自觉接受改造、积极重返社会。❶ 其将刑事判决确定的宣告刑和具体罪犯在服刑期间的实际表现相结合，做到在执行过程中及时调整，以便取得最佳的刑罚执行效果。

其三，为刑罚制定、刑罚裁量个别化提供经验。在刑罚执行个别化过程中，刑罚执行机关积累了大量的一手资料，从而为刑罚制定中充分考虑犯罪和犯罪人的具体情况提供了借鉴，也为在刑罚裁量中准确评估犯罪人的人身危险性提供了参考。

（三）刑罚执行个别化的实现

刑罚执行主体能否真正做到对罪犯实行个别化处遇与多种因素密切相关，其中，罪犯分类和刑罚执行内容是两个重要因素。

罪犯分类是指对不同类型的罪犯实施不同的刑罚内容，采取相对应的措施。意大利犯罪学家龙勃罗梭指出："对于天生犯罪人，应将其关押在特别机构，因为在一般机构关押会影响其他人；对于激情犯罪人，可以适用流放、赔偿损失，因为对于这类犯罪人而言，悔恨自责比任何惩罚带来的痛苦更大；对于倾向性犯罪人，不宜反复适用短期自由刑，以免他和习惯性犯罪人接触，比较有效的方法是缓刑和不定期刑；对于习惯性犯罪人，由于其犯罪具有习惯性，可以考虑将他们送到流放地永久隔离。"❷ 龙勃罗梭并未明确提出刑罚个别化的概念，但其提倡对犯罪人进行分类并根据分类安排不同矫正措施，充分反映了刑罚个别化思想。罪犯分类是刑罚执行个别化的前提和基础，罪犯分类是否科学、合理对刑罚执行个别化的实现至关重要。因此，一个能够根据罪犯情况及时调整的罪犯分类系统有利于刑罚个别化的实现。

---

❶ 林树锦. 论再犯罪预防与刑罚执行的个别化 [J]. 玉林师范学院学报（哲学社会科学版），2009（6）：34.

❷ ［意］龙勃罗梭. 犯罪人论 [M]. 黄风，译. 北京：中国法制出版社，2000：65.

刑罚执行内容以刑事司法机关的生效判决为基础，其中宣判的刑罚种类与刑罚执行休戚相关。具体来说，法院宣判所确定的受刑人所要承受的刑罚种类不同，刑罚执行的具体内容则大为不同。以生命刑和自由刑为例，死刑立即执行为一次性彻底剥夺受刑人的生命，而自由刑的内容表现为通过将受刑人置于完全封闭的环境中来教育、改造受刑人，两者在刑罚执行内容上的差别显而易见，并且与自由刑的处遇变更相比，死刑立即执行压根不存在刑罚变更的问题。此外，纵观刑罚的历史发展过程可见，刑罚执行的内容并非一成不变，而是日益呈现多样化的趋势，包括程序和方法的多样化，这种内容的多样化也为刑罚个别化的实现创造了前提条件。只有刑罚执行的内容是多种多样的，执行主体才能根据受刑人的不同特点和矫正需要进行选择配置，以保证刑罚执行的有效性。

第三节　现行刑罚执行制度在民生保护上的欠缺

刑罚功能的自身局限难以适应预防犯罪的客观需求。从现实情况来看，国家使用刑罚权惩罚犯罪并没有收到人们理想中的效果，刑罚功能自身的局限性使得遏制犯罪的道路变得异常艰难。以刑罚的威慑功能为例，刑罚对于不知行为为罪的法盲、激情犯、过失犯难以发挥威慑作用，对抱有侥幸脱逃心理的犯罪人、蔑视刑罚者的威慑作用不大。另外，因身份地位、家庭环境等具体情况的不同，每个人对刑罚痛苦的感受千差万别，对于那些生活在社会底层，衣不遮体、食不饱腹的犯罪人来说，刑罚中的自由刑反而是其生存下去的办法。因此，立法者所预设的刑罚惩罚功能并不能在每一个人身上都达到同样的功效。刑罚的重要功能往往受到犯罪人主观意识和社会客观条件的制约，难以达到预想的改造效果。

更为现实的问题还包括监狱的问题。"监狱的设置，是人类对恶行，或是对危害行为的一种本能反应，是与人道和人性相对立的社会制度的产物，而不是纯粹理性的设计。"❶ 刑罚的基本任务之一就是通过执行刑罚矫正、消除其反社会性，使其从思想到行为接受并符合社会规范和社会价值

---

❶ 皮艺军. 监狱的悖论与行刑个别化 [J]. 江苏警视, 2005 (8)：7.

标准，而不再重新实施犯罪行为，成为守法公民，也就是所谓的"再社会化"。"监狱的改造功能，在国际范围内，有深刻的理论基础，而在中国为最。改造人，是监狱制度在现代中国的最深刻、最广泛的体现。"❶ 然而监狱行刑自身的局限性与行刑目的之间存在的矛盾形成了监狱行刑悖论，罪犯"监狱化"成为一个无可回避的现象。"监狱化过程的发生不仅可能使罪犯改造和再社会化倍加困难，而且可能加深罪犯的反社会性程度，产生众多的累犯和惯犯。"❷

　　而且，刑罚在一定程度上满足了受害人报复欲望的同时，却并不能对任何受害人都起到实际的补偿效果。"根据联合国在世界范围内所作的一项调查，有半数以上的被害人关注的并不是对犯罪人的惩罚，而是如何使自己的物质精神损失得到补偿，但现行刑事司法体制的运作模式显然无法满足被害人的真正需要。"❸ 实践中，即使有刑事赔偿，它的实际给付也不容乐观，当被害人无法从罪犯处获得赔偿时，我国法律却没有其他行之有效的替代性补救措施。如此，部分被害人在刑事诉讼中仅收获了所谓的精神抚慰，其因犯罪所受损失无法得到有效救济，这有可能使被害人因没有实际物质保障而陷入极端困境，诱发新的犯罪。

　　在我国，刑罚执行中的减刑、假释、保外就医等制度都存在不少问题，如减刑的适用对象、短刑犯的减刑、法定假释条件难以把握等。这些问题既是法律问题，也是民生问题，因为它们与犯罪人的权利息息相关。这些问题的存在不仅不利于民生的保护，甚至还有可能引发民众的不满与激愤，激化社会矛盾。此外，诸如犯罪人在劳动改造过程中的工作条件、工作待遇、权利救济等细节问题更是时刻体现着一个国家的人权保障水平，体现着刑事法治的文明程度。

　　因此，正视刑罚执行制度中对民生保护的缺乏与不足，提倡民生刑法观，对于我们整体刑事法治水平的提升，对于当前保持国家的长治久安，显然都具有重大的价值和意义。

---

❶ 张晶. 社会主义和谐社会：认识监狱价值的新视域［J］. 中国司法，2007（3）：40.

❷ 王平. 中国监狱改革及其现代化［M］. 北京：中国方正出版社，1999：116.

❸ 张庆方. 恢复性司法［A］//陈兴良. 刑事法评论（12 卷）. 北京：中国政法大学出版社，2003：449.

第四节　刑罚执行保护民生的路径——以社区矫正为例

刑罚执行制度的完善和创新对于实现刑罚执行保障民生的功能具有重要意义。刑罚执行是一项系统工程，包括一系列具体制度，本书仅以社区矫正为例进行探讨。

随着社会文明程度的不断提高，刑罚观念由报应主义逐步转化为教育矫正主义，行刑方式也由监禁刑矫正为主过渡到监禁与社会矫正兼顾的矫正模式。德国刑事社会学派的代表——李斯特曾提出的"矫正可以矫正的罪犯，不能矫正的不使其为害"目前已成为国际社会主流的刑事政策观点。我国顺应这种历史潮流，首先从实务界推动了行刑模式的改革。2002年8月，上海市率先起步，进行了对社区矫正的探索。最高人民法院、最高人民检察院、公安部、司法部于2003年联合下发了《关于开展社区矫正试点工作的通知》（以下简称《矫正通知》），先后确定了第一批、第二批社区矫正试点城市，从此拉开了社区矫正在我国实践的序幕。

一、社区矫正及其理论基础

社区最早是作为社会学概念进入研究领域的，是现代社会变迁与社会学理论发展的产物。最早提出社会概念的是德国社会学家 F. 滕尼斯。他所认为的社会是一种礼俗社会，即那些有着相同价值取向、人口同质性强的社会共同体，主要指传统的乡村社区。❶ 在我国，"社区"一词最早是由费孝通先生翻译自英文"community"，后来被我国社会学界普遍接纳，成为通用术语。我国的社区建设起步较晚，2000年11月，中共中央办公厅、国务院办公厅转发了民政部《关于在全国推进社区建设的意见》，由此在全国很多城市掀起了社区建设的热潮。该意见对社区作出了界定——"聚居在一定地域范围内的人们所组成的社会生活共同体"。社区作为一个相对完整的社会实体，包括地域空间、人口状况、服务措施、社区文化、社区组织五个要素。

---

❶ 葛炳瑶. 社区矫正导论 [M]. 杭州：浙江大学出版社，2009：5.

(一) 社区矫正的产生和发展

"社区矫正"（community correction，community-based correction）是美国、加拿大等部分西方法治发达国家对罪犯在社区中接受刑罚的称谓。在行刑方式中，社区矫正是与监禁矫正相对应的，将符合条件的罪犯置于社区之中，由专门的国家机关主导，同时密切结合相关社会团体、民间组织或社会志愿者的协助，在司法机关确定的法定期限内，矫正受刑人的犯罪心理和行为变化，以促使其顺利回归社会的非监禁刑罚执行方式。社区矫正立足于刑罚执行的个别预防，制定针对个案的个性化矫正方案，同时又不放弃一般预防，具有较全面的矫正功能。

社区矫正作为国家刑罚的执行活动，是人类刑罚思想和行刑制度发展到一定阶段的产物。从原始社会到奴隶社会，残酷和野蛮成为这一时代人类刑罚的代名词，找不到社区矫正的影子。十七八世纪资产阶级启蒙运动蓬勃发展，以贝卡里亚、边沁、费尔巴哈等为代表的刑事古典学派针对封建社会罪行擅断、严刑峻法的现象指出：对罪犯的处罚根据只能是其实施的犯罪行为及其对社会的危害程度，超过行为危害程度的刑罚是不公正的。在刑事古典学派思想的影响下，欧洲进行了监狱制度的改良，极大促进了罪犯的人道化待遇。❶ 虽然古典学派的这种刑罚思想并没有使监狱行刑的重心放在培养罪犯重新适应社会生活的素质和能力上，而是放在了对罪犯的消极隔离、限制、管束上，但是，这种刑罚思想的转变推动了社区矫正理念的产生。

19 世纪后半期，西方社会城市化进程加快，贫富差距拉大，贫困、失业、颓废现象日益严重，随之出现多种严重社会问题，其中包括高犯罪率的发生。以有效遏制犯罪、保卫社会为目标的刑事实证学派应运而生。其强调刑罚的目的不仅是报应，还包括矫正犯罪人的反社会性人格，使其重新社会化，以顺利回归社会；刑罚执行的重心应该从关注刑罚转移到关注犯罪人如何再度社会化。刑事实证学派的刑罚思想引发了刑罚史上的一次大革命，促使包括缓刑、假释等现代刑罚制度的诞生，社区矫正制度也从这里起步，并不断发展壮大。❷ 在这种思想的引导下，19 世纪初，英国、

---

❶ 葛炳瑶. 社区矫正导论 [M]. 杭州：浙江大学出版社，2009：3 - 6.
❷ 葛炳瑶. 社区矫正导论 [M]. 杭州：浙江大学出版社，2009：3 - 6.

美国相继创立、完善了假释、缓刑制度。其中具有代表性的事件是：1841年约翰·奥古斯塔斯主动为一名酗酒并即将被判处监禁的人担当"善行保证人"，得到波士顿法院的允许，3周后再到法庭，此人行为同于正常人，法院仅判处1美分的罚金便将其释放。19世纪中后期，英国人亚历山大·麦科诺基及其追随者沃尔特·克罗夫顿致力于监狱改良实践，这些事件促进了英美缓刑、假释制度的形成，社区矫正制度产生和发展。到了20世纪30~70年代，社区矫正制度发展壮大，种类更多样化。虽然1974年罗伯特·马丁森在对纽约州矫正系统进行长达3年研究后，得出了"矫正无效"的结论，但经过反思，美国加强了社区矫正中的惩罚功能，建立了"中间制裁"等措施，使社区矫正制度得以完善，并在实践中发展成熟而被广泛适用。据统计，在当代，美国、英国、法国等社区矫正率在50%以上，而加拿大、澳大利亚甚至接近80%。❶

（二）社区矫正的理论基础

第一，行刑社会化理论。在传统的以监禁为主的刑罚执行模式下，监狱的封闭性使犯罪人与社会隔绝，社会适应性减弱，出狱后更是受到排斥、歧视，导致一部分人再次走上犯罪道路。有感于监禁刑的弊端，瑞士人克罗海最早提倡行刑社会化并将之付诸实践。20世纪60年代以来，基于人本思想产生并日渐兴盛的行刑社会化运动蓬勃发展，行刑社会化也成为当今世界行刑制度发展的趋势，是一个国家人权得以保障、人道得以落实的重要标志，甚至成为衡量一国刑罚文明程度的重要标志。在现代法治国家，社会组织在犯罪控制中的作用日渐显现，其"刑事司法合作者"地位也得以确认，成为社会利益冲突的"调节器"、"减压阀"。犯罪人的矫正是一项复杂的社会系统工程，在司法资源稀缺有限的情况下，仅靠司法机关的力量无法胜任对犯罪人的再社会化，并且司法机关强硬、威严的外在特征会引起犯罪人的心理排斥。而没有任何强制因素和权力色彩的社会组织，以平等身份开展对犯罪人的社区矫正，给予罪犯人性化服务与关怀，可以有效弥补司法机关的不足，进而也建立了国家政府与公民社会之间共同合作的伙伴关系。

---

❶ 郭建安. 社区矫正制度：改革与完善［A］//陈兴良. 刑事法论评. 北京：中国政法大学出版社，2004：316－317.

实际上，社区矫正本身就是社会组织主动介入刑罚执行领域，后被官方认可并形成体系的司法制度。没有社会组织的参与配合，这项制度的优越性就难以展现。

第二，刑罚救治论。19世纪后半期，强调报应主义的刑事古典学派刑罚理论面对不断掀起的犯罪浪潮显得力不从心，于是，以有效遏制犯罪、防卫社会为目的的刑事实证学派应运而生，其代表人物有龙勃罗梭、菲利等。刑事实证学派否认人具有绝对的自由意志，在他们看来，犯罪是由行为人个人因素和外界两方面因素决定的，一旦这些因素出现，行为人实施犯罪就实属必然。个人的行为是由其遗传因素及其生活的社会因素和自然因素决定的，在犯罪还是不犯罪问题上，行为人没有选择的自由。犯罪行为在客观上造成的侵害不过是犯罪人的人身危险性的外部表现，因此，应受谴责的不是犯罪人的行为，而是犯罪人的反社会人格。

从此点出发，刑事实证学派强调刑罚的目的不应是单纯地报应犯罪，而应是矫正犯罪人的反社会人格，使其重新社会化。刑罚执行关注的重心应从关注惩罚转移到关注犯罪人如何通过教育改造尽快复归社会。❶

第三，标签理论。20世纪60～70年代，社会的空前分化给了标签理论发展的机会，美国对犯罪学的标签理论给予了认可和肯定，使标签理论盛行一时。此理论的代表人物是莱莫特和贝克尔。其基本观点是：犯罪人的越轨行为是行为人与社会互动的产物。行为人之所以成为越轨者，往往是因为社会在处理行为人的越轨行为时，给他贴上了不良"标签"，这些标签是一种社会耻辱性的"烙印"，将越轨者同其他人分开，被贴上"标签"的人逐渐接受和认同社会对自己的不良评价，继而与其他具有同样标签的人为伍，在犯罪的路上越走越远，最终无法自拔。

标签理论片面强调心理反应，忽视社会问题的本身性质，有其自身缺陷，但其实用性给了普通民众以及社会工作者深刻启示：应尽量避免给"越轨者"贴上不良"标签"，应当极力帮助和治疗，使其不脱离家庭、社会环境，尽量弱化标签色彩。

（三）社区矫正的特点

社区矫正兼顾行刑和矫正的特点，与监狱矫正相比具有明显的行刑方

---

❶ 葛炳瑶. 社区矫正导论［M］. 杭州：浙江大学出版社，2009：5.

式的社会性、行刑对象的限定性、刑罚执行的弱惩罚性。

第一，社区矫正具有社会性。行刑方式的社会性主要表现在以下几个方面：首先，工作主体的社会性。在我国，社区矫正是由司法机关作为执法主体、以社会力量作为协助力量的行刑工作。社区矫正积极利用社会资源，整合社会各方面的力量对犯罪人进行教育、矫正。社区矫正由社会分担了国家对轻犯罪人的矫正负担，从而使国家能够集中精力投身到对其他犯罪人的矫正工作中。其次，矫正方式的社会性。在实践中，各个社区矫正工作实践项目中都设置了公益劳动，如道路养护、绿化培植等，使社区服刑人员通过"看得见，摸得着"的公益劳动为社会创造一定的社会价值，实现自我的再社会化。再次，工作方法的社会化。社区矫正工作人员通过与犯罪人平等交流，为犯罪人发挥自我潜力、自力更生提供帮助与支持，弥补了刑罚执行活动社会关怀不足的弊端。最后，矫正场所的社会化。社区矫正将犯罪人置于开放型社区进行矫正，相对于监狱矫正，矫正对象拥有更多自由。

第二，社区矫正对象的特定性。适用社区矫正的犯罪人具有范围的限定性，其共同特征有：已被生效判决确定为有罪，罪行较轻，犯罪社会危害性小，确有悔改表现，不致危害社会。根据"两高两部"的《矫正通知》，社区矫正的对象针对5类人，分别是被判处管制的、被宣告缓刑的、被暂予监外执行的、被裁定假释的、被剥夺政治权利并在社会上服刑的。《刑法修正案（八）》中明确规定，对管制、缓刑、假释等犯罪分子实行社区矫正。

第三，社区矫正是一项弱惩罚性的刑罚执行活动。社区矫正归根结底是一种刑罚执行活动。"如果刑法全然失去了惩罚的目的，如果刑罚真的只具有教育、改造甚至治疗的目的，那么人们不禁要问：当罪犯没有受到身体上的痛苦，其犯罪所获得的唯一后果却是免费教育的特权时，刑罚的存在还有何意义？"❶ 惩罚性对社会矫正来说是必要的，也是非常重要的一种特性，它是司法属性的必然体现。一方面，它使犯罪人在惩罚的痛苦中感受到犯罪的得不偿失，反思进而改正自己的行为；另一方面，它也安慰了被害人的情感，迎合了普通民众善恶相报的观念。但是，这种惩罚性是

---

❶ ［意］加罗法洛. 犯罪学［M］. 耿伟，译. 北京：中国大百科全书出版社，1996：288.

轻微的，它将犯罪人放在一个相对开放的、社会公众参与的环境中去矫正，相对于"监禁矫正"，它的惩罚性显著降低。

二、社区矫正的实证分析

（一）社区矫正的发展模式

根据社区矫正的发起方式、资金来源等不同，社区矫正可分为三种模式：第一种，社区主导型。以美国为例，如前所述，该种社区矫正类型的特点是政府不直接干预社区矫正活动，政府对社区矫正的发展主要表现在提供制度规范。在社区矫正发展的推动力中，社区自治处于中心位置，具体工作由社区居民自主治理，社区层面的组织及居民按照自治原则处理矫正事务。第二种，政府主导型。以新加坡为例，该种类型的特点为政府和社区紧密结合，社区矫正具有浓厚的官办色彩，政府对社区矫正的干预较多，并且较为具体。第三种，混合型。以日本为例，政府对社区矫正的干预较为宽松，官办色彩与民间自治在社区发展中彼此交织。

（二）英美等国家社区矫正的发展状况

社区矫正制度最早在英美国家建立起来。社区矫正制度发源于英美国家，美国社区矫正迄今已有100多年的历史，此项制度到了20世纪六七十年代已发展成熟。1996年，美国已经有28个州通过了社区矫正或者类似于社区矫正的地方性法规，绝大多数的州设立了矫正局。美国在社区矫正立法、理念、队伍等方面已经相当完善，但仍在继续寻求和探索社区矫正的最佳管理模式。英美国家早期的社区矫正采用自上而下的发起模式，经历了社区矫正发展低谷后，由非政府组织、志愿者、一般公众组成的自下而上的模式逐渐取代了前者。这种发展模式以捐款、基金等社会捐助为主要资金来源，更多地关注国民福利、被执行人人权及社会改革；在参与方式上，社区矫正的发展强调唤起社会集体行动、依赖大众运动和使用大众媒体。以美国为例，20世纪70年代，伴随监狱矫正犯罪人弊病的暴露，此项制度迎来了第一次兴盛。80年代，随着犯罪率的升高，民众对社区矫正产生疑虑，该项制度随之走向低谷。然而到了90年代，美国监狱人满为患，此项制度再次逢春，美国的社区矫正模式也由单一的传统模式演变为多元整合模式，其中，非政府组织承担的矫正事务越来越多，为满足社区矫正事务的需要，除了从政府获得资金支持以外，还积极建立自理机制，政府公权干预色彩越来越淡。❶据统计，在美国，正式社区矫正工作人员约 7 万人，而每年参与这项工作的志愿者就有 30 万～50 万人。同时，美国还建立起不少私立的服务于社区矫正的教养所、治疗中心、康复局等教育机构。❷

（三）我国社区矫正工作的开展情况及存在的问题

我国的社区矫正起步于 21 世纪初。2003 年，我国才在建设良好的社区开始社区矫正试点，开展此项工作至今仅 10 余年。2003 年 7 月 10 日，最高人民法院、最高人民检察院、公安部、司法部联合发布《矫正通知》，确定在北京、上海、天津、山东、江苏、浙江 6 个省、直辖市先行开展社区矫正试点工作，由此正式拉开了我国开展社区矫正工作的序幕。在总结首批试点经验的基础上，2005 年 1 月，"两高两部"下发《关于扩大社区矫正试点范围的通知》，将湖北、内蒙古等 12 个省、自治区、直辖市列为第二批社区矫正试点单位。《刑法修正案（八）》的颁布在我国社区矫正工作发展中具有重要意义，修正案中明确规定对管制、缓刑、假释等犯罪分子实行社区矫正，改变了过去由公安机关执行或者监督、考察的模式，从立法上确立了行刑社会化理念，从中也体现和贯彻了人本刑法价值。

自 2003 年 7 月我国实行社区矫正试点工作以来，形成了北京模式——政府主导型，政府投资成立公益性社区组织——阳光社区矫正服务中心；上海模式——社区主导型，成立民办非企业性质的社团——新航社区服务总站，采取政府购买服务的方式，这种购买服务所形成的买卖双方关系其实只是一种理论上的关系，实际上很难实现。无论是"北京模式"还是"上海模式"，在工作运行过程中都与政府有着千丝万缕的联系，社区服役人员处于政府服务接受者、政府行政资源依附者的地位；无论名义上由谁来管理，实践中，矫正工作者都处在司法行政部门的管理下，自主运作能力有限。❸社区矫正在我国经历了从无到有的发展，理论界的追捧和实务

---

❶ 张鹏. 英美社区矫正模式述评［A］//刘强，蒋爱东，朱久伟. 社区矫正理论与实务研究文集. 北京：中国公安大学出版社，2009：425－427.

❷ 胡配军. 社区矫正教育理论与实务［M］. 北京：法律出版社，2007：218.

❸ 谭恩惠，李玲芳. 我国社区矫正实施中的问题及对策［A］//刘强，蒋爱东，朱久伟. 社区矫正理论与实务研究文集. 北京：中国公安大学出版社，2009：175.

界的响应使社区矫正的各地试点捷报频传，但通过仔细梳理发现，无论"北京模式"还是"上海模式"，均处于摸索阶段，尚无成熟的工作机制可循。

社区矫正的最大特点就是要体现社区参与性。社区矫正不仅仅在"社区"这个地理概念上发生，更应体现社区积极矫正罪犯的作用。❶ 要充分利用社会资源才是真正意义上的社区矫正，社区矫正的真正执行主体应该是非政府组织和自愿投入到犯罪预防工作中的人，而非政府。政府只能是一个监督者、组织者，而不应该是具体的执行者。从长远来看，政府大包大揽投资并处于主导地位，社会力量参与不足，与国家降低行刑成本、提高行刑效率的初衷相违背，与社区矫正的本意不符。我国社区矫正应充分发挥群众的作用，发挥社区的力量，广泛利用社会资源，提倡居民自治。除此之外，我国社区矫正工作还存在缺乏规范、体制不全、力量不足、经费紧张等问题。

三、借鉴与发展——我国社区矫正制度的完善

英美社区矫正从早期单一模式向社会多元整合模式发展，超越了单纯的政府主导模式或社会自治模式，发展为混合模式。英美社区矫正的发展对我国社区矫正建设具有多方面的借鉴价值。

首先，社区矫正主体的多元化。英美社区矫正的社会参与程度在不断加强，参与形式与具体机制不断深化。在混合模式下，社区居民在参与方式上由被动响应政府号召转为主动参与，由单纯的政府主导或社区居民主导转化为政府、社会组织特别是非政府组织与社会志愿者等新生力量共同参与。我们也应打破以政府自上而下"运动"式为主、居民参与为辅的模式，鼓励非政府组织、社会志愿者、社区居民、矫正对象家庭成员等主体自发参与，将社会力量的广泛参与作为社区矫正的重要基础。

其次，政府作用的有限性。英美社区矫正模式中，政府的作用更多地体现在规范提供和监督组织上，一方面节约了司法资源，另一方面也提高了社会参与的积极性。从我国的现实情况来看，政府在社区矫正过程中处

---

❶ 苏彩霞，邵严明. 我国社区矫正试点工作中的问题与对策 [J]. 刑事法学，2010（4）：88.

于主导地位，如果我国社区矫正坚持现有的行政化发展模式，那么社区矫正的推行实质上是政府职能的扩张，从某种意义上讲，社区矫正便会成为监狱矫正的"变异"，有悖于社区矫正的本质，也难以实现行刑经济化的目标。将民间社会资源整合入国家对犯罪的改造、防范机制中，正是社区矫正的应有之义和主要特色，在此背景下，我们需要对社区矫正机制中如何有效利用民间资源予以关注。

最后，社区资源功能的整合性。20 世纪 80 年代以后，英美社区矫正有意识地通过社区资源与功能的整合来加速发展。它超越了简单的公权干预的资源整合方式，实现了调动各种资源、发动各种力量的社区自治式发展。政府、非政府组织、志愿者、社区民众、矫正对象家庭成员等多方力量在社区自治的基础上进行整合，形成了矫正的合力。我国 10 余年的社区发展历程基本沿袭了政府主导模式，公权力色彩抑制了社区自治整合发展。英美社区矫正的社区资源、功能整合之路值得我们借鉴。

最后要强调的是，在刑罚执行方面贯彻民生刑法观，我们可以努力的方向还有很多，社区矫正只是其中的一个方面。与监禁刑相比，社区矫正在保障犯罪人的人权、提高教育效果等方面确实具有明显的优势，但它又不是万能的。着眼于刑法一般预防的功能，从当前世界各国改革的浪潮来看，行刑的人道化、法制化和个别化的趋势日益明显，诸如探视和赦免（大赦、特赦）制度、服刑人员的权利救济、刑释人员的救助等方面的民生探索与实践更是百花齐放、层出不穷。但是，囿于篇幅的限制，本书无法一一论及。作为一项长期的研究，笔者日后将持续关注民生刑法观在刑罚执行方面的制度化应用问题。

余 论

事实上，在对刑法文化的勾勒上，陈兴良教授提出了政治刑法与市民刑法❶，李海东博士提出了国权主义刑法与民权主义刑法。❷ 正如陈兴良教授所言，在一定程度上，政治刑法与市民刑法可以和国权刑法与民权刑法相对应。❸ 这实际上反映了刑法的基本功能：政治刑法及国权刑法以国家利益为上，将国民视为客体，侧重于保护社会秩序，更多体现的是刑法的社会保护机能。"法律规范的设定被国家所垄断，《刑法》的公布意味着由国家确立了'罪'与'非罪'、'正确'与'错误'的终极标准，其他的规范（道德的、纪律的、组织的、共同体的）不得超越《刑法》所设定的界限。同时，国家也操纵着甚至垄断着对原来存在的形形色色的惩罚方式和惩罚机构的排列、分配、合并、组织、取消和规范"❹。由此观之，在此种模式下，国家和社会处于主导地位，国民处于从属地位。而市民刑法与民权刑法高度重视国民利益，侧重于国民权利的维护，约束国家权力的延展，尤其是抑制国家权力的滥用，特别是防止犯罪人权益被剥夺或限制。"在二元社会结构中，就政治国家而言，其设立的基础是市民社会的需要，因为权力必然服务于权利、保障权利，而不能侵害、侵犯甚至吞食权利，权力必须有其明确的界限。"❺ 此种刑法文化的理念是："在刑法领域应当将个人自由放在第一位，将社会秩序放在第二位，刑法应当尽最大可能地

---

❶ 陈兴良. 从政治刑法到市民刑法——二元社会建构中的刑法修改 [A] //陈兴良. 刑事法评论（第1卷）. 北京：中国政法大学出版社，1997：38 - 39.

❷ 李海东. 刑法原理入门（犯罪论基础）[M]. 北京：法律出版社，1998：5.

❸ 陈兴良. 法治国的刑法文化——21 世纪刑法学研究展望 [J]. 人民检察，1999（11）：10.

❹ 强世功. 法制的观念与国家治理的转型 [J]. 战略与管理，2000（4）：58.

❺ 蔡道通. 刑事法治：理论诠释与实践求证 [M]. 北京：法律出版社，2004：24 - 25.

保护和保障个人自由，同时维护社会秩序的稳定"❶。

笔者认为，政治刑法及国权主义刑法实际上体现了国家的政治性和权力性，可以称之为国家刑法；而市民刑法与民权主义刑法宣扬刑法的契约精神，重视刑法对国民权利的保护，因而可以用民生刑法涵括。❷

本书强调，刑法对于权利的干预必须限缩在合理范围内，但是，"权利是创设的，它们并非不可侵犯的。就权利的创设而言……我们所仅有的方法——它绝对不保证权利作为永恒，而是为其提供创设条件"❸。刑事法治从权利的创设到权利的行使，都无可避免地带有政治的烙印。从政治与法律的关系来看，政治始终处于强势地位。事实上，"合法性逻辑正是建立在社会分化为指挥者与服从者这一政治分工基础之上的"❹。我们回顾历史可以发现，人类社会获取和分配基础资源的机制受到社会政治体制的制约。❺ 因为政治就是利益、权利和权力的界定和分配。❻ 法律虽然生机勃勃，但终因"手无寸铁"而不得不寻求政治的庇护，所以，刑法的国家特征是与生俱来的。事实上，法律原本就是政治的一部分，任何一国的刑法都无法摆脱政治的影响。正如日本刑法学家大冢仁所言："刑法上规定的行为有政治色彩，国家把某些行为定为犯罪的行为原本就具有政治色彩。"❼

所以，无论是人类社会对政治的主动需求还是政治的强势所迫，"政治挂帅"都是自国家诞生之后人类社会的必然选择。也可以这样说，刑法的政治性恰恰是对民生刑法之民权主义的必要制衡，刑法体系中原本存在的政治性成为对其民生性的必要告诫。申言之，即便是在人权保障和社会保护机能有机统一的民生刑法模式中，我们也应当理智地看待刑法的国家

---

❶ 曲新久. 刑法的精神与范畴 [M]. 北京：中国政法大学出版社，2003：61—62.
❷ 需要特别指出的是，民生刑法此处仅作概括意义上使用，其与市民刑法、民权刑法相比，内涵与外延上都有较大差异。
❸ [澳] 迈克尔·R. 达顿. 中国的规制与惩罚 [M]. 郝方防，等，译. 北京：清华大学出版社，2009：403.
❹ [法] 让—马克·夸克. 合法性与政治 [M]. 终心平，王远飞，译. 北京：中央编译出版社，2002：30.
❺ [美] 约瑟夫·泰恩特. 复杂社会的崩溃 [M]. 邵旭东，译. 海口：海南出版社，2010：133.
❻ 赵汀阳. 每个人的政治 [M]. 北京：社会科学文献出版社，2010：11.
❼ [日] 大冢仁. 犯罪论的基本问题 [M]. 冯军，译. 北京：中国政法大学出版社，1993：3.

性和政治性，它是刑法体系两极中客观存在的重要一端，起到了对刑法机能必要的平衡作用。

当然，对刑法的国家特征不需要过多强调，否则会纵容刑法成为镇压民众的工具。中国传统刑法文化以国家利益为最高价值，国家主义色彩极为浓厚。刑法的政治性如果被过度强调，将会导致刑法价值的异化。正如何秉松教授所告诫的，刑法和刑法理论受到政治的支配和制约是世界性的问题。然而应当指出，这种支配和制约有善恶之分，因为人类的政治自身就有善政与恶政的区别。我们当然要注意善政对犯罪理论体系的支配和制约，但特别要注意的是恶政的支配和制约。因为后者摧残人性，践踏人的尊严和基本人权，给人类带来深重的灾难和痛苦。❶

中国民主革命取得胜利的独特的长期武装斗争道路，中国民主革命胜利后所面临的独特的国内社会环境与国际环境，中国几千年法律观念的影响，这些特殊的因素使得我国社会主义刑法从立法到执法都产生了不少具有深刻历史烙印的传统观念。在我们社会进行重大历史性变革时期，在"二元社会"逐渐形成的社会背景下，在民生话语成为时代强音的当代，刑法学研究作为中国法治建设的重要组成部分，面对在新的历史起点下中国人对个人的全面发展、社会的和谐有序、民族的伟大复兴等民生话语诉求，又岂能置身事外？因此，反思刑法观念与理论，重新塑造现代刑法观，使社会主义刑法不断适应新的社会历史条件，无疑是当代刑法学人的理论责任。在这样的历史大背景下，将民生观念引入刑法，倡导民生刑法观，进而尝试提出"民生刑法"概念，并将之界定为保障民生的刑法，以指导刑事立法的完善和刑事司法的变革，应是当代中国刑法学者的时代使命。

---

❶ 何秉松. 政治对刑法犯罪理论体系的影响和制约 [J]. 河北法学, 2005 (12)：12.

参考文献

一、中文论著

（一）著作

[1] 陈兴良. 刑法哲学［M］. 北京：中国政法大学出版社，1992.

[2] 陈兴良. 规范刑法学［M］. 北京：中国政法大学出版社，2003.

[3] 陈兴良. 本体刑法学［M］. 北京：商务印书馆，2001.

[4] 陈晓枫. 中国法律文化研究［M］. 郑州：河南人民出版社，1993.

[5] 陈瑞华. 刑事审判原理［M］. 北京：北京大学出版社，1997.

[6] 陈忠林. 刑法散得集［M］. 北京：法律出版社，2003.

[7] 蔡一军. 刑罚配置的基础理论研究［M］. 北京：中国法制出版社，2011.

[8] 蔡道通. 刑事法治：理论诠释与实践求证［M］. 北京：法律出版社，2004.

[9] 储槐植. 美国刑法［M］. 北京：北京大学出版社，2005.

[10] 储槐植，许章润，等. 犯罪学［M］. 北京：法律出版社，1997.

[11] 储槐植. 刑事一体化［M］. 北京：法律出版社，2004.

[12] 程燎原. 从法制到法治［M］. 北京：法律出版社，1999.

[13] 冯殿美，等. 和谐语境中的刑罚轻缓化研究［M］. 北京：中国政法大学出版社，2011.

[14] 法学教材编辑部. 西方法律思想史资料选编［M］. 北京：北京大学出版社，1983.

[15] 高铭暄. 中国刑法学［M］. 北京：中国人民大学出版社，1989.

[16] 高铭暄. 刑法肄言［M］. 北京：法律出版社，2004.

[17] 高铭暄. 刑法专论［M］. 北京：高等教育出版社，2006.

[18] 高铭暄，赵秉志. 中国刑法立法之演进［M］. 北京：法律出版社，2007.

[19] 高铭暄，陈璐.《中华人民共和国刑法修正案（八）》解读与思考［M］. 北京：中国人民大学出版社，2011.

[20] 高铭暄. 中华人民共和国刑法的孕育诞生与发展完善［M］. 北京：北京大学出版社，2012.

［21］葛炳瑶．社区矫正导论［M］．杭州：浙江大学出版社，2009．

［22］黄荣坚．基础刑法学［M］．3版．北京：中国人民大学出版社，2009．

［23］韩哲著．刑事判决合理性研究［M］．中国人民公安大学出版社，2008．

［24］黄瑞祺．社会理论与社会世界［M］．北京：北京大学出版社，2005．

［25］胡配军．社区矫正教育理论与实务［M］．北京：法律出版社，2007．

［26］何秉松．刑事政策学［M］北京：群众出版社，2002．

［27］姜祖桢．社区矫正理论与实务［M］．北京：法律出版社，2010．

［28］柯耀程．刑法的思与辩［M］．台北：元照出版社，2003．

［29］卢建平．刑事政策与刑法［M］．北京：中国人民公安大学出版社，2004．

［30］卢建平．刑事政策学［M］．北京：中国人民大学出版社，2007．

［31］卢建平．刑事政策与刑法变革［M］．北京：中国人民公安大学出版社，2011．

［32］林东茂．刑法综览［M］．5版．北京：中国人民大学出版社，2009．

［33］林山田．刑法的革新［M］．台北：学林文华出版社有限公司，2001．

［34］林山田．刑罚学［M］．台北：商务印书馆，1983．

［35］林山田．刑法通论（上册）［M］．北京：北京大学出版社，2012．

［36］林纪东．监狱学［M］．台北：三民书局，1997．

［37］雷国珍，肖万春．民生中国［M］．长沙：湖南人民出版社，2008．

［38］李海东．刑法原理入门［M］．北京：法律出版社，1998．

［39］罗豪才，孙琬钟．与时俱进的中国法学［M］．北京：中国法制出版社，2001．

［40］梁根林．刑事政策：立场与范畴［M］．北京：法律出版社，2005．

［41］梁根林．刑事法网：扩张与限缩［M］．北京：法律出版社，2005．

［42］梁根林．刑事制裁：方式与选择［M］．北京：法律出版社，2006．

［43］黎宏．日本刑法精义［M］．北京：法律出版社，2008．

［44］陆学艺．当代中国社会结构［M］．北京：社会科学文献出版社，2010．

［45］毛泽东．毛泽东选集（第三卷）［M］．北京：人民出版社，1991．

［46］马克昌．刑罚通论［M］．2版．武汉：武汉大学出版社，1999．

［47］曲新久．刑法的精神与范畴［M］．北京：中国政法大学出版社，2003．

［48］邱兴隆，许章润．刑罚学［M］．北京：中国政法大学出版社，1999．

［49］孙中山．孙中山选集（上卷）［M］．北京：人民出版社，1956．

［50］孙中山．孙中山全集（第一、九卷）［M］．北京：中华书局，1981．

［51］孙中山．三民主义［M］．长沙：岳麓书社，2000．

［52］史尚宽．劳动法原论［M］．北京：政大印书馆，1934．

［53］史探径．社会法论［M］．北京：中国劳动社会保障出版社，2007．

[54] 宋冰．程序、正义与现代化 [M]．北京：中国政法大学出版社，1998.

[55] 童德华．外国刑法导论 [M]．北京：中国法制出版社，2010.

[56] 吴宗宪．西方犯罪学史 [M]．北京：中国人民公安大学出版社，2010.

[57] 吴宗宪．中国刑罚改革论（上册）[M]．北京：北京师范大学出版社，2011.

[58] 吴忠民．走向公正的中国社会 [M]．济南．山东人民出版社，2008.

[59] 王平．中国监狱改革及其现代化 [M]．北京：中国方正出版社，1999.

[60] 王成兵．当代认同危机的人学解读 [M]．北京：中国社会科学出版社，2004.

[61] 王志祥．《刑法修正案（八）》解读与评析 [M]．北京：中国人民公安大学出版社，2012.

[62] 谢望原，卢建平，等．中国刑事政策研究 [M]．北京：中国人民大学出版社，2006.

[63] 余振华．刑法深思·深思刑法 [M]．台北：元照出版公司，2005.

[64] 严励．中国刑事政策的构建理性 [M]．北京：中国政法大学出版社，2010.

[65] 严励，等．中国刑事政策原理 [M]．北京：法律出版社，2011.

[66] 袁登明．行刑社会化研究 [M]．北京：中国人民公安大学出版社，2005.

[67] 杨奕华．法律人本主义——法理学研究泛论 [M]．台北：汉兴书局有限公司，1997.

[68] 赵秉志．刑法基本理论专题研究 [M]．北京：法律出版社，2005.

[69] 赵秉志．刑法基础理论探索 [M]．北京：法律出版社，2003.

[70] 赵秉志．当代刑法学 [M]．北京：中国政法大学出版社，2003.

[71] 赵秉志．英美刑法学 [M]．北京：科学出版社，2010.

[72] 赵汀阳．每个人的政治 [M]．北京：社会科学文献出版社，2010.

[73] 张远煌，吴宗宪，等．犯罪学专题研究 [M]．北京：北京师范大学出版社，2011.

[74] 张远煌．犯罪学原理 [M]．北京：法律出版社，2008.

[75] 张远煌．宽严相济刑事政策与刑法改革研究 [M]．北京：中国人民公安大学出版社，2010.

[76] 张文显．法理学 [M]．北京：法律出版社，1997.

[77] 张文显．法哲学范畴研究 [M]．北京：中国政法大学出版社，2001.

[78] 张勇．民生刑法 [M]．上海：上海人民出版社，2012.

[79] 张智辉．中国检察（第14卷）[M]．北京：北京大学出版社，2007.

[80] 张志铭．法律解释操作分析 [M]．北京：中国政法大学出版社，1999.

[81] 张明楷．刑法的基本立场 [M]．北京：中国法制出版社，2002.

[82] 张明楷. 外国刑法纲要［M］. 北京：清华大学出版社, 2007.

[83] 张文, 等. 十问死刑——以中国死刑文化为背景［M］. 北京：北京大学出版社, 2006.

[84] 朱景文. 现代西方法社会学［M］. 北京：法律出版社, 1994.

[85] 周建军. 刑事司法政策原理［M］. 北京：清华大学出版社, 2006.

[86] 郑延谱. 中美死刑制度比较研究［M］. 北京：中国人民公安大学出版社, 2010.

[87] 翟中东. 犯罪控制——动态平衡论的见解［M］. 北京：中国政法大学出版社, 2004.

[88] 中国共产党第十八次全国代表大会文件汇编［M］. 北京：人民出版社, 2012.

（二）期刊论文

[1] 陈兴良. 刑事法治的理念建构［A］//陈兴良. 刑事法评论（第6卷）. 北京：中国政法大学出版社, 2000.

[2] 陈兴良. 从政治刑法到市民刑法——二元社会建构中的刑法修改［A］//陈兴良. 刑事法评论（第1卷）. 北京：中国政法大学出版社, 1997.

[3] 陈兴良. 法治国的刑法文化——21世纪刑法学研究展望［J］. 人民检察, 1999（11）.

[4] 曹达全. 论民生保障法治建设的基本要求［J］. 中州大学学报, 2010（5）.

[5] 曹达全. 民生保障：一种权利话语分析［J］. 南京农业大学学报：社会科学版, 2009（4）.

[6] 曹建明. 检察工作必须做到"五个始终"［J］. 人民检察, 2008（9）.

[7] 窦孟朔, 苏献启, 张瑞, 等. 论十六大以来中国特色社会主义民生观形成发展［J］. 科学社会主义, 2011（2）.

[8] 戴涛. 论现代刑事司法基本理念的民生导向［J］. 国家行政学院学报, 2011（5）.

[9] 付子堂, 常安. 民生法治论［J］. 中国法学, 2009（6）.

[10] 冯亚东. 违法性认识与刑法认同［J］. 法学研究, 2006（3）.

[11] 冯亚东. 刑法解释应体现法的精神［J］. 法商研究, 2003（3）.

[12] 冯威. 民生的法治解读［J］. 求索, 2008（5）.

[13] 方乐. 能动司法的模式与方法［J］. 法学, 2011（1）.

[14] 范立国, 王红斌. 网络虚拟社会的现实化管理问题研究［J］. 东北师范大学：哲学社会科学版, 2012（6）.

[15] 龚向和, 邓炜辉. 人权视野下传统工具主义刑法观之价值超越［J］. 时代法学, 2008（8）.

[16] 高轩. 协同政府:背景、内涵与特征 [J]. 攀登,2011 (1).

[17] 黄克亮. 民生问题的马克思主义解读 [J]. 探求,2007 (3).

[18] 韩英军. 近代中国的民权话语特征分析 [J]. 首都师范大学学报:社会科学版,2006 (1).

[19] 何秉松. 政治对刑法犯罪理论体系的影响和制约 [J]. 河北法学,2005 (12).

[20] 郝赤勇. 论我国刑罚执行制度的改革与完善 [J]. 法学杂志,2011 (10).

[21] 湖北省监狱局课题组. 监狱刑罚执行制度的完善与创新——以构建和谐社会为视角 [J]. 河南司法警察职业学院学报,2008 (9).

[22] 姜涛. 论劳动刑法的建构及其法理 [J]. 中国刑事法杂志,2007 (5).

[23] 江登琴. 民生保障的刑法之维及其限度——以《中华人民共和国刑法修正案(八)》为视角 [J]. 江汉大学学报:社会科学版,2011 (8).

[24] 蒋大椿. 孙中山民生史观析论 [J]. 中国社会科学,2000 (2).

[25] 江必新. 司法理念的辩证思考 [J]. 法学,2011 (1).

[26] 姬文清. 柔性司法:"和则"启示以及中国司法机制建构 [J]. 法律适用,2008 (1~2).

[27] 贾宇. 社会管理创新与司法能动 [J]. 法学杂志,2011 (12).

[28] 姜伟. 和谐语境中的检察功能与检察理念 [J]. 中共中央党校学报,2006 (10).

[29] 卢建平. 加强对民生的刑法保护——民生刑法之提倡 [J]. 法学杂志,2010 (12).

[30] 刘宪权. 废除死刑与提高生刑期限关系比较探析 [J]. 法学,2011 (10).

[31] 李乐平. 民生检察的应然要求和实然之路 [J]. 人民检察,2008 (16).

[32] 李书奎. 人权、人道、人性之刑法论——从政治刑法到市民刑法的转变的视角 [J]. 法制与社会,2007 (1).

[33] 李希慧,龙腾云. 法律的人性关怀与刑罚轻缓化 [J]. 河南省政法管理干部学院学报,2010 (3).

[34] 李文良. 中国政府职能转变问题报告 [M]. 北京:中国发展出版社,2003.

[35] 黎映桃. 民生的问题化与政府创新 [J]. 学术探索,2007 (3).

[36] 刘艳红. 观念误区与适用障碍 [J]. 中外法学,2002 (5).

[37] 刘艳红. 刑法的目的与犯罪论的实质化 [J]. 环球法律评论,2008 (1).

[38] 梁根林. 罪刑法定视域中的刑法适用解释 [J]. 中国法学,2004 (3).

[39] 梁根林. 刑法适用解释的难题——以最高人民法院对奸淫幼女的"批复"为视角 [J]. 吉林大学社会科学学报,2004 (1).

［40］梁治平．英国判例法［J］．法律科学，1991（1）．

［41］林树锦．论再犯罪预防与刑罚执行的个别化［J］．玉林师范学院学报：哲学社会科学版，2009（6）．

［42］刘远．行政执法与刑事执法衔接立法完善研究［J］．政法论丛，2006（5）．

［43］雷建斌．论死刑的立法控制［A］//赵秉志，［加］威廉·夏巴斯．死刑立法改革专题研究．北京：中国法制出版社，2009．

［44］马秀贞，于慎澄．民生问题的要义解读及现实思考［J］．理论学习，2008（7）．

［45］苗连营．民生问题的宪法学思考［J］．国家检察官学院学报，2010（3）．

［46］彭中礼．从民权到民生——近现代中国社会变革的法理逻辑演变［J］．中南大学学报（社会科学版），2009（2）．

［47］皮艺军．监狱的悖论与行刑个别化［J］．江苏警视，2005（8）．

［48］强世功．法制的观念与国家治理的转型［J］．战略与管理，2000（4）．

［49］孙霞．促进罪犯回归社会：英国的实践［J］．河南司法警官职业学院学报，2007（2）．

［50］孙笑侠，熊静波．判决与民意——兼比较考察中美法官如何对待民意［J］．政法论坛，2005（5）．

［51］沈渭槟．平均地权本义的由来和演变［J］．安徽史学，2007（2）．

［52］苏力．法条主义、民意与难办案件［J］．中外法学，2009（1）．

［53］苏永钦．漂移在两种司法理念间的司法改革——台湾司法改革的社经背景与法制基础［J］．环球法律评论，2002（春季号）．

［54］苏彩霞，邵严明．我国社区矫正试点工作中的问题与对策［J］．刑事法学，2010（4）．

［55］田宏杰．中西刑法现代化趋势之比较考察［A］//陈兴良．刑事法评论（第7卷）．北京：中国政法大学出版社，2000．

［56］谭恩惠，李玲芳．我国社区矫正实施中的问题及对策［A］//刘强，蒋爱东，朱久伟．社区矫正理论与实务研究文集．北京：中国公安大学出版社，2009．

［57］王志亮．英国近期重新打造刑罚体系［J］．安徽警官职业学院学报，2007（5）．

［58］王人博．民权词义考论［J］．政法论坛，2003（1）．

［59］王官成．论民生法治的法律救济［J］．山东社会科学，2010（6）．

［60］王志强．试论民意的刑事政策化——刑事政策的利益和效益双本位［J］．学术论坛，2007（9）．

［61］王钧．刑法解释的常识化［J］．法学研究，2006（6）．

［62］王晶．行政执法中移送程序研究［A］//樊崇义教授70华诞庆贺文集编辑组．

刑事诉讼法哲理探索. 北京：中国人民公安大学出版社，2010.

[63] 王敏远，郭华. 行政执法与刑事司法衔接机制的调研报告［A］//樊崇义教授70华诞庆贺文集编辑组. 刑事诉讼法学前沿问题与司法改革研究. 北京：中国人民公安大学出版社，2010.

[64] 吴学艇. 刑事司法人文精神导论［J］. 中国刑事法杂志，2010（5）.

[65] 夏勇. 民生风险的刑法应对［J］. 法商研究，2011（4）.

[66] 夏勇. 民本与民权——中国权利话语的历史基础［J］. 中国社会科学，2004（5）.

[67] 夏良才. 论孙中山与亨利·乔治［J］. 近代史研究，1986（6）.

[68] 中华民国法规大全（第一册）［A］//夏新华，胡旭晟，等. 近代中国宪政历程：史料荟萃. 北京：中国政法大学出版社，2004.

[69] 谢望原，宣炳昭. 台、港、澳与大陆刑罚目的之比较［J］. 山东法学，1999（1）.

[70] 谢素芳. 刑法修改：重墨护民生［J］. 中国人大，2011（2）.

[71] 熊剑波. 关于民生问题的法律思考［J］. 法制与社会，2008（12）（上）.

[72] 熊永明，胡祥福. 和谐社会视阈下的现代刑事法［J］. 江西社会科学，2008（11）.

[73] 小龙. 犯罪矫正发展趋势新探——从刑罚本质角度出发（下）［J］. 江苏警视，2005（10）.

[74] 徐啸宇. 论新形势下刑法在社会管理中的民生保障功能［J］. 武汉函授大学学报，2004（8）.

[75] 许发明，徐光华. 刑法解释中的民意考量——以死刑案件为视角［A］//赵秉志. 刑法论丛（第16卷）. 北京：法律出版社，2009.

[76] 姚萍，胡晓珊. 从民生问题的视角看宽严相济刑事政策［J］. 法制与社会，2009（10）.

[77] 姚文哲，胡光辉. 以人为本的民生观是具有永恒主题价值的执政理念［J］. 党史博采，2006（7）.

[78] 俞可平. 中国传统政治文化论要［J］. 孔子研究，1989（2）.

[79] 杨志泉. 健全民生司法促进社会和谐［J］. 法制与社会，2010（3）（下）.

[80] 元明. 行政执法与刑事司法相衔接的理论与实践［J］. 人民检察，2011（12）.

[81] 赵秉志. 积极促进刑法立法的改革与完善［J］. 法学，2007（9）.

[82] 赵秉志，杜邈. 论弱势群体的刑法保护［J］. 中州学刊，2005（5）.

[83] 赵秉志. 我国刑事立法领域的若干重大现实问题探讨［J］. 求是学刊，2009（3）.

［84］赵秉志．中国刑法改革新思考——以《刑法修正案（八）（草案）》为主要视角
　　　［J］．北京师范大学学报：社会科学版，2011（1）．

［85］赵秉志．积极促进刑法立法的改革与完善［J］．法学，2007（9）．

［86］赵秉志，袁彬．我国未成年人犯罪刑事立法的发展与完善［J］．中国刑事法杂
　　　志，2010（3）．

［87］赵秉志．《刑法修正案（八）（草案）》热点问题研讨［A］//赵秉志．刑法论
　　　丛．北京：法律出版社，2010．

［88］赵秉志．当代中国刑罚制度改革论纲［J］．中国法学，2008（3）．

［89］赵中源，梅园．回顾与反思：理论界关于民生若干问题的研究［J］．当代世界与
　　　社会主义，2010（4）．

［90］张明楷．论刑法的谦抑性［J］．法商研究，1995（4）．

［91］张明楷．法治、罪刑法定与刑事判例法［J］．法学，2000（6）．

［92］张勇．民生刑法的品格：兼评《刑法修正案（八）》［J］．河北法学，2011（6）．

［93］张训．论民生刑法的出场——受达顿《中国的规制与惩罚：从父权社会到民权社
　　　会》的启迪［J］．安徽大学法学评论，2011（2）．

［94］张训．论刑法的生成——以刑法规范的正当性为中心［J］．内蒙古社会科学：汉
　　　文版，2010（5）．

［95］张晶．社会主义和谐社会：认识监狱价值的新视域［J］．中国司法，2007（3）．

［96］张庆方．恢复性司法［A］//陈兴良．刑事法评论（第12卷）．北京：中国政法
　　　大学出版社，2003．

［97］张鹏．英美社区矫正模式述评［A］//刘强，蒋爱东，朱久伟．社区矫正理论与
　　　实务研究文集．北京：中国公安大学出版社，2009．

［98］庄美桂．从法律角度解读民生问题［J］．法制与社会，2009（9）（中）．

［99］郑磊．民生问题的宪法权利之维［J］．浙江大学学报：人文社会科学版，2008
　　　（6）．

［100］卓泽渊．论司法改革的整体性［A］//信春鹰，李林．依法治国与司法改革．
　　　北京：中国法制出版社，1999．

［101］周光权．论刑法的公众认同［J］．中国法学，2003（1）．

［102］周华，蒲少良．论刑罚裁量之公平［J］．甘肃社会科学，2005（1）．

［103］朱永超．对我国刑罚执行人道主义缺失的思考［J］．法制与社会，2009（3）
　　　（下）．

（三）报刊文章

［1］陈兴良．当代中国刑法应该具有的三个理念［N］．检察日报，2008 - 03 - 17（3）．

[2] 戴佳，徐日丹，孙明欣．行贿犯罪档案 6 年来共查询 139 万次 ［N］．检察日报，2012 - 02 - 17 (1)．

[3] 傅达林．网络言行，游弋于道德与法律之间 ［N］．检察日报，2012 - 01 - 06 (5)．

[4] 郭洪平．全国检察机关查办和预防职务犯罪工作会议召开 ［N］．检察日报，2011 - 02 - 23 (1)．

[5] 胡锦涛．在省部级主要领导干部提高构建社会主义和谐社会能力专题研讨班上的讲话 ［N］．人民日报，2005 - 06 - 26 (1)．

[6] 胡锦涛．在中国共产党第十七次全国代表大会上的报告 ［N］．人民日报，2007 - 10 - 15 (1)．

[7] 胡锦涛．扎扎实实提高社会管理科学化水平，建设中国特色社会主义管理体系 ［N］．人民日报，2011 - 02 - 20 (1)．

[8] 胡锦涛．在中国共产党第十八次全国代表大会上的报告 ［N］．人民日报，2012 - 11 - 18 (1)．

[9] 江必新．法律效果与社会效果统一 ［N］．人民日报，2006 - 05 - 10 (14)．

[10] 江泽民．江泽民在纪念辛亥革命九十周年大会上的讲话 ［N］．人民日报，2001 - 10 - 10 (1)．

[11] 李德顺．人的价值和人道主义 ［N］．华夏时报，2001 - 09 - 16 (26)．

[12] 李勇．法官之心不可随风幡而动 ［N］．法制日报，2008 - 02 - 27 (8)．

[13] 李抒望．"高度关注民生"是落实科学发展观和构建和谐社会的关键 ［N］．济南日报，2007 - 03 - 20 (4)．

[14] 毛磊，秦佩华．孟建柱向全国人大常委会报告道路交通安全管理工作情况——建议增设"危险驾驶机动车罪" ［N］．人民日报，2010 - 04 - 29 (11)．

[15] 全面推进社会信用体系建设 ［N］．人民日报，2011 - 10 - 20 (2)．

[16] 孙敏．体现宽严相济政策 加强刑法民生保护——省法学会刑法学年会热议《刑法修正案（八）（草案）》［N］．江苏法制报，2010 - 12 - 13 (2)．

[17] 孙谦．发挥司法在社会管理中的职能作用 ［N］．检察日报，2011 - 04 - 18 (3)．

[18] 孙万怀．反对违法交通行为的过度立法与司法犯罪化 ［N］．中国社会科学报，2009 - 08 - 18 (7)．

[19] 唐琳，施杰．建议在刑法中增设"危险驾驶罪" ［N］．人民公安报，2010 - 03 - 07 (1)．

[20] 习近平．群众工作是社会管理基础性经常性根本性工作 ［N］．人民日报，2011 - 02 - 23 (1)．

［21］习近平在十八届中共中央政治局常委同中外记者见面时强调 人民对美好生活的
　　　向往就是我们的奋斗目标［N］. 人民日报，2012 – 11 – 16（4）.

［22］杨建顺. 社会管理创新的内容、路径与价值分析［N］. 检察日报，2010 – 02 –
　　　02（3）.

［23］中共中央关于深化文化体制改革推动社会主义文化大发展大繁荣若干重大问题的
　　　决定［N］. 人民日报，2011 – 10 – 26（1）.

［24］张伟杰. 刑法大修 严惩危害民生犯罪——盘点刑法修正案（八）"民生关键词"
　　　［N］. 工人日报，2011 – 02 – 28（7）.

［25］郑赫南. 尽快破解"有案不送""以罚代刑"难题［N］. 检察日报，2010 – 03 –
　　　09（11）.

（四）中文译作

［1］［古罗马］查士丁尼. 法学总论——法学阶梯［M］. 张企泰，译. 北京：商务印
　　　书馆，1989.

［2］［古罗马］西塞罗. 国家篇·法律篇［M］. 沈叔萍，苏力，译. 北京：商务印书
　　　馆，1989.

［3］［美］博西格诺，等. 法律之门［M］. 邓子滨，译. 北京：华夏出版社，2002.

［4］［美］伯尔曼. 法律与宗教［M］. 梁治平，译. 北京：三联书店，1991.

［5］［美］本杰明·卡多佐. 司法过程的性质［M］. 苏力，译，北京：商务印书馆，2003.

［6］［美］丹尼尔·贝尔. 资本主义文化矛盾［M］. 赵一凡，译. 北京：三联书
　　　社，1989.

［7］［美］E. 博登海默. 法理学、法律哲学与法律方法［M］. 邓正来，译. 北京：中
　　　国政法大学出版社，1999.

［8］［美］克里斯托弗·沃尔夫. 司法能动主义——自由的保障还是安全的威胁?
　　　［M］. 黄金荣，译. 北京：中国政法大学出版社，2004.

［9］［美］罗伯特·考特，托马斯·尤伦. 法和经济学［M］. 张军，等，译. 上海：
　　　上海三联书店，上海人民出版社，1994.

［10］［美］麦克斯·J. 斯基德摩，马歇尔·卡特·特里普. 美国政府简介［M］. 张
　　　帆，林琳，译. 北京：中国经济出版社，1998.

［11］［美］约翰·罗尔斯. 正义论［M］. 何怀宏，等，译. 北京：中国社会科学出版
　　　社，1998.

［12］［美］约瑟夫·泰恩特. 复杂社会的崩溃［M］. 邵旭东，译. 海口：海南出版
　　　社，2010.

［13］［美］美国模范刑法典及其评注［M］. 刘仁文，王祎，等，译. 北京：法律出版

社，2005.

[14] ［法］昂利·圣西门. 圣西门选集（第一、三卷）［M］. 董果良，译. 北京：商务印书馆，1985.

[15] ［法］傅立叶. 傅立叶选集（第三卷）［M］. 赵俊欣，等，译. 北京：商务印书馆，1979.

[16] ［法］卡斯东·斯特法尼，等. 法国刑法总论精义［M］. 罗结珍，译. 北京：中国政法大学出版社，1998.

[17] ［法］孟德斯鸠. 论法的精神［M］. 张雁深，译. 北京：商务印书馆，2000.

[18] ［法］卢梭. 社会契约论［M］. 何兆武，译. 北京：商务印书馆，1962.

[19] ［法］马克·夸克. 合法性与政治［M］. 终心平，王远飞，译. 北京：中央编译出版社，2002.

[20] ［英］边沁. 立法理论——刑法典原理［M］. 孙力，等，译. 北京：中国人民公安大学出版社，1993.

[21] ［英］F. A. Hayek. 法律、立法与自由（第一卷）［M］. 邓正来，张守东，李静冰，译. 北京：中国大百科全书出版社，2000.

[22] ［英］G. 亚历山大. 国家与市民社会——一种社会理论的研究路径［M］. 邓正来，译. 北京：中央编译出版社，1999.

[23] ［英］格雷厄姆·沃拉斯. 政治中的人性［M］. 朱曾汉，译. 北京：商务印书馆，1995.

[24] ［英］J. C. 史密斯，B. 霍根. 英国刑法［M］. 李贵方，等，译. 北京：法律出版社，2000.

[25] ［英］罗吉尔·胡德. 死刑的全球考察［M］. 刘仁文，周振杰，译. 北京：中国人民公安大学出版社，2005.

[26] ［英］洛克. 政府论（下）［M］. 叶启芳，瞿菊农，译. 北京：商务印书馆，1997.

[27] ［英］迈克尔·莱斯诺夫，等. 社会契约论［M］. 刘训练，等，译. 南京：江苏人民出版社，2006.

[28] ［英］欧文. 欧文选集（第二卷）［M］. 柯象峰，等，译. 北京：商务印书馆，1985.

[29] ［英］P. S. 阿蒂亚. 法律与现代社会［M］. 范悦，等，译. 沈阳：辽宁教育出版社，1998.

[30] ［意］贝卡里亚. 论犯罪与刑罚［M］. 黄风，译. 北京：中国大百科全书出版社，1993.

［31］［意］杜里奥·帕多瓦尼．意大利刑法学原理［M］．陈忠林，译评．北京：中国人民大学出版社，2004．

［32］［意］恩里科·菲利．犯罪社会学［M］．郭建安，译．北京：中国人民公安大学出版社，1990．

［33］［意］加罗法洛．犯罪学［M］．耿伟，译．北京：中国大百科全书出版社，1996．

［34］［意］最新意大利刑法［M］．黄风，译．北京：法律出版社，2007．

［35］［意］龙勃罗梭．犯罪人论［M］．黄风，译．北京：中国法制出版社，2000．

［36］［德］克劳斯·罗克辛．德国刑法学总论（第1卷）［M］．王世洲，译．北京：法律出版社，2005．

［37］［德］汉斯·海因里希·耶赛克，托马斯·魏根特．德国刑法教科书［M］．徐久生，译．北京：中国法制出版社，2001．

［38］［德］考夫曼．法理哲学［M］．刘幸义，等，译．北京：法律出版社，2004．

［39］［德］马克思，恩格斯．马克思恩格斯全集（第一卷、第三卷）［M］．中央编译局，译．北京：人民出版社，2002．

［40］［德］德国刑法典［M］．徐久生，庄敬华，译．北京：中国方正出版社，2004．

［41］［南非］德克·凡·齐尔·斯米特，［德］弗里德·邓克尔．监禁的现状和未来［M］．张青，译．北京：法律出版社，2010．

［42］［日］大冢仁．犯罪论的基本问题［M］．冯军，译．北京：中国政法大学出版社，1993．

［43］［日］大谷实．刑事政策学［M］．黎宏，译．北京：法律出版社，2000．

［44］［日］福田平，大冢仁．日本刑法总论讲义［M］．李乔，等，译．沈阳：辽宁人民出版社，1986．

［45］［日］富井政章．民法原论（第一卷）［M］．王兰萍，译．北京：中国政法大学出版社，2003．

［46］［日］清宫四郎．宪法［M］．东京：有斐阁，1986．

［47］［日］西田典之．日本刑法各论［M］．刘明祥，王昭武，译．北京：中国人民大学出版社，2007．

［48］［日］西元春夫．刑法的根基与哲学［M］．顾肖荣，等，译．北京：三联书社，1991．

［49］［日］小岛武司，等．司法制度的历史与未来［M］．汪祖兴，译．北京：法律出版社，2000．

［50］［澳］迈克尔·R.达顿．中国的规制与惩罚［M］．郝方防，等，译．北京：清

华大学出版社，2009.

［51］［澳］约翰·布罗思韦特. 社会价值与澳大利亚法理学［A］//许章润，徐平.
法律：理性与历史——澳大利亚的理念、制度和实践. 北京：中国法制出版
社，2000.

［52］［俄］Л. В. 伊诺加莫娃—海格. 俄罗斯联邦刑法（总论）［M］. 黄芳，等，译.
北京：中国人民大学出版社，2010.

［53］［俄］俄罗斯联邦刑事法典［M］. 赵路，译. 北京：中国人民公安大学出版
社，2009.

二、外文论著

［1］Andrew Ashworth：Principle of Criminal Law, Oxford University Press, 2003.

［2］AP Simester and GR Sullivan：Criminal Law Theory and Doctrine, Hart Publishing, 2003.

［3］Barbara Ann Stolz：Criminal justice policy making：federal roles and processes,
Westport, Conn.：Praeger, 2002.

［4］Beigbeder, Yves.：International justice against impunity：progress and new challenges,
Martinus Nijhoff Publishers, 2005.

［5］Carlos A. Aguirre and Robert Buffington：Reconstructing criminality in Latin America,
Wilmington, Del：Scholarly Resources, 2000.

［6］Clive Walker and Keir Starmer：Miscarriages of justice：a review of justice in error, Lon-
don：Blackstone Press, 1999.

［7］Christine Van Den Wyngnert, International Criminal Law, Kluwer Law International, 2000.

［8］Clive Emsley：Crime, police, and penal policy：European experiences 1750 – 1940, Ox-
ford：Oxford University Press, 2007.

［9］Clemens Bartollas, Stuart J. Miller：Voices in the juvenile justice system, Upper Saddle
River, N. J.：Pearson/Prentice Hall, 2008.

［10］Charles M. Becker：Social security reform in transition economies, Palgrave Macmillan,
2009.

［11］Donna J. Guy：Women build the welfare state：performing charity and creating rights in
Argentina, 1880 – 1955, Duke University Press, 2009.

［12］Elspeth Guild and Florian Geyer：Security versus justice：police and judicial cooperation
in EU, Aldershot, Hants, England, Burlington, VT：Ashgate Pub. Company, 2008.

［13］Edited by Eileen Boris and Rhacel Salazar Parreñas：Intimate labors：cultures, technolo-
gies, and the politics of care, Stanford Social Sciences, 2010.

［14］ Edited by Daniel Béland and Brian Gran: Public and private social policy: health and pension policies in a new era, Palgrave Macmillan, 2008.

［15］ Garfinkel, Irwin: Wealth and welfare states: is America a laggard or leader? , Oxford University Press, 2010.

［16］ Jodi Lane and Joan Petersilia: Criminal justice policy, Cheltenham, UK: Northampton, MA: E. Elgar, 1998.

［17］ Molly Ivins and Lou Dubose: Shrub: the short but happy political life of George W. Bush, New York: Random House, 2000.

［18］ Measures and Social Consequences of Criminal Law in Member States on Trafficking and Smuggling in Human Beings, Martinus Nijhoff Publishers, 2007.

［19］ Majid Tehranian: Rethinking civilization: resolving conflict in the human family, Routledge, 2007.

［20］ Peter Conrad: The medicalization of society: on the transformation of human conditions into treatable disorders, Johns Hopkins University Press, 2007.

［21］ Singer, Richard G. Criminal law Austin; New York, NY: Wolters Kluwer Law & Business/Aspen Publishers, 2007.

［22］ Thomas J. Gardner and Terry M. Anderson: Criminal Law, Thomas Learning, 2005.

［23］ Terry Kenneth Aladjem: The culture of vengeance and the fate of American justice, Cambridge University Press, 2008.

［24］ Tammy L. Anderson: Neither villain nor victim: empowerment and agency among women substance abusers, New Brunswick, N. J. : Rutgers University Press, 2008.

主要科研成果

一、公开发表的论文及参编书籍

1.《民生刑法初论》，发表于《刑法论丛》2012 年第 4 期。

2.《犯罪统计、被害人调查的价值与应用》，发表于《中国刑事法杂志》2012 年第 11 期。

3.《正确适用补充侦查》，发表于《人民检察》2009 年第 4 期。

4.《做好预判应对证人出庭新要求》，发表于《人民检察》2012 年第 22 期。

5.《刑法修正案（七）实施后"斡旋受贿"如何认定》，发表于《检察日报》2009 年 3 月 30 日。

6.《应完善刑事被害人救济制度》，发表于《检察日报》2009 年 4 月 7 日。

7.《预防反社会型犯罪须消除其社会土壤》，发表于《检察日报》2010 年 5 月 28 日。

8.《检察官披露：电话诈骗案内幕》，发表于《检察日报》2010 年 7 月 22 日。

9.《庭前会议的制度价值与程序完善》，发表于《检察日报》2012 年 11 月 12 日。

10.《公诉意见书应蕴含法治教育》，发表于《检察日报》2014 年 7 月 18 日。

11.《刑事自由裁量权应重法律控制》，发表于《人民法院报》2009 年 4 月 5 日。

12.《建立和谐社会的纠纷解决之道》，发表于《人民法院报》2010 年 9 月 1 日。

13.《辩证看待司法与民意》，发表于《人民法院报》2011年12月4日。

14. 参与编写《刑事案例诉辩审评》丛书，独立撰写票据诈骗、信用卡诈骗、保险诈骗罪理论与实务问题概述，约4万字，完成《票据诈骗罪、信用卡诈骗罪、保险诈骗罪》分册统稿工作，该书作为高检院推出的《刑法分则实务丛书》之一，由中国检察出版社2014年1月出版。

15. 参与编写《公诉意见书制作指南》，由中国检察出版社2014年10月出版。

16. 参与编写书籍《终极指控》，独立撰写第一章"无悔青春志"——一名优秀检察官成长的"断代史"，约4万字，该书作为北京市政法委推出的《反腐倡廉法制教育丛书》之一，由中国检察出版社于2009年4月出版。

17.《拙议人才成长的环境需求》，发表于《检察业务人才成长规律专题研讨会论文集》（2013.8）。

二、参加课题

1. 作为执笔人参与撰写《最高人民检察院关于经济犯罪公诉工作的指导意见》。

2. 作为执笔人参加北京市检察院检察理论研究重点课题《证人出庭实务研究》，独立撰写《鉴定人出庭问题研究》、《警察出庭作证制度论要》，共计1.5万余字，部分内容转化为决策，2012年《北京市人民检察院第一分院刑事案件证人出庭工作规程》向全市检察机关推广学习。

3. 作为主要执笔人之一参加北京市检察院检察理论研究重点课题《公诉引导侦查制度研究》，独立撰写《加强对检察机关自侦部门侦查工作的内部监督》，部分内容转化为决策，2010年北京市人民检察院第一分院公诉二处与北京市公安局海淀分局法制处、预审处会签《检察机关提前介入办理严重破坏社会主义市场经济秩序的犯罪案件工作实施办法》，公诉二处与反贪污贿赂局会签《公诉二处、反贪污贿赂局办理职务犯罪案件提前介入工作实施办法》。

4. 2013年4月作为执笔人完成北京市检察院检察理论研究重点课题"主任检察官办案责任制调研报告"撰写，2013年4月初，受邀参加"检察机关基本办案组织"研讨会。

三、参加学术研讨会

1. 2012年9月受邀参加2012年中国刑法学术年会，《民生刑法初论》被收入论文集《刑法与宪法的协调发展》，中国人民公安大学出版社2012年9月出版。

2. 2013年10月受邀参加2013年中国刑法学术年会，《论刑行交叉案件处理模式》被收入论文集《当代中国的社会转型与刑法调整》，中国人民公安大学出版社2013年10月出版。

3. 2014年9月受邀参加2014年中国刑法学术年会，《遏制暴恐音视频非法传播的刑法思考》、《论贪污贿赂犯罪中量刑标准的修改与完善》被收入论文集《现代刑法学的使命》，中国人民公安大学出版社2014年9月出版。

4. 2012年9月，参加全国检察机关刑事案件证人出庭作证研讨会，提交论文《警察出庭作证制度论要》，被收入研讨会论文集，并做主题发言。

5. 2011年5月，参加第二届直辖市一分院公诉论坛，提交论文《论量刑规范化的实现路径——以我国量刑程序选择与构建为视角》，被收入论文集，并作主题发言。该论文还于2011年9月，被收入直辖市一分院工作交流会——检察机关量刑建议理论与实践专题研讨会论文集。

6. 2009年11月，参加北京市人民检察院第一分院、北京市第一中级人民法院主办的"刑事和解暨财产犯罪法律适用研讨会"，提交论文《"窃取型"职务侵占罪司法认定问题研究》被收入论坛文集，并做主题发言。

7. 2013年4月，参加"检察机关基本办案组织研讨会"，《主任检察官办案责任制的运行与成效》被收入论文集。

8. 2010年6月，提交《公诉引导侦查典型案例——李凯受贿、贪污案》，被收入直辖市检察长论坛论文集。

后　记

在博士论文写作过程中，我曾不止一次地想象过论文完成之时的轻松愉悦，然而，当写作接近尾声，预想中的心情并没有如约而至，反而有一种莫名的紧张、忐忑、怅然若失、言犹未尽甚至是抱憾之感。

毕业后，我曾因是否将博士论文找机会出版犹豫再三。文章成为书稿面世当然是对自己求学生活的纪念，但又恐因才疏学浅而贻笑大方。然而，在民生话语成为时代强音的当代，反思刑法观念与理论，重新塑造现代刑法观，使刑法不断适应新的社会历史条件，无疑是刑法学人的理论担当！作为一名实务工作者、理论学习者，又岂能置身事外？如果能够抛砖引玉，也算是尽了自己的绵薄之力。

文章即将付梓之际，看着前前后后修改了四十多稿的论文，往昔点滴历历在目，种种感觉涌上心头，虽谈不上荡气回肠，但也可谓之感慨万千、永生难忘！

这其中，首先是对恩师卢建平教授的感激。蒙恩师不弃，收入门下，恩师严谨务实的治学态度、孜孜不倦的工作精神以及谦和豁达的人生态度使我终身受益。恩师幽默、儒雅，不仅学术视野宽广、造诣精深，他的严谨、正直、执着，更启迪着我如何立身、立言、立行。"民生刑法观"并不是我最初的选题，参加工作以来，我一直在实务部门工作，从完成写作的角度，以刑法分则内容为研究对象，对我来说其优势是显而易见的。后来选择"民生刑法观"这一理论性、前沿性、跨学科的内容作为研究对象，是恩师与我的一个约定。他说，求学的过程就是自讨苦吃的过程，一个人想学有所长，不仅在于能发挥优势，更在于能够通过努力弥补不足，许多重要的提升，都是在与自己的博弈中完成的。我很幸运自己接受了这个直面挑战、享受拼搏的历练。"学，然后知不足"，在职学习和写作的过程是异常艰苦的，但是学习的收获是巨大的。如果说，本文尚有一些可圈可点之处，我想，最大的功劳还是要归于我的恩师。在写作最艰苦的时候，恩师鼓励我不仅要耐得住寂寞更要劳逸结合；在论文修改的瓶颈期，恩师为我搜集资料，拓展思路，甚至在出差的路上还在思考指导我的论文修改，将想到的点滴感悟写在卡片上……他严谨、细致、负责的学术态度，鞭策我不敢有丝毫懈怠，其中的温暖和幸福，相信我会一生铭记！然而，基于本人才学浅陋、积累有限，在写作过程中可能无法将恩师思想的精华、严谨的要求以及对论文的指导全部贯彻落实，因此本文难免还有不少需要进一步改进和完善的地方，其中的纰漏和不足之处也正是我心中那份抱憾之感的由来。

感谢北师大刑科院这片学术沃土。在刑科院求学的日子里，我有幸聆听了刑法学泰斗高铭暄老师，刑事一体化大家储槐植老师，著名刑法学家赵秉志老师的授课，使我的专业素养得到了极大地提升。此外，能够在黄风老师、张远煌老师、李希慧老师、吴宗宪老师、刘志伟老师、王俊平老师、王志祥老师、左坚卫老师、阴建峰老师等诸位老师的指导和点拨下完成学业，我倍感荣幸与自豪，在此感谢各位老师的辛勤教诲，师恩将永铭心间！感谢班主任张磊老师和郭雅婷老师、李晓丽老师、付佳老师、徐啸宇老师几年来为我们付出的辛苦，在此一并致上我最诚挚的谢意！

感谢同窗及同门的兄弟姐妹。感谢你们在生活上和学习上给予我的无私帮助，感谢你们在我写作最艰难的时候给予我的鼓励和支持，对你们的感激实在无法一一道尽，相信这份感情值得我珍藏一生！有你们为伴是我一生的财富！

感谢领导和同事。攻读博士学位的四年时光，对于在职读书的我，是如此难得的学习机会和弥足珍贵的人生经历，感谢你们对我在职学习的理解、鼓励和支持，论文写作中的很多灵感也来自于和你们的讨论和交流！

感谢我的亲人！是你们宽厚而无私的爱，使我在生活的道路上轻松前行；在遇到困难和挫折的时候，勇往直前。远在吉林的父母，你们的期望和默默的支持，给了我不断前进的动力，你们的养育之恩，我永远铭刻于心；身边的爱人，你的理解、包容和付出，使我能够轻装前行，论文的完成有你的一半功劳！

最后，我要感谢自己，感谢自己的梦想与坚持！

车明珠

2014 年 12 月